徐大伟　著

企业管理出版社

图书在版编目（CIP）数据

大志力行／徐大伟著. —北京：企业管理出版社，2012.11

ISBN 978-7-5164-0176-7

Ⅰ. ①大…　Ⅱ. ①徐…　Ⅲ. ①职业选择—青年读物　②职业选择—少年读物

Ⅳ. ①C913.2-49

中国版本图书馆 CIP 数据核字（2012）第 245789 号

书　　名：大志力行

作　　者：徐大伟

责任编辑：涂　依

书　　号：ISBN 978-7-5164-0176-7

出版发行：企业管理出版社

地　　址：北京市海淀区紫竹院南路 17 号　　邮编：100048

网　　址：http：//www.emph.cn

电　　话：总编室（010）68701719　发行部（010）68701816　编辑部（010）68414643

电子信箱：80147@sina.com　zbs@emph.cn

印　　刷：香河闻泰印刷包装有限公司

经　　销：新华书店

规　　格：170 毫米×240 毫米　16 开本　19.25 印张　300 千字

版　　次：2012 年 11 月第 1 版　2012 年 11 月第 1 次印刷

定　　价：39.00 元

目录 Contents

目录 Contents

目录 Contents

目录 Contents

目录 Contents

目录 Contents

第一章

为什么我喜欢『折腾』年轻人

WEISHENMEWOXIHUANZHETENGNIANQINGREN

你为什么去留学

我希望这篇文章是一块冰，冰凉北京，冰凉中国。

昨天北京是 37℃，今天是 39℃。一天比一天热。

昨晚看了半部好电影《一页台北》，不说电影内容，就说这个名字，我就很喜欢，就在想这是一个多好的城市宣传片的名字啊，果然，一看出品方：台北市政府。

突然，就想到了北京，《北京一夜》跟《一页台北》到底有什么差距？倒是北京一热，恐怕是台北也没法比的。

“热死了。”“你不是不怕热吗？”“不怕热还是热啊，难道不怕热就不热了吗，你这么唯心主义？”

路边的对话，总是随便采。其实，这哪里是什么唯心主义，心里不怕热，就不太在乎热，就不总去想热，所以就感觉不那么热了，这就像人不怕吃苦不怕艰难，所以苦与艰难就没有想象中的难缠了，所有的东西都是欺软怕硬，你正视它、面对它、不怕它，本身就是克服了一半的困难，所以这也是成功的秘密。

天热。人热。人欲热。可是一静思让人心凉的事情还是很不少。热天说点凉心事也许也是解暑的一个良方吧。

在机场的候机大厅遇到一对母子，儿子 20 岁左右，母亲 50 岁左右，旁听她们的对话，知道她们是来北京办签证的，这个男孩子要去德国留学。一听是要出国留学，心生羡慕，就多看了这个男孩子几眼，只见他正双手捧着一个游戏机玩得目不转睛呢，任母亲在身边一会儿是递饼干，一会儿是送水，他都是眼睛不抬一下，嘴里嘟囔一句“不要”，手里的活计却未曾有一秒的停顿。接着就是登机，没想到我总是能心想事成，也许是因为，我总是想所以事成了吧，这一对母子又成了我的“邻居”。我依然观察这个男孩子，我不爱搭话，但我却爱搭眼，没想到这个男孩子这么没意思，一点生机也没有，依然是双手紧握游戏机，可惜了他那活泼激动的青春。

这时，我该失望了，还等什么？还要等着看他回到家里打开电脑玩更加激烈刺激的网络游戏吗？

不能等了，不需要等了，可以下结论了。尽管我不知道你叫什么名字，尽管我不知道你多大，尽管我不知道你要去德国的哪个学校留学，尽管我不知道你是去学什么的，尽管我不知道别人是怎么想的。

但我却知道就是你去了德国留了学，也不会学到什么真本事，也很难成个大才，回国一样还是很难找到自己的位置，自己喜欢的工作，因为，你除了喜欢玩乐，好像还没有发展出一个可以值得付出一生努力的趣味。

这就是可怕之处，这也是凉心所在。

偌大一个中国，每年出去那么多的留学生，可有多少是应该留学的？有多少是做好准备的？有多少是去消磨青春的？有多少是去浪费国家资源的？有多少是真学成回国的？

所以，不该留学的去留学了，真应该去留学的人，因为没钱没关系都被局限在了国内。也许回国的留学生越来越多，但动不动就讲数量是中国的又一个坏毛病，中国人最多，讲数量谁能比过你，所以，讲点质量吧，一讲质量讲品质恐怕就不是中国的优势了吧，难道中国总是要靠“人多力量大”的旧观念面对“人精力量足”的 21 世纪吗？

归国的留学生有多少是真正学成的？学成了什么？你不见有多少留学生都在为找工作而发愁吗？

你为什么去留学？

好像没有几个人是这样回答的：我留学就是胸怀祖国，向其他国家的繁荣与先进学习，尽快学成归国，报效祖国，为祖国昌盛、人民幸福贡献我自己的力量。

这样的回答是会被人家笑话的。“还报效祖国，能报效父母就算不错了，为什么去留学，当然是为了找到一个英文环境，讲好英文，回国能找个外企，找个更好的工作，享受人生了。”

这就是“大多数留学生的想法，”不是代表一个国家去向另一个国家学习，不带着求学若渴的心情到他国拼命吸取知识和思想，只是小我地想着学好外语，回国找个好工作，过上舒适生活，把留学本身当成了目的，丧失了本来的奋斗目标和人生梦想。也许出国之前就没有什么目标和梦想。没有梦想，怎么梦想成真，这不都是天大的笑话吗？可是，我又错了，自己没有梦想，父母可以安排梦想，自己不知道出路，父母可以铺好出路，但不是自己的梦想，不是自己找到的出路，又能走多远呢？

“我很优秀的，我留过学，我是海归派啊。”家长、孩子都以为去国外镀一层金，回国就万事大吉了，不知道毕竟是刷了一层金水，时间一长，铁锈还是会露出来的。

我们知道孙中山、邓小平、鲁迅都是留过学的，我们再想想再看看他们回国都做了些什么，都创造了什么丰功伟绩，都给我们中国留下了什么，孙中山、邓小平、鲁迅先生毕生都在呐喊和努力的事业到目前我们又遵循和完成了多少呢？

亲爱的正在留学和将要留学的兄弟姐妹们，好好想想吧，距离产生美，距离也产生清醒和客观，想想怎么为祖国的更加民主自由、更加多姿多彩、更加国强民富做点你独特的贡献吧？

因为你有这个福气，在那么多的想出国留学的年轻人中成为了幸运者，你不要辜负祖国、亲人对你们的期望和期盼，拿出点“真东西，真行动”让我们觉得你到底是留过学的，就是不一样。

也许，你对我的话嗤之以鼻，没关系，总是会有人对我嗤之以鼻，这次轮到你，一点也不奇怪。不要以为，我们就非要指望着你能学成归国，给中国带来一点新气象。

我也可以出国留学啊，尽管我是老了点。

但不怕。现在还不够老，就是够老了，也一样可以去留学。

老有所学，老有所志。

晚年也是美好的。

有多少孩子把“暑假”过成了“输家”

在成都机场。纵观四方。

了如指掌。

我看得出哪一对情侣很恩爱，哪一对貌合神离。

看得出谁在装大气，谁在装时尚，谁在没人爱却电话不断。

谁是目光短浅的男人，谁是自私自利的丈夫。

尽管会有人说你为什么这么自信敢说你看得出。

我还是看得出。

我一直靠着这个直觉和真实洞察做人做事。

只是，有时候会直接刺痛他们，有时候不会。

坐在我对面的一个十几岁的小男孩，自始至终把玩手中的ipad，他的奶奶和爷爷，一个闲坐，一个看着自己的宝贝孙子，孙子抬起头跟奶奶说:“你玩吗？”奶奶说:“我不玩这个，我玩就玩那个。”孙子说:“你先玩，我去趟厕所。”孙子起身走了，奶奶接着玩。

我不知道他们玩的是什么游戏？我不知道所有游戏的玩法。

我从来没有玩过游戏。我知道玩游戏会把我玩荒废。

人生如戏。演好自己的角色已经很难了，还哪里有时间去玩他人专门为了赚你钱害你人而设计的“游戏”呢？

也许，游戏真的很好玩。

所以，人与人之间的差距就从这里拉开了。

有的人意志坚定从来不碰游戏。有的人总觉得活着就要快乐，却不知道眼前的快乐需要付出长久的代价。笑得早，哭得久。

超越他人，成就自我，其实，一点都不难，眼看着身边的人一个个放弃自我，一个个自甘堕落，一个个世俗慵懒，你就应该知道，你成功的几率每天都在变大，只是你不知道，你被你的圈子和惯性生活所拖累，你再也没有勇气站出来，不管不顾，于世力争，你不能那样做，因为你知道那样做你就成了你认为的“不合群的人”。所以，你被你的环境，被你的亲戚朋友同学同事们的“约定俗成的生活和理念”所害。

我说不服你，更说不服那个孙子和奶奶。

有什么样的奶奶就有什么样的孙子。

孩子沉迷游戏，因为奶奶也迷恋游戏。

看着孙子一脸的不屑和奶奶安逸的表情。

我就很害怕，原来，很多孩子把暑假过成了“输家”，全是因为家长们的原因。

孩子们爱玩游戏，因为家长给他们提供了一个爱玩游戏的环境。

环境造就人，环境也害死人。

出了一个不正派的孩子的家庭，一定也正派不到哪里去。

很多人都经常说这样的话：现在的年轻人，好吃懒做，就知道玩。

我也这样说过。

但此刻我们做家长的是不是也能客观真实地想想自己的所作所为：你天天都在干什么，这个周末你又在干什么，你有一个人静静地坐在屋子里看一本书吗？你是不是跟邻居麻将打得震天响或者光着膀子与朋友吃着烧烤喝着啤酒早忘了孩子在哪里在干什么？

有什么样的父母，就有什么样的儿女。

儿女不听话，因为你不听话，你不听你内心的话，不听真话。

也许，我的话说得绝对了点。

但，时间一长，你就会发现，不是我绝对了，是你绝对错了。

没有称职的父母，哪有称职的儿女。

喜欢看书的父母，怎么可能培养出一个天天沉溺于网游的孩子？

把“暑假”过成“书假”的孩子怎么可能不成才？

致年轻的“奴隶”们

亲爱的年轻的“奴隶”们：

这个时刻。按理说不能写这封信了。

因为我刚从深圳回来，昨晚去，今晚回。一路飞奔。累。

可哪里有那么多“按理”。

按理只能让你普通。

人的一生都需要找到自己的理。

按着自己的理，一直走，一直坚持，一直走，就能得到自己的幸福和一低头的微笑。

不模仿别人，而是彻底地追求自己的爱好，你的人生就会变得有意思起来。

我当然知道你的耐心没那么好。你早就烦了，你一开始就疑问：谁是年轻的“奴隶”？

也许，年轻的“奴隶”就是你。

从深圳到北京，从酒店到机场，从福田区到朝阳区，我看见最多的是一脸木然的年轻“奴隶”们。

他们年龄不同、地域不同、学历不同、气质不同、脾气不同，但他们却都有一些相同的“奴隶”行为：他们不爱看书，爱睡觉；他们不爱思考，爱无聊；他们不爱说有意义的事情，爱泡在酒吧里消灭时光；他们不知道自己喜欢什么，喜欢得过且过，过一天算一天；他们不明白什么叫命运，二十几岁就认命了；他们总是跟着同学同事朋友们随波逐流，不清楚自己的目标是什么；他们总是在“富二代”、“官二代”吃喝玩乐中唉声叹气，抱怨自己的出身和无奈的前途，他们只知道不好找工作，不知道为什么自己不好找工作，到底为什么。

所以，他们的处境很悲惨，年纪轻轻就被困在城市里，困在郊区租住屋里，困在自己美好的梦想中，困在任性的一意孤行中。

所以，我叫他们是“年轻的奴隶”。

他们有的成为了“网游”的奴隶，有的成为了“QQ”的奴隶，有的成为了“淘宝”的奴隶，有的成为了“香烟”的奴隶，有的成为了“女朋友”的奴隶，有的成为了“GUCCI”的奴隶，有的成为了“老乡”的奴隶，有的成为了“电视剧”的奴隶，有的成为了“家长”的奴隶，有的成为了“IPAD”的奴隶，有的成为了“微博”的奴隶，有的成为了“娱乐八卦”的奴隶，有的成为了“所谓明星”的奴隶，有的成为了“视频”的奴隶，有的成为了“固定工作”的奴隶，有的成为了“自怨自艾 ”的奴隶，有的成为了“差不多”的奴隶，有的成为了“无所谓”的奴隶，有的成为了“大家不都这样吗”的奴隶，有的成为了“装酷”的奴隶，有的成为了“耍横斗狠”的奴隶，有的成为了“浮躁虚荣”的奴隶。

这一个个不起眼的“奴隶主”，就这样控制着这些“祖国的未来，世界的明天”，不知道是该笑还是该哭。

不哭也不笑，那是你的处理方式。

麻木的人都这样。

徐大伟

2011年11月11日

年轻人该做的十八件事

一、拼命看书，一本接一本，一天不松懈，看各界名人推荐的书，看自己喜欢的书，看从来没有涉猎过的书。学习永不停歇，直到踏进棺材。

二、看电影，最好能一天看一部评分九分以上的电影，决定一个人最重要的有两个因素，一个是眼光，一个是勇气。选择最好的东西，创造最好的东西，一生无非就干这两件事。

三、五星级酒店大堂里坐看人生百态，你在那里坐上一天，你就会发现，你真的应该努力奋斗，不然你就永远不入流。

四、进入自然世界，与大自然中的一切亲密玩耍，你本来也是一个“自然之子”，成就一个人的是“自然”，释放你的自然能量和爱，你就能找到自己，完善自己。

五、一个人坐火车去另一个从来没有去过的城市度个周末，一个人住酒店，一个人瞎走，一个人到处看。

六、去当地的农贸市场里逛逛，看看百姓如何生活，听听商贩如何销售，交交农民朋友，闻闻市井味道。

七、给自己买一个漂亮的笔记本，坚持随时写下自己的感想，想到什么写什么，什么都怕积累，一积累，发现一本书出版了，说不准就因为你的书不像书，所以成了畅销书。

八、把你最不舍得赠送他人的书拿出来赠送给亲戚朋友同事同学，嘱咐他们传阅下去，倡导“全民传阅”。

九、每天都思考，我活着对这个世界有什么价值，我能为这个国家做什么，我能为这个学校做什么，我能给这个公司提供什么不可替代的东西，然后一点点行动。

十、午夜街头漫步，你会发现很多楼宇窗户里还亮着灯，你会想他们在干什么，为什么这么晚了还不睡觉，大家生活在这个一层层摞在一起的水泥塔里干什么，这一层层的人中有几个不是平凡的人，有几个人正在尽其所能，有几个人对自己有了交代。

十一、想办法交个异国朋友，互相学习，互相激励，乐趣无限，获益良多。

十二、去当志愿者，加入任何一个公益团队都行，只要是你利用了自己的空闲时间参与了有益众生的事情就可以，你会发现，做公益，得到最多的是做公益的人。

十三、成为一个“微笑使者”，见谁都微笑，偶尔还点头与陌生人打招呼，传染他们，你走到哪里都是一个“公益人”。

十四、起个大早，看看你熟悉的小区，你熟悉的城市，看看早起的人在干什么，想想你浪费了多少个“人生清晨”。

十五、逛博物馆，大大小小的博物馆，有名的没名的，国家的私人的，城市的郊区的，给自己设立一个“博物馆月”，统统看一遍。

十六、在你的T恤上写上或缝上一句话：求求你，别在公共场合吸烟了。创作自己的“公益T恤”。

十七、把你的居所和办公室彻彻底底地打扫一遍，不留任何死角，从此坚持每天清扫，永远保持干净整洁，你会发现从此人生大不同。

十八、常在北京的年轻人，偶尔去趟上海，常在上海的年轻人，偶尔去趟北京，不在北京、上海的年轻人经常去趟这两个城市，理由不必多说，照做自会明白。

年轻人的最大天敌：叹气和被己所困

坐在四月的中旬。

想把这个四月给策划了。

让它有益于每个年轻人。

“四月青年通信节”。

组织一百位各界知名人士组成“青年导师团”，公布他们的邮箱，让青年人与他们通信怎么样?

把精彩的通信结集成册《相信》怎么样?

“四月建议青年大会”。

可以举行吗?

这样想着就想到了眼下我要回复的这封信。

经常在年轻朋友们的过夸和言重中坐立不安。

每天都在为自己的才华浅陋创意贫乏而战战兢兢。

我哪里配给他们指点，更不配给他们引导。

我收到最多的就是正在迷茫和困惑中的年轻人的来信。

他们一般都会说自己很空虚，不知道自己喜欢什么，不知道该干什么，没有上进的动力。

他们的问题让我不止一次地深思。

是不是因为“上梁不正下梁歪”？

有时候想想都觉得可怕，而今让年轻人找一个真正的榜样和崇拜的对象都很困难。

除了那些演艺明星，除了那些身价百亿的商业巨头，他们不知道该向谁学习。

他们迷茫是因为他们没有人指引，他们困惑是因为他们找不到真正让他们佩服和敬爱的榜样。

天下最好的教育就是言传身教。

天下最好的管理就是以身作则。

每个年轻人都是这个世界的孩子，他们都是在看着大人们的背影中长大的。

有堕落和随波逐流的大人，就有迷茫困惑的孩子。

所以，我给今天年轻人的建议是：千万不要学你的长辈甚至你的师长，他们中大多数人早就不值得你去学习和尊重了，他们的正直和雄心早被世俗所杀，你要想活得有价值有意义就坚持向你的真心学习，做一个随心而行的人。

对于一个年轻人来说最重要的是志向，它比房子车子不知道要重要几百倍。有了志向，你才知道你的人生方向。

房子车子算什么东西，对于一个顶天立地心怀天下的男子汉来说，在哪个城市，哪个国家，哪个街区买个房子安个家都还不确定，谈什么赶紧买房买车。说实话，我至今都不确认我就在北京定居了，也许这几年我会定居北京，也许过两年我就会定居在一个海滨城市，因为我喜欢海，可能是香港，可能是夏威夷，也可能意大利，我不会让我的一生只有一个北京的家，四海为家的感觉可以让一个男人强大。人为什么干不出成绩活不出幸福，是因为一个人总是被一个房子，一份月入几千元的工作，甚至是一个习惯所绑架，一绑架也许就是一生，在这个过程中很少有人有勇气有胆量去突破阻碍创造新生。

所以这个世界极其缺乏真正有创意的人和有创意的城。

因为大部分的人都被房子绑架，被金钱绑架，被妻子绑架，被父母绑架，被稳定的工作绑架，被别人的议论绑架，被约定俗成绑架，被自卑和懦弱绑架。

在我收到年轻朋友易伟林来信后，给他的建议如下：

一、从今天开始，永远不要再叹气，遇到什么问题都不要叹气，不要把你仅剩不多的底气叹没。

二、重新认识你的底气，用心想想你到底对做什么充满信心，你到底喜欢做什么，拿出大块的时间认真面对自己，我不相信你的内心不会给你正确的答案。

三、你的迷茫和空虚，是因为你的生活方式过于平凡无聊，你要把你最好的时光都献给最好的东西，赶紧看最好的书，欣赏最好的电影，朗读最好的诗，养成最好的习惯，拥有了它们，你就拥有了充实幸福的人生。无论你在哪里，无论你在做什么。

四、真正的爱是付出，不要继续跟你的女朋友计较，用无限不止的爱，用创意创新的爱，全心对待她，若你们还是不幸福，就放弃这段爱，放弃是为了真正的拥有。

五、五月份跟女朋友一起去上海，上海无论如何都比宁波更适合一个有梦想有胆识的年轻人的成长，当然，去了上海，你一切都要从头开始，但这就是最好的人生，过几年就给自己一个新的开始，总比一辈子只有一个开始强。

六、不要天天琢磨钱，不要因为现在无法回报父母而内疚，而今你对他们最大的回报是你的健康，你的发展，你这个年龄还不到回报父母的时候，正是需要拼命付出和积累的阶段，放下一切包袱，在上海靠踏实好学埋头苦干干出一番事业来，到那时你就自然回报父母了。

七、犹犹豫豫是你的弱点，说到做到，马上行动，这个世界上只有两种人成功了，一种是主动的人，一种是行动的人。

伟林，希望你在今后的人生之路上无论遇到多大的困难，遇到多么难以忍受的痛苦，你都永远不要忘记你姓易，容易的易。

徐大伟

2012年4月19日

尊敬的徐大哥：

您好！怀着无比迷茫和困惑的心境，给您写这封信，真心的希望能得到您的哪怕是一丁点帮助或者指引，我将感激不尽。期望您能在百忙之中，抽空看看我写给您的这封信，并给我一些指引。

一直以来都在关注您，您也是我最喜欢的老师，您的思想，您的才华，您的上进，您的博爱，都是我所敬重的，我已把您当做我生命中的一位老师，人生的导师！

我姓易，叫易伟林，1985年生，今年27岁，现在宁波一家企业做人力资源部经理。我老家是重庆的一个小山村，父母含辛茹苦把我养大，供我上学，再加上一直以来我的努力，在2007年毕业以后，经过一些工作变动以后，现在基本上是稳定在人力资源这个岗位上工作。但是，我不知道为什么，我越来越感受到内心的空虚，我不知道这个工作我喜不喜欢，工作起来我没有太大的动力，当然刚开始工作时，我非常用功，也很上进，公司里面的企划广告以及展会工作都是我负责的，但是当一切都走上正轨以后，我突然间有了迷茫的感觉，而且这种感觉越来越多地困惑着我。按照我这个年纪，也快到了谈婚论嫁的年纪，可是每个月工资只有5000多元，而我又不愿意再回老家去，小时候读书的一个信念就是要走出穷苦的小山村，但是按照这个工资，以及我的几万块钱存款，想要在宁波这个城市立足也很难，再加上父母年纪越来越大，而且还在外面打工，身体也很不好，我的心里非常难受，觉得自己很不孝顺，父母含辛茹苦的把我养大，而我自己却没有出息，没有给父母像样的家和好的环境，因此我心里非常难受，经常因此责备自己。但是，在一个私企的工厂里面上班，而且是人力资源的岗位，要能给自己一个家，给父母一个好的环境，目前非常困难，我有想过换一个行业，去做销售或者其他赚钱的行业，但是我又放不下目前这个虽然不高但是又比其他人稍微好点的薪水，而且我也不知道其他工作我是否能够做好，我每天都在叹气，我不知道该怎么抉择，但是我又不甘心就这样下去，把美好的青春日子这样耗费在工厂里面，我好迷茫好无助。

在宁波这边我也谈了一个女朋友，她之前在上海自己创业，做幼儿园教材销售的，在上海发展得还不错，后来因为我在宁波，而且我告诉她宁波也可以做这个生意时，她放弃了上海的事业，来到宁波发展，可是，慢慢地，在相处一年的时间里面，我们之间的矛盾和误会越来越多，应该说是我们之间的脾气和性格真的很不合适，我们都是争强好胜的人，经常会因为一句话而发生争执，因为她曾经创业过，以及她从小的成长经历，她特别地好强，性格很倔强，以至于有些自负，常常不会认同我的观点，而我也不认同她的观点，两个人也会因此发生冲突，这两个月以来，是我们最为痛苦的岁月，我们几乎每天都吵架，到后面双方还会动手打起来，我真的不想这样，好痛苦，我曾经那么地爱她，没想到，会发展到今天的这个局面，我们双方的父母也都拿我们没有办法，我们双方想放弃这段感情，但是又不舍得之前双方付出的努力，在万般无奈之下，我们去看了专业的心理医生，医生告诉我们之间存在的很多问题，我们双方都没有找到相处的方法，我没有了解到女孩子内心最真切的需求，然后我知道，更多的内心问题出在了她的身上，我们也都答应对方会去好好改正，然而，没过两天，她以往的那些老毛病又开始出现，我真的有些受不了，本来答应她 5 月份跟她一起到上海去发展，去创业，但是我又很担心到了上海以后，我们还会经常吵架，我们的感情还会破裂，以至于最后分手，所以现在我很苦恼，在工作上，在事业上，在感情上，在人生道路上，我不知道该怎么办，我真的好迷茫……

曾经我是一个非常自信的人，公司里面的很多活动都是我策划的，也正是从那时候开始，我接触了您，也慢慢地认识您，通过您的文章，您的思想去接近您，在过往中，您的言语在无形中也给我过很多的帮助，谢谢您！

我知道，在这个最迷茫最无助的时节里面，我一定要寻找到可以帮助我的人或者能给我启发的导师，因此，我想到了您，带着对您无比的尊敬和信任，真心地希望您能给我一些指引，小易此生将感激不尽！

易伟林

2012.4.17

“以内为主的生活”才能成就你

犹豫了半天。

还是决定写这篇文章。

我有一个使命就是救济人心。

尽管你不知道我有这个使命。

可我知道自己有这样一个使命。

有时候我感觉自己的心都碎了。

在这样一个文明古国里，我们的年轻人怎么能够如此堕落和不求上进呢？

看看你周边的年轻人，他们都在怎么活着？

刚过了清明节就天天盼着五一假期。

周一到周五工作就是为了周六周日可以吃喝玩乐。

娱乐、情色、游戏、社交、微博、网购、猎奇、攀比、钩心斗角、自私自利、迷茫、无聊、郁闷、逃避、自甘堕落、无心刻苦、懒惰、狡猾、冷漠、势力、不可靠、不可信，这是很多中国年轻人的真实写照。

今天中国年轻人最大问题也许是生活方式的问题。

他们的生活方式太愚蠢和世俗了。

他们大部分人都在过着“以外为主的生活”。

遇到困难挫折，他们第一时间会想到找朋友倾诉，去饭店大喝一顿，或者找一个地方去娱乐放纵一番，他们不会一个人找一个安静的地方静静地反思，静静地享受这个痛苦激发出的力量和新的可能。

没有困难和痛苦的时候，他们也最爱社交，最爱聚会，最爱几个人耗在一起，因为他们都相信多一个朋友多一条路，所以就把自己的大部分工作之余的时间无偿地献给了同事、同学、亲戚朋友。

因为他们都是“无私的人”，都把自己的业余时光奉献给了彼此，所以，几年过去了，他们这帮人还是老样子，变化不大，也很少有人会有大的出息，这个时候，他们又会一边说着平淡的日子最美丽，一边嫉妒着曾经认识的一个人发达了，开着玛莎拉蒂，住着海边别墅，出入前簇后拥。

突然，有一天他们都发现了自己的错误，不该在那么年轻的时候就把时间全浪费在吃喝玩乐上，不该忘记了强化自己的长处，找到自己的方向，投入自己的热情，拼出自己的路子，可是想明白的这一天他们已经50多岁了，他们人生最好的时光都已经过去了。

而另一些年轻人，他们人小鬼大，他们每天过着的都是“以内为主的生活”，他们每天都在为了充实自我提升自我努力着，他们有着强大的意志力，能够抵御让人心动的诱惑，他们一直在严格地要求自己，没有一次例外，这是他们坚持下来的秘诀，他们注重内心道德的建设，他们知道有一颗什么样的心就有一条什么样的人生之路，他们很早很早就知道事实上，人世间真正最可依靠的是我们自身，最可信赖的是我们的心，是真实的自我。一个人的内心所向是人生成败的关键因素。

很多朋友都曾对我说：你这样总不爱参加社交活动可不行啊，你不出去结交权贵，你怎么可能出人头地，怎么可能有客户找你啊，你要多跟大家吃吃饭喝喝酒娱乐娱乐才行啊。

我总是笑而不答。因为我知道我说什么也改变不了他们年轻时代就信仰的“以外为主的生活”。

他们永远都不会相信无论你的交际有多么广泛，如果自己本身是一个学无所成的人，那么你广泛的交际反而恰恰向世人暴露了你的无知和肤浅。无论你结交多少名人，遇见多少伟人，如果自身是一个微不足道的人，就不可能理解对方的伟大之处，更不可能得到人家的尊重和提携。

唯有“以内为主的生活”，不断地完善自己的人格，提高自己的价值，埋头于自己眼前的工作，磨炼自己的意志，才能真正赢得“以外为主的生活”。

活出自己的价值

你千万不要听一些人瞎讲，什么这就是命啊，命里有就有，命里没有就没有争也没有用，千万不要相信这一套，不要做一个愚蠢的认命者，你要清醒地知道，其实，每一个人的命运都是可以改造和提升的，你要从今天开始想着充实自己扩大人生，主动去做一些可以改变你命运的事情。我若不从大连来到北京，不一心投入策划，我的命运也许就是一个鱼贩子，改造命运也许就是一个念头，一些你决定离开它开始新生活的勇气。

不要总世俗地想一些年轻人都在想的所谓的“美事”，刚毕业就同居的年轻人真不幸，刚工作就结婚的年轻人真可悲，不知道自己是谁，自己的人生定位和人生方向还没有找到的时候，就在想着买房子买车子，有了房子有了车子，就是有趣味有意义的人生了吗？你短短的一生就是在为了这些“石头”和“铁皮”而奋斗吗？

不要整天沉浸在微博中，微博是一些人为了搏出名的工具，你干吗浪费了自己的时间，成了人家的粉丝，你的粉丝呢？

你为什么从来不想你也可以成为亿万富翁，可以成为世界为之感动的“东方之子”，你也可以名利双收，可以过上你想要的迷人生活呢？

所有的名人都没有什么了不起的，只是他们有名了，人们才会把他们想象得那么好，名人不表示他们做人有多好，人品有多棒，其实他们有很多毛病，有很多怪癖，甚至有很多见不得人的地方，只是你没有看到而已，所以，不要总是追星，却忘了追己。

若你真是走在了成功的路上，就会遇到无数的阻拦，数不清的反对声音和嫉恨的眼神，你都要咬牙坚持住，你要相信只要你做得对，就谁也无法阻挡你前进的脚步，胜利一定属于你。

有时候你不要太理性，干什么都要分析利弊，做任何事都要有周密的计划，都按照程序来，其实，想做就去做，错了又有什么，起码你做过了，你不做，你怎么知道结果，你总听东听西，犹豫不决，等你终于要准备做的时候，也许机会错过了，是你把自己的人生整平凡了，不要怪别人。

不要总琢磨“稳”的事情，总是想做稳赚不赔的生意，总是想成为稳当的公务员，做任何事情都在求稳，求安全，求不出错，这样下去，你就是一个十足的俗人，活一生比不上人家活一天有意思，你要试着去做点“悬”的事情，去争取把“悬”的事情做稳，做出水准，因为做悬的东西你更容易成功，因为很少有人做，竞争少，还有就是“悬”的东西一旦做成功了也许对这个世界和这个世界上的人类会有更大的触动和启发，会感召他们也去做，从而让更多的人获益良多。

不要总想着补自己的短板，自己英语不好，就拼命学英语，几年下来终于把英语补到了跟大部分人差不多的水平，却突然发现，自己根本没有出路，当初的强项被荒废了，现在补上的短板，跟大多数人比还是没有竞争力，到头来一场空，工作找不到，信心被打击，破罐破摔，从此就进入了恶性循环，什么都干，什么都干不好，失去了活着的价值和人生的目标。

你常常原谅自己，前途就有限了，你要对自己刻薄和可怕一点，你要坚信：付出就是收获，收获就是付出。

我们的地球只不过是浩瀚宇宙中的一个微粒而已，我们做的事情只不过是大海中的一滴水，但是就算是一滴水也要证明这一滴水的价值，因为只有证明了我们存在的价值，我们这一生才能过得比寻常人幸福和快乐，我们付出的多，得到的更多。

你这辈子不想干件大事吗

今天到底怎么着啊?

你打算怎么过?

今晚玩个通宵吧。

话说今晚是“平安夜”，一个不该睡觉只该疯狂到天亮的日子。

我又来讨人厌，我想做这个平安之夜的大灯泡，看看能不能给年轻人照亮一点前途。

这样想着，在这样一个人心涣散的日子里显然是不入流的。

这样的日子，全世界还不知道有多少个“小年轻活动中心”正在上演我们费死劲也想不到的“刺激演出”和“醉生梦死”。

春见山容，夏见山气，秋见山情，冬见山骨。

转头看一眼西山，我多么希望我们的年轻人能像这冬山一样，巍然挺立，铮铮铁骨。

可是我们的年轻人又是多么没种。

克制不了自己的欲望，战胜不了自己的堕落，说服不了自己的网瘾，停不了自己的游戏，关不上自己的电视，打不开自己的书本，静不下自己的心，找不到自己的喜好，就连戒烟戒酒也做不到。

连自己都管不了的人，不就是奴隶吗？

你有种，你征服自己，你做自己的主人。

其实，学生活比拿文凭难，会生存才能有发展。

其实，凡是一哄而上的事情尽可赶紧躲开，凡是吵吵闹闹的场合尽可早点远离，凡是大多数年轻人都在议论的话题，大可不听，凡是大多数年轻人都在追求的东西，不必追寻。

因为，都是世俗小事，浅薄之物。

你有没有想过这一辈子一定要干件大事，一件轰轰烈烈的大事呢？

年近八旬的患有心脏病的老人柏特骑着他改装后的摩托车在1976年创造了地表时速最快的记录，至今无人打破。

他说：“我这辈子就想干件大事，一件轰轰烈烈的大事，现在我终于做到了，能在一瞬间超越所有人，比平白过一生更精彩，我只是想飙到极限后再咽气。”

他还说：“假如你不去追求自己的梦想，那就跟白菜没两样。”

一个正在上高中的挪威小姑娘说她的理想是“去德州，废除死刑”。

也许，你会笑，会有疑问：她一个小姑娘怎么从挪威到美国德州，怎么可能做到去让德州政府废除死刑呢？这怎么可能？

难道你不觉得是因为你太“聪明”了，你的疑问才这么多吗？你什么都不相信，你能做什么，我就相信这个有大志向的美丽女孩，我坚信只要她不放弃，只要她肯努力，她的理想就一定能成为现实，全人类都会支持她，全世界都会给她让路，因为她有一颗伟大的心，她是一个敢想敢干的女孩。

你的理想呢？你真的不想去干件有意义、有价值，证明你活过、你拼过的大事吗？

让天下人都爱上阅读，都能因阅读而改变人生，享受成功，享受幸福，书香神州，书香地球是我的理想，是我正在干的大事。

你为什么不去想想自己的大事呢？

让中国的每个农村老人都能戴上老花镜，让每一个中国人都能重新拿起笔来给自己的爱人写一封情书，让天下的所有出租车司机都有一套规范的“出租车司机温暖礼仪”，让每一个山村小学都有一架钢琴，让商人的秤永远不再做手脚，让进城打工者的孩子也能跟城里孩子一样受到最好的教育，让中国取消户口限制，让天下所有的丈夫都不再敢动手殴打自己的妻子。

这些不都是你可以干的大事吗？

不要再找借口，行动起来，干件有意义的大事。

带你上山的人越来越少了，拉你下水的人越来越多了

其实我嫌这篇文章的题目太温和了，不够尖锐，不够刺激人，不够产生促动人的力量，本来我想的题目是：年轻人，你的朋友越多，你的路子越窄。

但是，我怕让很多年轻人一下子接受不了，而产生不好的影响。

其实，阐明一个观点，说透一个思想并不是一件容易的事情，人都很忙，没时间仔细去寻思，经常会有误解和矛盾。

明天又是周六了，我知道这样的日子，更多的年轻人都是凑在一起吃喝玩乐，游玩、逛街、聚会、小酌、打牌、闲聊、倾诉，总之很多年轻人都会跟朋友度过一个“享受”的周末。

这是问题的一部分，无意识间虚度了无比宝贵的一生只有一次的青春年华，在抱怨牢骚声中说自己时运不济、机会不好、领导无能、公司太黑，让自己越陷越深，给自己设了限，给自己带上了锁链，给自己找了一次又一次的借口和无数的出口，却不知道自己的前程就是这样被自己亲手毁了。

你自己在毁自己，你的环境也帮了很大的忙。

你仔细想想你身边的朋友同学，有几个不是在世俗地一味地怎么舒服怎么活着，有几个在埋头苦干，有几个不是想着走捷径、挣大钱、买房子、购车子，有几个能心无旁骛从一而终，有几个能脚踏实地用心一处，有几个会督促你赶紧看书学习，有几个总是鼓励你去冲去闯，有几个会带你上山，而不是经常打电话约你吃吃喝喝?

富兰克林说过:“一盎司的预防比一镑的治疗值钱。”

假如，你身边全是支持和推动你向上的朋友，你太幸运了，你要珍惜他们给你的提携和帮助。你要一路向前，勇攀高峰。

若是你被我说中了，很多朋友都是“拉你下水”的，本来不抽烟，朋友教会你抽烟；本来不去夜店，朋友总请你去；本来不爱打麻将，朋友一到周末就找你；本来你没有那么虚荣，朋友总是带你去购物；本来你有一大把的时间充电，老乡却总喊你去聚会；本来你也爱看书，朋友却总喜欢叫上你一块看电视。其实，你知道你是可怜的，你是人生的被动者，你是自欺欺人的人，你是应该被抢救的。

谁能救你? 不是你的朋友，不是你的家长，不是你的老师，不是你的领导，也不是你的老乡，是你的心，你的决心。

你不要把走正路做成事想得那么困难，其实，就算是一个天生的凡夫俗子，只要在某一个领域，不断刻苦钻研，也一定能够获得成功。

我知道，很多年轻人都不想吃苦，不想改变现在自以为舒适的生活方式，他们不知道，可怕的是，只要有了维持现状这一想法，你就已经在开始走下坡路了。

每一个年轻人都应该给自己设立一个“游历基金”

这是一个严重缺少老师的时代。

这是一个年轻人都不需要老师的时代。

这是一个老师没有学生教，学生找不到老师的时代。

这是一个人类文明进程中最糟的年代之一。

高楼大厦。污浊不堪。

灯红酒绿。心贫如洗。

每次我一站出来，想对年轻人说点真心话，总是有一些人讨厌我，说我“算什么东西”。

人的一生总是在被人说“算是什么东西”中，成为了一个东西，坚持下去，就是一个“著名东西”。

为了在“著名东西”中能有“徐大伟”的名字，我只能牺牲你的喜好。

前些日子，去欧洲的四个国家转了转，回到首都机场，看到“中国公民”的通道，我一下子感觉不同，我这是回国了，这次出国收获了什么，去了欧洲是不是能在心里设立了一个“欧洲平台”，今后无论做什么事情都能在这个平台之上，超越欧洲的品质和气度。去了欧洲还是那个徐大伟吗，还要那样想问题吗，还要那样看待中国吗，还要那样认识企业吗，还要那样就事论事吗，还要那样视野不够宽广吗？我一直在思考这个问题。

总能从一个问题想到另一个问题。

想到我在意大利和法国看到的那些骑单车旅行的年轻人，想到站在山顶上大声朗诵诗歌的瑞士姑娘，想到徒步旅行的那些情侣，想到北京随便一眼就能看到拿着 iphone 和 ipad 玩游戏的年轻人，想到中国城市街头走来走去的一身名牌的中学生，想到一脸冷漠和什么都不在乎的有钱人家孩子的样子。

眼看着太多的中国年轻人正在走向堕落和无望，心里的痛说出来，很多人会说我虚伪。

眼看着这么多年轻人一天天虚度生命却无人阻拦，就讨厌中国的媒体，讨厌中国的游戏运营商，更讨厌已经放弃了教育孩子正直善良顽强拼搏的中国家长。

讨厌自己，怎么什么都做不了。

年轻人们，我在欧洲遇到的年轻人并没有一人拿一个 ipad，并没有穿什么上千元的名牌登山鞋，没有车也没有属于自己的房子，可他们环游过整个欧洲，走遍了欧洲所有著名的城市，站在人群中，他的眼神跟你是那么地不一样，他的神情是那么开阔而饱满，他们的举止是那么优雅而美丽，他们的笑容是那么真实直来直往，他们的知识面是那么宽广和不分国界、不分人种、不分年代，他们的耐心和毅力是那么结实和牢靠，他们的鞋子是那么脏，他们的心是那么干净，他们的兜里是那么穷，他们的头脑里却早有王国。

这些散落在欧洲大地上的年轻游历者，大部分人都是用自己挣来的钱和自己节省下来的钱旅行，都是用最省钱最初级的方式旅行，住最便宜的店，感受最基础的人生，吃最便宜的饭，品尝人生百味，行最远的路，看最美的风景，走最老的街，唱最动人的歌曲，跳最本地的舞蹈，喝最甜的水，看最早的日出，所以，他们 20 岁就有你 40 岁的阅历和能量。

他们逐步掌握了把知识转换成智慧的方法，他们能把自己放进大自然的大环境下思量人生的流向，他们能够超越世俗，确立追求的目标和发展的路径。

我一直想说：中国的年轻人，赶紧省下你换手机的钱和玩游戏的时间去游历天下吧，你知道吗，你们太浅薄太无知太狭隘太浑浊了，你们可以拥有父母帮你买的房子，可以开着公公送的车子，可以玩着全世界最新潮的手机，但你还是要知道，你本质上依然是一个穷人，你没有见过真正的世面，你没有让人嫉妒的谈吐和胆识，你没有让自己内心平静充满喜悦的能力，你只能在奢侈品的包装下假装你拥有了世界最大的幸福。

可怜的年轻人，其实，你们多么需要从今天开始从自己每个月的薪水里拿出一点钱设立“游历基金”，用自己的收入去经历世界的不凡和平凡。

做出一个“中国年轻人”的样子来让全世界看看，证明我们不会再一次输在愚昧的“无知和自大”中。

年轻人要学会多说“好的”和“知道了”

坐在这里。

想着那里。

雨声由高到低，我的心情由低到高。

下一场雨，就是苍穹在大地上做一幅画，唱一首歌，跳一支舞，说好多话。

只是有的人知道，有的人不知道。

不是一个不知道者，怎么成为一个知道者?

你不要做正在被煮的青蛙，也许你受伤了，也许你很累，但是你还是要跳出来，不跳出来就是灭亡。

也许你还不知道自己身处温水，锅底的火越烧越旺，你跳出来的机会越来越少。

一锅青蛙能跳出去的只有两三只，大部分的青蛙都被煮熟了，你想做被煮熟的青蛙吗?

想做跳出的青蛙你知道你要多坚强、多拼命、多投入吗?

一个部长大声跟另一个车上的主任安排工作，说了一大堆要主任现在就去办的事情，只听主任最后就说了一句:“好的。”

我一下子坐不住，脑子里马上出现了这句话，经常说“好的”的人早晚会成功。

我跟部长和旁边的同事说，主任说的“好的”多么干脆，领导安排工作，他就一句:“好的”。

部长说，这就是态度。

这也让我想到了很多。

想到了很多人，在领导给他们布置工作和安排任务时，他们总是有一大堆问题，不是这个理由就是那个难处，总之会说一些话，目的就是要跟领导讲明这个事情比较不好办，自己压力大，给将来做好铺垫，让领导同情甚至取消这个安排，降低他们的压力。

晚上的时候，我问一个司机，你们明天晚上能到北京吧？

这个司机师傅，50多岁，他对我说：你问这个话我怎么回答你。还不知道路上堵不堵车，有没有什么问题。

听了他的话，我没说话，我不高兴。心里在想：他怎么能这么说话，他这样说话伤害的还是他自己，他的话代表了他的态度和理念，有了这样态度和理念的人，他做的任何事情也会带有这样的态度和理念。

这是一个大家都不爱管闲事操闲心的时代，我说这些话，很多人也不爱听。不爱听的话也许是你最应该听的话。这需要你的自见。

我有一个同事，无论是我给她打电话还是发短信安排事情，她的回答基本上都是三个字：知道了。

每次听到她说或看到她回“知道了”三个字，我就觉得踏实和轻松。

每次有事的时候我总是第一时间想到她，想让她去做，所以她锻炼的机会越来越多，成长越来越快，空间越来越大，我越来越信赖她，越来越愿意主动提点她。

我想天下没有不喜欢经常对自己说“知道了”的员工，我想天下也不会有不愿意给总是回答“好的”的同事更多关爱更多好处的领导。

天下同样也没有不成功的人，只有成不了功的人。

因为，他们态度不端正，没有找到位置，找到位置又没有摆正位置，摆正位置了又没有发挥作用。

所以这篇文章的功能和作用就是希望你能成为一个“好的男”“知道女”，给自己一个新局面，给未来一个大惊喜，好吗？

你应该知道该怎么回答我。

年轻人，干一件事情就要坚持下去

一个人站在街上。

心里装满层峦叠嶂的事情。

看行人，我是带着这些事情看行人。

行走，我是带着这些事情行走。

我想大多数的人也是这样。

装满心事，一身是伤。

走过一辆商务车，看见车前面板上放着乱七八糟的宣传单、报纸、饮料瓶、票据，车窗污迹斑斑，好像好久都没有彻底清洗了。

看着这辆车，我突然想通了很多事。

一辆车脏到这个程度，是因为它一天天积脏而成，今天脏一点，司机不及时清理，明天再脏，再不清理，十几天脏下去，人就懒得清理了，不爱清洗的结果是不清洗，不清洗的结果是车脏无比，恶性循环开始了，时间一长，司机叹口气说：算了，爱咋地就咋地吧，不就是一个代步工具吗，能开就行。就这样，车毁了。

车本来不仅是个代步工具，也应该是个幸福工具，美好生活工具，美丽世界工具，全看你怎么理解车，你怎么对待车。

一辆车脏是这样，一个人坏不也如此吗？

今天说句脏话，骂个人，吐口痰，说个慌，缺点德，忽悠个人，耍点花招，骗个客户，发个小火，今天觉得没有什么，不去管理自己，明天还是这样，后天依旧，一个月，一整年，人就完全成了这种人，自己培养了自己，自己玷污了自己，成为了这种人以后，就不觉得这样有什么不对了，就顺其自然了，就因为太脏而不愿意清理了，就自甘堕落难以拯救了。

我每天都在说很多人没救了，都在想怎么拯救他们，他们还在想我没救了，还要拯救我。

这就是世界的奇趣。

一个人是如此，一个家庭，一个公司，一个乡镇，一个城市，一个国家，一个地球，又何不是如此呢?

一年有52个周末，加上假期，一年我们有一百多天自我做主的宝贵时光，人与人之间的差距，全在于怎么看待这一百多天，全在于怎么利用这一百多天，一年差一百多天，十年下来就是差三年，三年能成就一个人，三年也能毁掉一个人。

年轻人，干一件事情就要坚持下去。

我知道你们都有三分钟的热血，但是有没有三年的热血、三十年的热血就决定了你能不能成为一个卓越的人。

我知道你们都曾有五光十色的梦想，都有自己信赖的理念和思想，都有自己的追求和喜好，但面对那些缺乏自制的人，我却感到十分无奈和痛苦。

总是挂念着你们，因为你们这个年龄，还单纯，尚干净，学好容易，学坏更容易，所以我整天就想在你们耳边念叨一些好，但愿你们没有太不耐烦，其实我知道，现在的年轻人，最不爱听老人们给他们讲道理谈过去，所以，我始终为难，最后还是觉得写下来好，有些事情时间久了大家才能发现它的价值。

其实，不光你们是年轻人，我也是啊，尽管有年轻人开始写信叫我大叔了，但只要我自己不叫自己大叔，还没有问题。既然都是年轻人，那么这样的文章我也是写给自己的。

想了想，我做了两件事可以被称为“干一件事情就要坚持下去”的例证，一是这个《想法日报》写了四年了，基本上做到了每天一博，每天写一个想法，实在没条件上网，也会在第二天抓紧时间补上；二是我每天都在看书，边看边记，书看了几千本，本了用完了近百个。

因为这样的坚持，我受益匪浅，说出来也许你都不信，我们公司的很多客户都是因为看了我的博客，看了我的文章，才跟我们合作的。我的那些千奇百怪的想法也大都是看书想出来的。

所以说，干一件事情坚持不下去的人，他们是另一种“年轻人”——年年都在轻视自己、轻视坚持的人。

致新人——写给年轻的同事们

亲爱的弟弟妹妹：

你不知道我现在在哪里，以一个什么姿势写这篇文章，知道了，你一定会认真看这篇文章。

我是在一个嘈杂的机舱里，把电脑放在腿上写这篇文章。

耳边没有音乐，只有一个旅行团的说话声。

一个心中没有音乐的人，要么默默无闻，要么吵吵杂杂。

当我写亲爱的弟弟妹妹的时候，在我的内心是真的把你们当成是我的弟弟妹妹，还都是亲爱的。

当有人问我你弟兄几个的时候，我想这样回答他：好几个亿呢。

在我的心里把你们真的当成了弟弟妹妹的时候，我发现，我有话说了，我做到表里如一了。

这个世界之所以有毒奶粉、瘦肉精、地沟油、染色馒头，全是因为这个世界太缺少表里如一了。

人心不表里如一，人就不表里如一，人不表里如一，事就不表里如一。

不表里如一的人和事在哪里，哪里就会有灾难。

不表里如一的工厂生产出来的必然是不表里如一的产品。

不表里如一的市民建设不出一个表里如一的城市。

一个不表里如一的父亲不可能培养出一个表里如一的孩子。

弟弟妹妹们都成为了一个表里如一的人，咱公司不可能没有大未来大发展。

你知道有时候我为什么能梦想成真吗?

因为我一是有梦，二是天天都在想这个梦，三是有梦有想我还做，所以，不知不觉，我就成了我想成为的人，梦想成真了。

其实，我做人做事三十四年，总结了让我成长让我成功的六字秘诀：有想法，肯真干。

我当然知道，你们都是科班出身大学生，都有创意有朝气，但你们不肯干啊，弟弟妹妹们，你们若是真肯干，哪个不成才哪个不成功？

你说你厉害，你有才，你怎么让这个世界知道你厉害你有才？你怎么让我知道，让公司知道，让你的领导知道，让你的城市知道，让你的行业知道啊？

你要做事啊，你要想尽一切办法亮剑啊。

你们知道吗？我今天之所以有那么一点知名度和影响力是为什么吗？

因为我天天都在折腾啊，天天都在给这个世界惊喜和感动啊，一会儿是“民间流动图书馆”，一会儿是“我做飞客，快乐高考”价值观的输出，一会儿又是《想法日报》的新点子，我天天都在“自造影响力，自我放光芒”啊。

你成功，是因为你该成功了；你有影响力，是因为你真的影响了这个世界；你放光芒，是因为你有光又愿意绽放。

知道你们到了晚上就喜欢电视台，其实，你们都不知道这个世界上只有两个台：一个是主席台，一个是观众台。

你能上哪个台全看你自己怎么想怎么做。

人与人之间的差距其实每分每秒都在拉大，有的人睡到自然醒，有的人干到自然睡。

弟弟妹妹们，之所以给你们写这封信，是因为我发现，你们是公司的希望，消费者的希望，家乡的希望，城市的希望，中国的希望，世界的希望，我们要指望你们的才华横溢和正直品行。

但前提是你们要知道自己是希望，你们才真的有希望。

你们刚毕业刚参加工作，还是一张白纸，还很单纯干净，这个时候是你们最容易学坏的时候，就像两三岁的孩子，你教好他们很容易，教坏他们也容易，你们在公司沾染一些坏毛病很容易，塑造一个好习惯也很容易。

所以，我要提醒你们，千万不要像公司的一些老同志那样，身上有各种各样阻碍他们成长成功的坏毛病，改也改不了。

你们要把心思放在工作上，爱上工作，工作才能给你巨大的回报，你们工作不是给我徐大伟干的，是给你们自己干的，你成长了，你学到东西了，你可以带走，但我却不能从你脑子里拿出来，若是每天早晨你来上班的时候总觉得自己今天是去工作，是去挣工资的话，你就太危险了，一是你挣不了很多钱，工资也加不了，试用期也过不了，二是你是在浪费你的青春，杀害你的未来。你害不了公司，你是害了自己。

很多人都算过命，很多年轻人竟然都信命，更认命，会说“命里有什么就有什么，争取也没有用，”我就很诧异，小小年纪怎么能有这么落伍的想法，不是都装着自己很酷吗?

弟弟妹妹们，今天我要告诉你们，一个人的命运是完全可以改变的，你有什么样的思想，就有什么样的行为，有什么样的行为，就有什么样的习惯，有什么样的习惯，就有什么样的性格，有什么样的性格就有什么样的命运。

好思想、好行为、好习惯、好性格、好命运。从改思想开始，你就可以改变自己的命运。

所以，我今天是来督促你改思想的，你们年轻，你们可塑性强，你们现在想改还来得及。等你们中年了，中层了，就完了，俗不可耐烟酒人生，浑浑噩噩吃喝玩乐就会成为你们下半辈子的追求。你不会再回头，不会再清明，因为你不再相信这一切了，你不相信：自信人生两百年，会当击水三千里。

你们本应该奔向大海，而不是蜗居床榻。

你们本应该孤枕难眠，而不是同居寻欢。

事业要成功，自己先成功。

徐大伟

2011年4月21日

写于飞往南宁的飞机上

年轻人，赶紧“折腾”起来吧

从贵阳飞太原的两个小时里我一直在想，落地后写一篇什么文章，上了车看到街上的年轻人，突然就想到了这个很久以来就想要写写的题目：年轻人，赶紧“折腾”起来吧。

我经常跟最亲近的朋友和同事说，你来北京干什么，年轻人最应该干什么，不就是折腾吗？想干什么就去干什么，尽情折腾，这个想法折腾不成，另--个想法可能就能成就你，你没有发现成功的人都非常能折腾吗？既然能折腾的人都成功了，你为什么不去折腾呢？

也许，你的邻居，你村里的某个人，你小区的那个大伯，你对他的折腾留有印象，别人都在按部就班地种地除草的时候，他却做起了小买卖，今年卖服装，明年又开了饭店，要不又买下一座楼来做房东，他就这么一直折腾地过着自己的日子，他也一直是你和你身边很多人羡慕的对象，因为人家能折腾人家也富裕，谁都用不上的东西，人家早早就用上了，谁都没享受过的东西，人家也早享受到了，没有一个人买汽车的时候，人家就开上车了，人家一直走在全村、全小区的前面，有钱、有胆、有未来。

若你真的明白我在说什么，你干吗不从现在折腾起来，我知道说服一个人很难，尤其是今天这个时代，人人都自我感觉良好，人人都被世俗所“辐射”。

所以，我必须要举一些自己的例子，也许才能对你有作用，我承认，我就是一个能折腾的人，不但天天帮助客户在折腾，还自己折腾，以前的折腾就不说了，就说最近这些天的几个折腾：让同事把“徐大伟”三个字注册成了商标，让同事去买精致时尚的茶壶茶杯淘汰一次性纸杯，安排同事去打听“798 创意工业园”的房租，准备开一个“徐大伟想法馆”，让创意总监创新设计“民间流动图书馆”的形象系统，准备最近进行一次民间流动图书馆的“时尚升级”，让设计师设计高品质高品位的公司 T 恤衫，并正在计划联合商家一起开发“想法器”。

每天我一睁开眼，想的第一件事情就是，今天该做哪些富有创新富有成效的事情，今天的“折腾计划”是什么，今天怎么能折腾出点新意和新绩来，每天还要沉思几次思虑良久，这一天是不是白过了，是不是没有开创新局面？

所以，我成了我，你成了你。

也许你生活的圈子，你接触的人，你的亲戚朋友都不会赞成你去折腾，也许，他们还不能真正理解什么叫折腾，不会给你创造一个适合折腾的环境，但又有什么办法呢？

他们又不是你，他们怎么能真正知道你是谁，你想要什么呢？

不要管他们的阻拦和闲话，其实，世界早就是你自己的了。

你不去折腾，就只能被折腾

晓晓：

周末的时光，不能玩光。

人与人之间的差距最容易在周末拉开。

有的人把周末当成了充电日，有的人把周末当成了玩乐日。

工作日你放电，周末你放电，你有几格电?

所以，你越来越感觉浑身没劲，无心无力。

看到了你来信的题目“一个正在‘被折腾’的女孩请求帮助”，我吓了一跳。

还好，看完了你的信，我的心总算放下了一大半。

赶紧打开一张空白文档，给你回信，我这一生又能回几封信，又能真正帮到几个人，所以，什么都不能等，“想到做到，马上行动”这是我对我身边人的提议和要求，今天，也送给你。

喜欢你是一个能折腾的人，喜欢你曾经是一个女兵，喜欢你不放弃，但却不喜欢你都不知道自己真正喜欢什么，不知道自己的特长是什么，不知道自己的核心竞争力是什么，不知道自己不可复制不可替代的独特个性特异能力是什么。

不知道自己真正想做什么，你做任何事情不就是干一天算一天吗?

不是你擅长和喜欢的事情，恐怕你付出比他人百倍的努力也只能得到他人一半的收获。

所以，你要找到自己的世界。

我知道也许你会说：徐老师，从高中开始当打工仔到当兵复员，我一直不知道自己的特长是什么，我没有擅长的事情啊。

晓晓，第一我不相信你会没有特长，没有特别擅长的事情，每一个人一定都会有与众不同的能力和能量，只是自己未曾觉悟未曾发现，又没有去主动发掘而已；第二就算你没有特长，你为什么不去学一个特长，干出一个特长？

这是一个竞争异常残酷的星球，没有特长的人，注定会失去自己的田地，沦落成为他人的帮佣。

你不去折腾，就只能被折腾。

有了自己的特长，自己的喜好之事，事情就成了一半。

另一半就是需要你去千方百计地寻找一个适合自己的平台，干你想干的事情。

有的年轻人想不开，大学一毕业就想着上班挣钱，其实，我要给年轻人一个建议：上班前三年，主要的目的不是挣钱，是“挣前”，挣出前景，挣到本事，磨炼自己，提高能力。

不知道，晓晓你同意我的建议不？

相信你也一定听说过这样的话：凡人皆因战胜自我而成功，因放纵自我而失败。

只是，很多年轻人都不知道战胜自己什么，怎么战胜？

谁都年轻过，谁都犯过错，但的确有的人无论是年轻时还是中年时、老年时，他们始终犯错最少，觉醒最早，而这个世界真正青睐的就是这种人，成功的也是这种人。

若你到现在都没有找到自信的感觉、充实的快乐、上进的渴望，不满意自己的烦恼，我想你一定是出大问题了，你正在一步一步地走向平庸。

你要战胜人云亦云，人玩亦玩，人俗亦俗，人不靠谱你亦不可靠，人张口房子车你亦逛街无聊睡，人都傍大款寻刺激不劳而获你亦总想走捷径。

晓晓，战胜你的欲望，战胜你的邪念，战胜你的妄想，战胜你的世俗，朴实的心，才能有踏实的人生。

良言教诲听百遍，不躬行亦无意义。

人的一生全靠这“四自”：自律、自诚、自学、自强。

面对真实，面向未来，晓晓。

徐大伟

2011年4月9日于北京

徐先生，您好：

在“全球品牌网”看到您的文章《年轻人，赶紧“折腾”起来吧》，不敢确定您是否能看到我的信，是否能给我回信；但，还是折腾一下自己吧。

我算是女孩中比较爱折腾的，二十几年中，自己做过的工作也很多、很杂，上高中后就开始当起打工仔，服务员、洗碗工、促销员、礼仪小姐等杂七杂八的都做过；直到参军，部队生活又是另一番滋味，一直就这样折腾着自己；可能在这个特殊的时期，我们的兵种注定是特殊的，提前复原了；我还是离开了我曾经向往的军营，可能有不舍，但我更想折腾自己……

退伍后，我没按照正常人的思维进行正常的工作，我没去一些稳定且收入不错的单位，我选择了销售，继续折腾着自己。我也不知道我干吗喜欢销售，可能没真正做过，也可能高薪挑战，或许心有不甘……今天是我进入这个行业的第20天，公司是一个招商公司，我属于电话销售，手上有100多位客户资源，直到现在我没成过一次单——我开始心里着急，老员工从新员工开始时，一个月里都是成单的，我不知道我的毛病在哪里？我也不知道电话销售怎么开始？甚至怀疑这份工作能不能做好？但，我不放弃，我只是想找到一个突破口，您能给我点意见吗？呵呵——可能这封信就会这样飘向大海，谁叫我喜欢折腾呢，希望您能在繁忙中看见它的存在！

祝您快乐每一天，合家欢乐，事业有成！

晓晓

年轻人不要总想着买房子，要想着怎么卖力气

每一天都有一个美妙的时刻。

现在就是这样的时刻。

因为我眼前有你，你眼前有我。

有网友给我留言：今晚徐老师怎么不发博文了？

我也要给他留言：你今天怎么不过来看博文了？

有期待，有等待，这就是幸福。

今早起来，想到了一句话：自己的人生，自己的床。

一来可以把这句话送给床品公司做广告语，二来也启发我又想到了另一个问题。

我的问题就是我的脑子总停不下来，胡思乱想有，奇思妙想也有，白天想，睡着了还在“放电影”，一幕又一幕，就像白天非要折磨夜晚，我却束手无策。

有时候我就在想，还不知道自己能活到什么年龄，难道，就是因为时间紧张，才让我睡不好觉，一个梦又一个梦吗？

每个人在生命中都会遭遇困境，我想现在就有很多年轻人遇到了人生的一大困境。

他们漂在大城市里，眼看着房价一天天涨，自己的欲望一天天被撑大，却越来越不可能买到自己的房子，心里不是滋味。

我能体味这种滋味，因为我也有过那样的经历，但最后我放弃了那个滋味，我去干了一些真实有力的事情，改变了自己的人生。

所以，我就有了说话的机会，我想对广大的年轻人说句中肯的话：不要总想着买房子，要想着怎么卖力气。

我总是能在不同的场合听到看到年轻人在谈论房子，却总是很少听到他们谈论学习、谈论读书、谈论工作、谈论发展、谈论梦想、谈论哲学，他们总是在谈论房子中唉声叹气，在怨声载道中又给了各自安慰和借口，走出餐馆的大门，继续一成不变毫无激情生气地生活与工作，困惑了，痛苦了，又会凑到一起，互相泄气、互相打击、互相平衡。

可怕的是，这样的事情每天都在各个城市里不断发生，我们却站在一边，什么都没做，甚至什么都不想去做。

所以，我难以忍受，我要站出来说点真话，年轻人，不要这样，你才多大，你才工作了几年，你才有多少能力，你历练了点什么，你一个月才挣多少钱，你现在就天天想买房子有什么用，你把精力和心思放在了不过一套房子上，你知道你有多傻呢，就是父母现在掏钱帮你买上了房子，你又能怎样呢，你还不是你，你的能力能提高吗，你的工资能加倍吗，你能怀抱梦想坚持理想吗，你能一帆风顺前程无忧吗？显然一切都不可能，本质的你本没有变，别人给你买的房子，某种意义上讲那始终不是你的，就是用你的名字买的，也不是你的，你可以欺骗自己，但你不能欺骗人生，你现在惟一需要做的就是要给自己一个真正的全新的开始。

从今天开始，不要去想怎么买房子，你要换个追求和执著的方向，想想怎么卖力气，也许你到今天都没想明白，你到底是在为谁打工？也许你会说当然是给老板打工了，其实，你知道你错了吗，你当然不是在给老板打工，你是在给自己的人生打工，你是在为自己工作，你是在为自己的美好生活而加班加点，你学到了真东西，长了真本事，你的老板能从你身上取下来吗，不能，他能做的就只是不停地给你加工资，加到你满意为止，因为你的老板知道他不给你加工资，有很多人想给你加工资，到那时候，买一套房子真的有那么难吗？

实在领工资领烦了，当然可以出来单干了，创业有那么难吗？也许创业对于那些没有准备好的人来说太难了，但对于你这种胸有成竹的人还不是轻车熟路节节高吗？创上几年的业，我想房子早就不成问题了，买一辆奔驰还是买一辆宝马又会成为你的新困惑了吧？

很多人都不知道什么是现在？现在不就是昨天的未来，明天的过去吗？

所以说，现在里有过去，现在里也有未来。

年轻的朋友们，把握现在，用好这个春天吧。

你哪天不是在散散心

中午请公司的女同事们吃饭，因为这一天被称为“三八”妇女节。

尽管所有的女孩子都会笑着说：别祝我节日快乐，我又不是妇女。

这就是中国的不对了。都什么年代了，还这么土，还把女人们叫成“妇女”。

咱能不能换一个名称：“三八国际女士节”？

凡是我说能不能的事情其实都能。

但是没有办法，我只能稍微温柔一点，不把什么都说得那么清楚而直接。

前天是“二月二”，龙抬头，我也理了发，抬了头，在理发的时候我就在想，二月二，龙抬头，三月三，为什么不能是“凤起舞”呢？让女人也做做头，理发馆是不是又会发一次，大家也乐一次呢？

有人说，“二月二”是自古留下来的传统节日，其实，我想说，百年后千年后，我们创造的这个“三月三凤起舞”的节日不也会被后人称为“这是自古留下来的传统节日”吗？

我们是新人，不也是故人吗？

新人，当然要做新事，可我们又做了什么呢？不做新事，老了我们会有故事可讲吗？

同事聊到高兴时说：我大三的时候不是没有什么事吗，买了张地图，一个人去杭州上海玩，我妈给我打电话问我在哪呢，我说在杭州呢，她问我去杭州干吗呀，我说散散心，我妈问我是不是考的不好，我说不是，挨老师说了呗，出来散散心。

我说，你是家里条件好，还有钱一个人出去玩。“散散心”，这个词好，其实，认真地想一想，你哪天不都是在散散心？

同事们笑。

我却在脑子里想。

今天的文章有题目了。

到底是我请她们吃饭，还是她们请我思想？

我觉得还是她们请了我。

很多人都不知道，这个人厚道了有什么好处，天天做好事说好话帮他人有什么好处，都说这个人真傻，就知道到处帮别人，不知道疼爱自己，其实，真正明白的人才知道，到底谁才最傻。

可怕的是，真正明白的人始终太少。

所以这个世界犯糊涂了。

中国人犯糊涂了。

自觉很聪明很有心机的人，都是傻子，别人觉得这人真傻的人，其实才是大智慧的人，才是有大爱的人。

所以，很多的年轻人，到现在都在犯傻，不知道人生的最高境界就是把自己活成“世界公共人”，全世界谁都能利用你，谁都愿意利用你，谁都想着去利用你，你活着是人类的福气，你的作为是世界的荣幸。

可现在的很多年轻人脑子里又都装着什么呢？不是房子车子票子就是性欲物欲口欲玩乐之欲，有几个人的脑子里真的有一个又大又美又强又壮的理想呢？谁还在谈梦想呢？

不开心了，就想着法子逃避，说要出去散散心，其实，年轻人，说句话你不要不爱听，你出去散什么心，你上班不就是散心吗？你还有心吗？你真的把心思全用在了工作和学习中了吗？可能你不承认，但这个世界就是这样，咱们人类中大部分人做事没有用心，起码没有用上全部的心思，所以成功享受荣华富贵的人始终是极少数，怎么改变这个世界，“用心生活人类计划”的启动也许就是个办法。

或许，你还要用很多年才能弄懂到底什么是用心，什么是心，无心的人就无新，无信，无薪，无欣，没有心就没有一切。

我不求你现在就明白，但你总有一天会明白：对你目前的情况，没有谁是真正的专家，谁能让你药到病除。

唯有你。

大学生，你们都在宿舍里做什么

站在电梯前，你经常在想什么？

你每天都要等电梯，你每天都在想什么？

你坐车的时候在想什么？

你一个人的时候在想什么？

你不用回答我。

你自己想答案。这就是国外教育精神的核心。只问问题，自己找答案。

从我们公司走出来一个小伙子，我知道他是我们的兼职调研员，调研问卷做得不好，被我们的同事扣了一百元，我赶紧对他说：做事一定要扎实认真啊。他笑着说：是啊。

我就在想，从等电梯到下电梯到走出大楼，怎么也有几分钟，在这几分钟里我要给他点东西，我怎么也是一个比他大的人，他是一个大学生，我要对他担负责任，我有义务指引他，给他启示。

我就问他：哪个学校的？他答：北京理工大学的。大几了？大三了。多大了？23。我笑说：大三，23，不错啊。他也笑。我问：上大学有意思吗？他答：没上大学时觉得上大学有意思，上了大学觉得没意思，感觉还赶不上上高中的时候充实。我说：为什么啊？他说：好像人没有目标了，氛围不好。我说：是不是很浮躁，同学们都想钱啊，你可以去图书馆啊。他说：去啊，就是整个环境不太好，没有一个学习和上进的气氛，回到宿舍更是干什么的都有。

本来，还是想给这个小伙子一点启发和营养，却没想到，他给我的远远比我给他的多。

这又是一个奇怪的逻辑：给予就是得到，越给予越得到。

可惜的是，现在的很多人都愚蠢到就怕奉献、怕给予、怕付出、怕吃亏，都傻到不知道什么是做人的智慧。

没想到，小伙子的一句话，让我的思想飞越“大学生”这个常规的词，来到了他们的宿舍，我真的想知道，今天的中国大学生们都在宿舍里做什么？

也许，我不身临其境还不能说得周详，但我还是从那个小伙子的语气中知道了一二，大部分的大学生应该在宿舍里上网浏览、网聊、看视频、说黄段子、写情书、发骚扰短信、打扑克、喝酒、吹牛、翻乱七八糟的杂志、睡懒觉，当然也有认真看书、真诚学习的同学。但，我依然是讨厌的徐大伟，我是想提出这个让人不悦的问题，想问问校长、老师、家长，你们真的知道每天学生们都在宿舍里干什么吗？也许，你们都低估了宿舍的价值，都不知道有什么样的宿舍，就有什么样的“宿命”。

宿舍生活品质的高低，决定了这些年轻人未来生命品质的高低。

梁启超先生的孙子梁从诫先生说：“人还是应该有一种精神，有一点追求。在这样一个时代，我们可以选择另一种生活。”

套用梁先生的思想，亲爱的弟弟妹妹们，在这样的一个大学环境下，你也可以选择另一种生活。

我知道梁先生是理想主义者，我也是。

但你不要笑话理想主义者，若是说这个世界的改变者，其实一直都是这些理想主义者。

梁从诫先生有一个好父亲梁思成，也有一个好爷爷梁启超，有楷模，有基因，所以梁从诫先生被誉为“具有良知的知识分子”，“中国民间环保领袖”。所以他能说出这样的话：亿万人的警觉，会形成宏伟的力量，而亿万人的无知和漫不经心，也会给地球带来沉重的负担，乃至巨大的灾难。

亲爱的朋友，你们有没有想过，其实，梁启超、梁思成、梁从诫都是咱们的同胞啊，咱都是中国人啊，咱中国人都应该有咱中国人的基因啊。

本来他们也是我们的父亲，我们的爷爷。

只是你傻到什么也不知道。

基因找不到，传统接不住，未来开不出。

有多少人活着活着就活出了“盗版”人生

走在回家的路上。心也在回家的路上。

一高兴，我就背着皮包在小区里跑起来。

在自己创造的风和快速流动的风景中愉快飞越，体会着活得充实活得健康的美妙滋味。

不知道你知不知道健康活着的滋味？什么叫活得健康？就是你每天都在做一个正直的人，都在走正路做正事，你没有做任何点滴的违法违心和对不起世界、对不起父母、对不起妻儿、对不起自己的事情，这就是活得健康。

也许就是这个“活得健康”还不知道要了多少人的命，也许很多人一辈子都没有机会享受这“活得健康”的美妙滋味了。

人生的风景很多，不忘初心是一种最美的风景。

步行道边一个老大妈手里牵着一条狗，一个老大爷手里也拉着一条狗。

这个老大妈和老大爷显然是老两口，一边走路一边在说话。

两位老人都穿着很高级的风衣和品牌很好的鞋子，从上到下他俩的装扮加起来怎么也有几千元，显然是物质富足的老人。

我突然就在想象这两位普通的老人也许只是中国大部分老年人的一个代表而已，这些物质富足的老人，他们这一生过得有意义和有价值吗？他们需要一人牵一只小狗吗？他们穿着这么讲究，不知道他们的内心是不是也很讲究？知不知道自己活着一辈子为什么？做了什么？给中国带来了什么？给大众造福了多少？作为一个人，难道只是为了自己吃得更好、住得更好、穿得更好、玩得更好吗？不用管你的同胞，那些偏远山区同样也是“中国人”的上不起学、吃不好饭的孩子吗？什么都不用管，就管自己吗？活着又有多大劲呢，对于这个世界对于中国你活着跟没活着没有区别，有你没有你都没有关系，活着什么也没留下，死了更谁也不知晓，这不就是“生死无妨”的人生吗？

对不起，朋友们，也许你看我这么说，很生气。我也很生气。

一上地铁，就看到一个年轻人把头倚在他的女朋友的肩膀上睡觉，睡得嘴脸可恶，我心里就不舒服，终于这个小伙了醒了，坐起来跟她女朋友说：“你先回去吧。”他女朋友有情绪地说：“去哪里？”他说：“你就先回家吧，我也回了。”说完，小伙子就下车了。我以为故事结束了。

没想到，故事还到了下一站，小姑娘一下车就在电话上跟那个小伙子说：“你在哪？你把我的钱拿走了。”

走在路上，我就在想，怎么办呢，这就是我们的中国年轻人吗？这就是中国男人吗？上车迷糊，下车猥琐，我不知道那个钱是不是他特意带走的，不知道是不是他整天不工作总靠女朋友挣钱养活，不知道他是不是又没有钱玩游戏了，不知道他大白天为什么那么困，我不知道的还有很多。

眼看着中国越来越多的“下进青年、烟酒青年、情色青年、逛街青年、网游青年、从众青年、模板青年、物质青年、自私青年、想钱青年、冷淡青年、假装青年、谎言青年、不礼青年”在我们身边晃悠，我每天都心疼得不得了。

可是有多少个年轻人不是对我这个“心疼”嗤之以鼻？还有多少人看到这些年轻人会“心疼”？还有多少人会表情奇怪地看着我问：有什么心疼的，与你有关系吗？

这个世界，这个国家与你有关系吗？你能真切地体会到什么叫国家吗？你真的深爱自己的国家吗？你为国家的健康发展做了什么，提了什么建议，坚持了多少人人都骂你不合群的原则和底线，你真的配得上“公仆”的称号吗？

怎么办啊，亲爱的你，难道非要这样活着活着就活出不是你本来面目和本来愿望的“盗版”人生吗？难道你真的不知道你身边的大多数人都被“盗版”了吗？难道你也要放弃“正版”，追求“盗版”吗？

其实，一点办法都没有，人生自己要争气，自己不争气，就要活受气。

人就应该正派地活。

全世界都在调情，却很少有人用情

路上的汽车从未停息，也许车不一定是昨天的车了，但总有车来车往却是不变的。

我不知道这些天中国有多少人离开了这个世界，有多少新生命来到这个世界，我却知道我们每个人都有一个保质期，都有一个期限，期限到了，就要走。

可我却发现，这个世界的好多人好像不知道自己的人生之旅是有期限的，不知道过一天就少一天，一天过没过出品质和气度都要看你是怎么看待自己人生的。

人生是什么？人生，就是人要活出个人样来。

都说人生，其实，这个世界真正有人生的人毕竟是少数，大多数人都是没有人生，只有“人声”。

路边一个东北腔的小伙子正在打电话：“你来吧，你来我请你吃大餐。你也太狠了吧？你这有点太狠了，你每天都要花这么多钱，你来十几天还不把我弄破产啊。”

听不见女孩子的撒娇声。又听到小伙子说：“这个没问题，这个吃不破产，你来吧，明晚就来吧。”

路过一个房产中介公司门店，一个一身黑色职业装的女孩子正在神秘地打电话，看她的不一样表情，就知道，一定是跟哪个男人说情话呢。

突然，就有了这个想法：全世界都在调情，却很少有人用情。

现在年轻人一天最喜欢做的事情是什么？

是调情。

电话调完短信调，网络调，上班调，下班调，与女朋友调，与女同事调，与服务员调，总是敢于调和有能力调。

也许有很多年轻人打死也不承认。这又是他们的另一个毛病：矫情。

其实，你不承认，也不能证明它不存在，只有你不做你没做才是真的不存在。

男女朋友之间调情也就罢了，你总不能什么都用“调情”的心态对待吧？

与工作调情，跟勤奋调情，调情未来，调情青春。

调着调着什么都调没了，时间没了，年少没了，大志没了，梦想没了，一切都只能“常规生活”了，一切都只能“抽烟喝酒找出口”了。

人生什么最可怕？

自我放弃最可怕。

你放弃了自己，就谁也救不了你了。

什么人最厉害？

用情的人。用情于人于事，成绩当然是不一样的。不过，什么叫用情，好像又是一篇文章的大题目，还要一堆字才能说明白。

但只要你每天都在给自己打气，都给自己愿景，都给自己大任，都给自己信心，都给自己坚持的力量，你就永远有希望，就是你不能得到“所谓的成功”，其实你也是成功了。

在广州与一位出租车司机聊天，他是湖北人，到广州八年了，我问他是不是在广州生活得不错，他说，在广州只要肯吃苦，钱好赚，但是你不能有一丝放松，就像那个螺丝一样，你不能有一点松懈，你一放松很快钱就花没了。

他的话是我这次“广深之行”得到的最大的收获之一。

想活出个人样，想做出一番事业，就一时一刻也不能放松自己。

这样说来虽是有点残酷，但的确没有办法，对自己太任性的人什么也做不出来，什么也没留下来，来去匆匆，一晃而过。

年轻人有梦想，老年人有回忆

写文，写思想，写想法，每次都是幸福的。

这样美丽的晨光下，做什么的都有，我们的生命也正在一秒不停地流失，谁都年轻过，谁都要老去，年轻的时候怎么都能过去，但老了，我们都会偏安一隅，一个人独处的时间也会越来越多，不知道我们想好没有，在这样的时刻，我们能想什么，能干什么，是有痛苦的回忆，还是能真正快乐地享受晚年?

年轻的时候，都不爱去想年老时的状况，所以，往往都是自作自受，年老的时候就必须开始品尝年轻时种下的苦果了。

“年轻人有梦想，老年人有回忆”。这是墨西哥的谚语。在这样的时代，若还不知道整合全球优势资源为己所用，就不是一个合格的新人类，墨西哥的谚语也可以为中国所用，也可以给我们打开一扇大门，还不说我们不熟悉的南美洲、北极洲，还不知道有多少好东西，都可以为我们所利用，造福人类改变世界? 比闭关锁国更可怕的是“闭眼锁脑”，什么也看不见，什么也不想。

年轻人，你真的有梦想吗? 其实，你们中有很多人是不能相信的。有一个刚毕业两年的大学生跟我谈成功，她说我们的客户怎么能那么有钱，最后她总结一句话说是他们有经商的天分，加上运气好，所以就有了今天的成功。

我一听，傻了，可能你一听，觉得她说得都在理都对，其实，你也是被俗世所洗脑了，其实，她这都是“失败者的逻辑”。

她能这样说，把人家的成功都归于天分与运气，却看不到人家的辛苦和玩命，就说明她不但很难成为一个成功者，可怕的是她可能还是一个准失败者。

什么叫天分？天分就是老天的加分，老天为什么给你加分，当然是被你的付出、你的勤奋、你的执著、你的激情、你的梦想所感动，所以需要给你加分，所以你就有“天分”了。

什么叫运气？运气就是运作的气势。你当然不会运气好，因为你从来不行动或者很少行动，你连运作都不运作，还谈什么气势？但你一开始运作，就会发现，越运作气势越大，运气越好，原来，运气是这么来的。

知道你不信，即使不信运气是运作来的，那么，至少运气也不是你等来的，运气是你不能掌控的，所以，不能掌控运气，就只能在运作上下功夫了。甚至有时候我还在想，是不是干脆就没有运气这回事，运气又是一个年轻人自我安慰自我泄气的理由，多可怕，自我安慰的理由总是一大堆，自我挺进的动力却总是少之又少。

总之一句话，整天光想不做或不想不做的人，就永远不可能有天分，更不可能运气好。

成功是需要很长的时间和努力，但一瞬间就会掉到谷底。

不是心血来潮今天努力一晚上，明天又一切照旧就可以成功的，不是这样的，必须每天每夜、年年日日都在尽心尽力，都在艰苦奋斗，才有成功的可能，若稍微一努力就能成功的话，成功也就没有什么价值了。

所以，我这两天给了自己一个主题，两个字：拼了。

什么叫拼了？就是比之前更纯粹、更真实、更彻底、更极致地付出和拼命。年轻不拼老了贫。

说实话，我对自己之前的努力程度是不甚满意的，还好，从此刻开始还来得及。其实，谁都来得及，不管你是十八岁还是八十岁，只要有梦想，你就是年轻人，只要有行动，就有可能。

甚至我还在想，环境造就人，也许我们的硬环境是有了很大的改善，但是我们的软环境还是一团糟，在一群无所事事的玩伴中间出来一个优秀的中国才子真的是太难了，所以，我想我们可不可以策划一个“酷青年计划”，年轻人不都是喜欢“酷”吗？但我想“酷”总要有几个标准吧，吃喝玩乐，享受至上，随波逐流，等靠拿要，只想不做，半途而废，自我否定，态度消极，毫不在乎，什么都懂什么都不动，这样的年轻人怎么也不能算是“酷青年”吧？可我就是天真，这样的年轻人很多都早被称为“酷青年”了，不管你有一颗什么样的心，只管你有没有一张漂亮的脸蛋，一个什么都无所谓不在乎的冷冷的表情。

却很少有人知道重要的不在于你有什么样的身体和外观，重要的在于你的心。拥有什么样的心，就拥有什么样的想法，而想法又决定了行动。所以，若你内心不强大，就不会有强大的动力。让自己强大，你必须先修养你的心灵，让自己的心灵足够强大。

年轻人，其实我还不敢确定你到底是不是真正的年轻人，不好意思，没有梦想的人，都是老年人。

你真的是年轻人？

你自我牺牲了吗

不知我怎么了，一想就想到年轻人。

写给年轻人的题目一个接一个，想说的话说也说不完。

也许是我堂吉诃德，也许我是杞人忧天，但是我喜欢，我觉得这样对，年轻人最听不进话，年轻人最能听进话，你会是一个什么样的年轻人呢？

你不会好赖不知，不知道什么是真什么是假，什么是帮你什么是害你吧？

英国哲学家詹姆斯·艾伦曾经说过这么一段话：“一个人如果想要获得成功，就必须要付出与之相应的自我牺牲。如果期望的是较大的成功，就需要付出较大的自我牺牲，如果还想取得更大的成功的话，那就意味着更大的自我牺牲。”

好话都让哲学家说了，好事都让有本事的人做了。

你自我牺牲了吗?

你自我牺牲了什么?

什么叫自我牺牲? 你肯定会问。

自我牺牲就是主动放弃和舍去一些也许对大多数人都很有必要的东西。比如在这个夏天色彩斑斓的夜晚，不知道有多少人都会坐在马路边上的烧烤店里，吃着羊肉串喝着啤酒，聊得正欢，可你没有去，你正坐在家里一个人看书，这就是自我牺牲。放弃了享乐的机会和时间，放弃了懒床，舍掉了贪婪，舍掉了没有良心的欺骗，放弃了不光彩的诱惑，舍掉了周末的饭局，放弃了同流合污，舍掉了猥琐卑鄙，放弃了不义之财，放弃了人云亦云，舍掉了从众心理，这都是自我牺牲。

其实，人人都希望成功，人人也都有可能成功，成功的道理也不过全都是常识，没有一点高深，但人心能不能经得起考验，能不能耐得住寂寞，能不能真实行动，能不能坚持到底，这中间就有了很大的分别，平常人和成功人就在这里有了本质的不同，分道扬镳。

一大早看到一个三十多岁的男子坐在马路边的椅子上双手抱着皮包打盹，头发乱舞，胡子挣扎，我突然就想到了一个问题：他昨晚干什么了? 怎么这么困?

没走几步就又想到了这句话：没有人看见你的时候你在干什么?

没有人看见你的时候其实才是你人生最宝贵的时刻，才是你狠下功夫的时机，没有人看见你的时候你做什么不做什么就决定了你会成为一个什么样的人，你的人生会是一个什么景象。

所以，不要总是向外求，现在向己求，求自己开始自我牺牲，再多牺牲一点，求自己在没有人看见的时刻能尽心尽力地做好该做的事情，能怀正心做正事。

自我牺牲的人都成功了，投机取巧的人都牺牲了。

这个世界上只有两种人：自己的主人和他人的奴隶。

没有第三者。

什么都要等到“节后”吗

有个朋友给我留言说：看您的博客让我有点震撼的感觉。

其实，看她的留言我也有同感。这个感觉我们多久没有了?

这才是一篇文章应该有的结果，只是谁都看不到一篇文章的过程。

其实，你都不知道现在写一篇好文章，得有一个好环境，一个不被任何人和事物打扰的环境，而且还要至少是两个小时。

所以你就知道为什么今天这个世界的好文章这么少了。因为很少有人千方百计给自己创造这么一个好环境了，也很少有人愿意孤身一人去花几个小时的时间写一篇还不知道有几个人看到的文章了。

这些天有两个字已经成为了中国人的口头禅。不管什么事情，大部分人都会说“节后”，除了玩乐休闲不是节后，好像什么都要等到节后。

所以，我又一次对我们的大部分同胞的人生面向产生了怀疑，又一次成为了“人民的公敌”，我不知道大家都需要把这个国庆七天假全都耍了吗？都要在餐桌、麻将桌上浪费掉吗?

我知道你不认为这样有什么错，假期不玩还能干什么?

其实，我还想告诉你，我们的这些假期都要快成了耽误年轻人前途的罪魁祸首了，其实，这个世界本来就是世俗的，浑身都是毛病，你自己不自觉，你自己不清楚，你就只能是“混世魔王”，自断前途。

你一定不承认，其实，这样的长假本来是给那些平日真正勤劳和艰苦奋斗的人们放的，为的是让他们养好精力充好电力再次上路，其实，这些假期根本就不应该是很多人应得的，特别是某些年轻人，哪一天不都是过得像“度假”？工作能偷懒就偷懒，分内的事都做不好，更不用说干点分外的事了，分内分外都没有你，你怎么会成功?上班网聊、游戏、找借口、寻捷径，回家电视、网游、激情之夜天天有，这样的人没有资格说“节后”，这不是天天都在自寻短见吗?

国庆节是可以用来百分之百看书的，七天假都用来看书起码看三本书吧？你一定会问：看三本书有什么用？看三本书就有钱？

这真是这个时代年轻人最标准的反问。我给你们的标准答案如下：你不要问我看书有什么用，你就去看书，看三本，看十本，看一百本，看三百本，我想你就知道答案了，你就知道你怎么才能成功了，你不信的很多道理，其实都是真理，你不想做的很多事情，其实都最应该做，你试一次，也许就改变了你的一生。

其实，你都不知道你最需要做的是什么？是改变。

你都不知道你越活越俗，都不知道假期是最害人的，假期是平凡人的特权，不是优秀人的追求，更不知道，其实所有了不起的人都是在假期中远远把你甩在了大后面。

你甚至都不知道自己要改变什么？

洛克菲勒说：“我不靠天赐的运气活着，但我靠策划的运气发达。”

也许你总认为策划是策划人的专职，不知道“策划”本来就是每个人的有力工具，每个人都应该为自己的一生做好策划，都要创意自己的人生，怎么活不都是活，所以，你要活出特色和特别，你觉得这个星球还会有多少个你呢？

真正聪明的年轻人都相信：自己有才华和能力创造出一个好的世界和好的宇宙。

真正聪明的年轻人都知道：自己比想象的还要伟大，所以相信自己、追随自己的清明直觉（而不是追随贪婪欲望），不怕冒险，面对压力，我们每个人的身上都有让世界蜕变跳跃的巨大能源。

最聪明的年轻人，此刻就已经开始做对得起自己的策划了。

第二章

工作，你敢说你真的努力了吗

GONGZUO NIGANSHUONIZHENDENULILEMA

你不是在一直努力工作，你是在一直努力保住工作

你是不是一个懒人，早晨起床的那一刻你最清楚。

想不想起床？想不想去工作？想不想充实这一天？

很多人的回答是“不想”。

但这很多人中的很多人不想起床、不想工作、不想充实一天，却想着享受生活、享受成功、享受奢侈。

满大街的人，一半以上的人都是懒人。

懒惰是他们的致命问题。

不知道懒惰是他们的致命问题的问题更加严重。

每一个家庭，每一个办公室，每一个工厂，每一个集团，每一个领导团队，每一个城市，每一个国家，都有一半懒人。你的城市没有更加美好，你的公司没有更大发展，你的家庭没有更加富有，你的婚姻没有更加成功，都是因为这一半懒人造成的。

你是不是就是那一半懒人，其实你最清楚，你只不过还不够真诚，不够坦然，不够博大，你会打死都不承认。

这一半懒人，表面看上去也是按点上班、按时下班，但他们考虑最多的并不是怎么更好地履行自己的职责，而是一直努力地为了不让领导看出毛病、不让领导批评、不犯大错误、不出大问题而工作，天天都是在为了保住工作，为了保住现有的生活而挣扎，却不是全身心地努力工作。

到底什么是努力工作？也许很多年轻人都会有这个疑问。

一个作家在成名之后给他母亲的信中这样写道：“我总能由衷地感到，为别人尽心尽力地工作和努力是一条不可改变的原则，而这个原则正是我的母亲——您用一生的行动教给我的。”

你尽心尽力了吗？你总是为雇主想到了他们没想到的事情，第一时间告知他们并帮助他们做到了吗？在领导准备把一个难题交给大家的时候，你去

主动提出自己来承担了吗？老板出差出国了你还跟平常一样安心安静工作了吗？你戴着耳机，看着电影，吃着零食，大声笑着，无法无天了吗？你敢说你对得起自己的良心，对得起领导对你的信任和栽培吗？

你甚至敢说你对得起你每个月的薪水吗？你不是竭尽全力工作，你不就是一个骗子吗？你偷懒的行为不就是欺骗吗？

除非你全身心投入工作，贡献你的信念和精力，并且尊敬你的雇主，否则，你无权从任何人那里得到薪水，也没有权利期望涨工资。

别傻了，年轻人，若你是老板，你愿意用一个什么事做不好，又不主动又不尊重你的员工吗，哪怕这个员工再有才华。

一直努力保住工作的人，最保不住工作。

一直努力工作的人，工作最有保证。

学个“一技之长”比“傍个大款”靠谱

粉蓝的裙子，拉风的墨镜，从远而近。

花枝招展的午后。

夏天睡午觉了吗？

我被晒黑了。

嘴也起泡了。

一个星期的户外拍片，上火了。

我想吃路边那家面包店里的天鹅堡面包了。

我想看的那部电影还在上映吗？

那个书店里又来什么好书了？

这样想着，走过一个路口。

走过一个路口，看到一个小伙。

看到他，想到了我们拍广告片的一个摄影助理。

他俩长得太像了。

导演带着三个助理，制片人带着两个助理，摄影师带着四个助理，化妆师带着一个助理，灯光师带着两个助理，我带着一个助理。

身边全是助理。

摄影师一定机位，助理们忙着给他递水、搬凳子、装机器。

今天的摄影师昨天是张艺谋御用摄影师赵小丁的助理。

今天摄影师的助理，明天就是著名摄影师。

师傅带徒弟，新人跟老人，一直是这个行当的规矩。

我突然感叹：这个世界太缺少“助理”了。

其实，助理不仅是一个职位，更是一种做人做事的理念，是一条成功的捷径。

只是很多年轻人都不知道。

其实，哪个行业、哪个专业人士、哪个社会精英不都需要一个勤快、踏实、机灵、诚恳、谦逊、主动的助理呢?

而你成为这些优秀分子、成功人士的助理你就是找到了一条通向成功的平坦大道，你就是走对路了。

你要有做助理的心，还要有做助理的力。

一个助理每分每秒都要提醒自己：聪明点，机灵点，用点心，走点脑，低调点、积极点。

若是你做到这些，你就会充实每一天，学习每一天，开心每一天，成就每一天，你就不会慌张和迷茫，你就能看清明天的自己，你就有了奔头，有了方向，有了前途。

当个好助理，要有好心态。

心态一变，机遇无限；心态一变，黄金万两。

你要把自己放到最低，你要发自内心地让你的师父知道你是真心想学东西，真心想做好他的助理，你要从打杂开始，你要相信自己能做好这个助理。

总是说自己日子过得不好的人，永远不会过上好日子；总是说自己不行的人，永远不能行。

看着剧组那些二十左右的小伙子，人家都叫他们这个李老师、那个王导，我就有了这样一个想法：学个“一技之长”比“傍个大款”靠谱。

之所以有这样的想法，是因为我知道我们周边的很多女孩子都有一个梦想，就是找到一个既帅又有钱，最好还是真心喜欢她的人，实在不行，爱情找不到，大款一定要找到，不能苦了自己。

更可怕的是，不光女孩子有这样的想法，很多男同胞也有了这样的思考，找一个有钱人家的女儿，当上门女婿也行，只要有房有车，不用奋斗就行。

遗憾啊，可惜啊，年轻人，让自己堕落的永远都是自己，让你成功的人也只能是你。

但愿此刻阳光、明智、快乐、和谐成为你最佳的导师，让妥协、抱怨、懊恼、邪念从此消失得无影无踪。

天下哪里有找不到工作的人，只有不肯工作的人

这个酒店大堂的音乐不入流。

五星级酒店，三星级音乐。

这就是现实。

很多人会想五星级酒店的一切不都应该是五星级的吗?

我也这样想，可那样的酒店好像在全世界都不太多。

这也是现实。

有人说，能听到他人耳语的人，一定是不凡的人。

两个女孩子在聊天，说她的一个同学从毕业到现在都两年了，还是没有找到工作，还是靠父母养着。

偷听到她们的话，也让我想到了我收到的大量的刚毕业大学生的来信。

虽然我不能一一都给他们回信。

但在我的心里已经给他们回了。

来信中，大部分年轻人都会说，他们现在很困惑，不知道该怎么办，一直找不到工作，也不知道自己喜欢什么，问我能不能给他们一些建议。

我就在想，若我说了真话，他们能接受得了吗?他们会明白我的意思吗?

这样想的时候，其实，我已经想说真话了。

在我看来，天下哪里有找不到工作的人，只有不肯工作的人。

天底下那么多工作，你怎么会找不到工作呢，你一定是不想干很多工作，才让自己找不到工作。

若是你知道自己的特长和喜好，知道自己想做什么工作，就去找这样的工作啊，我当然知道，你去找了，人家不肯接受你，你想过没有，为什么？你会说因为没有经验。其实，最重要的还不是没有经验，最重要的是你对想干的这份工作一点都不了解，你没有一点从业基础，你是门外汉，你想干这份工作的态度还不够投入与热切，只是想碰碰运气。

凡只是想碰碰运气的事，一般都不会有运气。

怎样做，人家才会录用你呢？

你要为你喜欢的工作做功课、做研究啊，那么多的书店，那么多的图书馆，那么多的书籍，你为什么不去找一些赶紧补课呢？

若是你真的不知道自己想做什么，自己能干什么，为什么还没有工作之前就提那么多要求呢？为什么不知道只有去工作才能有工作？

工作比工资重要，专心比专业重要。

工资是工作的结果，你上来就直接谈工资，人家还不知道你能不能干好这个工作，你不觉得你太不明智了吗？

不想栽果树，只想摘果子，这是很多年轻人的通病。

还有很多年轻人会说我的专业不好，很难找到工作。

其实，天天都在找借口的人，不可能有出路。

这个世界就像一个迷宫，人活着每天都要找出口。

有的人一生都没有找到自己的出口，迷茫了一辈子。

我不想你也成为这样的人。

你现在就好好观察一下你身边的人，你看看他们有几个人的心思真的放在了一件有意义的事情上。

大部分的人都在本末倒置，直接要享受，要幸福，要大房子、大车子，却不知道什么东西都是换来的。

你要这么多，你拿什么换？

很多人都爱看成功方面的书，其实，成功的秘诀是什么？不就是把百分之百的心思都用在你认为有价值、有未来、有意义的事情上吗?

一毕业就失业的人在我看，他们不是失业，他们是失恋，失去了自己热恋的事物，失去了自己被热恋的魅力，失去了热恋自己的信心，所以他们只能失业。

出于爱，跟你们说真话，是我的特权，它不会因为这个酒店的音乐不入流或还有一大堆等我处理的杂事而有丝毫减弱。

这是我的工作。

“零薪水”就业，大学生的就业之道

我换了一个音乐。

换它，因为我听它，泪流不止。

它喊出了我内心的力量，它让我什么都不怕，脱颖而出，不管不顾。

你最终能不能成为你想成为的那种人，全看你内心的喊声有多大，你的激情有多少。

让我最放心不下的有两个群体，一个是大学生，一个是农民。

大学生身上的劣习太多，农民生活太苦。

我几乎每天都能接触到大学生，不是在网上，就是在网外。

很多大学生给我写信，说自己很困惑，不知道该做什么，不知道前途在哪里，到处找工作，却找不到工作。

这个世界为什么到今天如此让人慌张，因为大部分人的心有了问题，人心坏了，事情就坏了，环境就坏了，世界就坏了。

一个“坏人”在家里，这个家就坏了，一个“坏教师”在学校，这个学校就坏了，一个“坏市长”在城市，这个城市就坏了，一批批人坏了，这个世界就坏了。

救市救世还要从救人心开始。

看着满大街的人，我心里明白，大部分人都算不上严格意义上的

“好人”。

在这样的环境下，更需要我们坚持倡导，坚持呼吁，坚持干傻事，坚持不怕骂，做自己该做的事情，能影响一个人算一个人，能改变一点地方就改变一点地方。

打开公司的招聘邮箱，点开一个应聘策划总监的来信，一看，应聘者1988年出生，1988年出生的小同学就敢应聘策划总监，这就是人浮其事的现实，他恐怕连策划总监是干什么的都不知道，就要应聘策划总监，因为他知道策划总监的薪水起码应该一万左右，因为每个月能挣一万左右是他的期望，所以他也不管自己有没有这个能力，能不能担当这个职位，碰碰看吧。多可悲，多愚蠢啊，1988年出生的年轻人，你们这个年龄出来打工是为了挣钱的吗？你们要先“挣前”，挣出前进的能力，挣出前途。想挣高工资，要有高水平，别人信任你，是因为你值得别人信任。你说你有才，你要让大家看到、感受到你有才，你需要他人的认可和支持。

再打开一个应聘创意总监的简历，只看一眼就关上了，她1987年生人，之前做饭店大堂经理，做行政文秘，就敢直接应聘创意总监，这都是些什么年轻人，他们怎么想的，脑子里有什么？

这么不知道天高地厚，还想找到工作？

突然想到，也许现在大学生的问题，不是找不到工作，是找不到自己。

不知道自己是谁，自己的特长是什么，自己的品质是什么，自己的人生规划是什么，自己喜欢什么，自己的梦想是什么。一天天，就是这么惯性地活，自以为是，错了又错，不知反省，蜗居一处，感觉自己运气不好，家境不好，没有关系，没有金钱，怀才不遇，千里马难遇伯乐。

因为找不到自己，所以找不到工作；找不到工作，又失去了自信；没有了自信，更找不到工作。

恶性循环，处处可见。

正在找工作的大学生们，想没想过，“零薪水”就业，就是你们的出路啊，把心思用在你自己的身上，好好想想自己想干什么，想到什么样的公司工作，找到这样的公司，想尽一切办法告诉这个公司的面试者，你不要工资，你主要是想来学习来贡献微薄之力的。态度第一，诚恳第二，坚定第三，投入第四，你说你就是想要从最底层干起，谦虚学习，努力进步，全力工作。

你觉得面试你的人，无论是人事经理还是公司总经理，他们会怎么看你怎么对你呢？

你觉得他们会不要你吗？会让你来上班，真的不给你一分钱薪水吗？

年轻人，第一，他们一般都会录用你；第二，他们一般都会给你一个最低薪水，够你租房吃饭的。

到了一个你向往的公司，干了你想干的事情，这不比什么都重要吗，年轻人？

假如有的公司真的聘请你做了总监，一个月给你一万元的工资，你知道你的下场有多惨吗？三天两头被人骂，三天五日被开除。开除了也许你还不服，接下来你又去找工作，因为你干过几天的总监，你会放不下身段，又想做总监挣高薪，不好意思，信你的人越来越少了，你彻底失业了。

你失业是因为你让自己失业，你把自己架空了，从来到这个世界你就是要，要这个，要那个。年轻的朋友，什么时候你才能知道，长大了，毕业了，再什么都要不来了，需要做事了，做了事做成事，才有报酬，才有未来。

最懂道理的人最不懂道理，说的就是你们，大学生。

看过一个大学生玩的网络游戏上有这么一句话：各种澎湃各种飘，各种姿势各种招。

到处都是这样的年轻人，这个世界还会好吗？

找工作都不积极，工作能积极吗

电台 DJ 笑着说：北京没下雪，听说上海雪下得倒不小。

我也笑。

应聘的人不着急，招聘的人急够呛。

这个世界什么最难？找到一个值得信任的人最难。

这个世界什么人最傻？不知道要成为一个值得信任的人最傻。

值得自己信任，值得他人信任。

你就值得成功信任。

我刚才把负责公司招聘事宜的同事叫到办公室，跟她说：今天约的面试的人是一点半吧，现在都快两点了，可一个也没到，从今往后，约的几点就是几点，迟到一分钟我也不见，直接告诉他们，不好意思，你迟到了，面试结束了，不能惯这些年轻人这个毛病，这是“双害”，害他自己，也害我们浪费时间。时间观念这么不强的人，一定是一个不靠谱的人，这也恰恰不符合我们的“靠谱文化”，所以，迟到的人，再有才华，没有自律也是白搭。其实，就是堵车，就是有什么特殊情况，完全可以提前打个电话来说明一下啊，不能约的是一点半面试，两点来了也行，两点半也可以。生命是什么，生命不就是时间，不就是每分每秒吗？我们干吗 在一个不靠谱的人身上浪费哪怕一秒钟呢？

现在的年轻人都怎么了，这是一个什么样的心态啊？听同事说，现在不是招聘的最佳时间，说大部分人都回家过年了。

我吃惊，你都没有找到工作，你回家这么早干什么？你有心情吃喝玩乐吗？

其实，我知道，这些年轻人听了我的话也吃惊，会一脸不解地问：没有工作，就不能早点回家过年了？

所以，我们到底不是一个世界的人。

也许，你会说我们就是一个世界的。

不好意思，真不是，你的世界看上去是那么小，只想舒舒服服活着的人又是那么多，我的世界却不同，到处都是想干点事情，做出点成绩来的人。

我跟同事说：我就不明白，找工作都不积极，工作能积极吗？就是我给了他们一份工作，他们会珍惜吗，会全力以赴，会全心投入吗？

我怎么能相信他们？

当初我找工作的时候，约好的时间，我总是会提前 15 分钟到，若是看时间不太够了，饭不吃水不喝，在大街上拼命跑，拼命跑，就怕迟到了，给人留下不好的印象。写到这里，也许你想不到我当时的样子，我却记得，眼泪都在眼圈里打转，你知道什么叫拼命吗？你尝过拼命的感觉吗？

你不拼命工作，不拼命看书，不拼命向好，不拼命热爱生命，不拼命珍惜机遇，你想要的一切真的会从天而降吗？

眼下就是北京宽敞整洁的马路，四处可见的是“小姐步”“太太步”“先生步”“老年步”，“昂扬步”“奋进步”“激情步”“正直步”哪里去了？

不要为了找到工作而学习，要为了找到自己而学习

小友：

谢谢你叫我大师。

我很高兴。

但人生就是这样：最美好的时光消逝得也最快。

每次高兴时就是不敢太高兴。总是怕高兴得太早太过了，引来悲伤。

所以，小友，大师我哪里敢当，勉强算是你的大龄老师吧。

你说你看了我的文章《教你创意》，深有感触而激动，明白了“三心二意”这个词。不知道你现在是不是也知道了，大师，也有“大龄老师”的理解呢？

其实，这个世界不就是创意出来的吗？

很多人都以为创意人了不起，他们哪里知道，身边不净是创意人吗？环卫工大姐不是吗？出租车司机不是吗？豆腐铺的王师傅不是吗？哪个行业不是创意业？哪个村庄不是创意村？哪个国家不是创意国？

只是，这个世界的大众太多了，大家被大家蒙蔽了，群众被群众教化了。没有人相信自己也是一个创意人，自己也可以运用创意改变生活，改变工作，改变爱情，改变命运，更没有人相信一个做豆腐的人怎么可能是一个创意人呢？

没有人相信“创意＋豆腐”就等于“创意豆腐”，而创意豆腐就等于黄金万两。小友，我知道你信，信就对了。

你说你的很多师兄说他们出去后应聘很难，说找不到自己的“伯乐”，而且出去后也找不到符合自己专业的工作，很是悲剧。

是啊，小友，也真算是悲剧了，其实，这哪里又是你那几个师兄独有的悲剧呢？这恐怕是大部分正在找工作的大学生共同的悲剧吧？

面对悲剧，我们能做什么，特别是我应该做什么。我可以不出来说几句大实话吗？我必须要说，必须竭尽全力来帮到你和你的师兄，尽管我们不曾见面，但是没有见面我们就不是兄弟了吗？我把你们当兄弟，我就多了一些兄弟，不是吗？

产生那个悲剧的原因也许有很多，但是伯乐一定不是你们去找的，伯乐是应该来主动找你们的，就像我们做策划做顾问，是不会去主动找客户的，都是客户来请我们求我们的。想让伯乐主动找到你，前提是你要真正地成为一匹千里马，你会说你是一匹千里马啊。其实，大学生不是大话人，若你真的是千里马怎么可能没有伯乐来找你呢，你说真的，其实，你的内心明白，哪里是真的，你的差距还不知道有多少呢。你千万不要世俗地说自己是“怀才不遇”，其实，若是真正怀才，还需要什么遇，机遇哪天不都是摆在你的眼前？所以，承认自己还不是千里马，明白成为了千里马不可能没有伯乐找到你，就是你们走向靠谱人生的第一步。

你又说：我现在开始自学市场营销，市场心理学和广告策划等学科，目的就是为了毕业后可以找到一份符合自己的工作。

你知道我又要批评你了，你来找我不就是来找批评的吗？

不是？是来找指导的。

其实，批评中不全是指导吗？所以，你要忍一忍，知道什么是对你真好，什么对你真坏。

小友，你的目的性太强了，你自学市场营销，就是为了将来找到一份工作，因为你知道学市场营销容易找工作，可你有没有意识到你的这个观念是多么平凡而错误？你自学市场营销要因为你真正喜欢市场营销才对，你现在最大的任务不是为了找到工作而学习，你要为找到自己而学习，你要知道什么是自己，自己在哪里，自己的特长和喜好是什么，自己愿意一辈子投入无限努力一干到底的是什么，自己越干越有激情、越干越来劲的是什么？

找到了自己，你还用担心将来找不到工作吗？末了，再跟你说一句我一直都信的话：付出总有回报，不是不报，时候不到。

徐大伟

2011年1月18日

白领的心态永远成不了金领

这个时刻，最美时刻。

什么是创造?

写一篇文章就是创造。

这个题目就是创造。

中国是一个制造的大国。

制造政策、制造城市、制造大楼、制造爱情、制造产品、制造演讲、制造态度、制造广告、制造节目、制造新闻、制造菜肴、制造衣服、制造汽车。

什么都是制造出来的，不是创造出来的。

创造少，因为创造的人才少。

中国制造发达，因为中国制造人才发达。

“中国创造人才教育中心”，不应该创造吗?

一转头，行色匆匆精致打扮的白领们络绎不绝。

他们也是制造出来的，他们也在不断地制造着自己的生活。

他们都是白领，这个城市 CBD 核心区的主流人群。

他们每一个人都拥有白领的心态，白领的态度，白领的范儿，白领的套路。享受第一，工作第二，用他们的话说，工作就是为了生活，最好是不打卡上班，能晚到一会就晚到一会，因为晚到才证明自己是个人物。上班了一定要喝点咖啡，淘淘宝，聊聊天，议论一下这个衣服那个手机。工作主要是做自己被安排做的事，其他事情能少管就少管。中午尽量吃点有品位的饭菜，穿着上一定要跟潮流，耍点酷。下班了约上朋友在外面吃点饭，回家上网、玩游戏、听音乐、看电影。周而复始，一天一月，这就是白领的生活。

本来这也没什么问题，但总是有一部分白领心里有了“金领”的想法，也想过上上流的生活，也想早日成为金领。

问题就来了，一边是一个良好的愿望，一边是一个残酷的现实。

白领的心态、白领的思想、白领的行为，还想要成为一个金领，还以为就这样生活下去，就自然能成为金领。

却从来不知道成为金领是因为你具备了成为金领的条件，你有了那个资格，有了那些付出。

有了金子般的品质，金子般的品德，金子般的习惯，金子般的心态，金子般的智慧，金子般的坚韧，金子般的功夫，你才能成为一个金领。

白领的心态永远成不了金领。

金领的心态早晚成为金领。

你需要做的就是相信，信了，转变自己，转变心态，转变思路，放弃白领生活，想象做什么事情怎么做才能成为一个金领，然后就是永不放弃地去做，坚持一天，坚持一年，坚持十年，你不成为“黄金领”，也成为了“白金领”。

什么叫创造？什么叫制造？你生来就是一个独一无二的人，就是创造。你活着活着就成了芸芸众生，就是制造。

成为一个什么样的人，不是因为命，是因为明。

太舒服的沙发不能坐，太舒服的公司不能待

同学：

也许你都忘记了曾经给我写过的这封信的内容。

我却一直记得。

不给你回信，就感觉一直背负着不负责任的包袱，很难受。

这个午后，说什么都要给你回信。

“算了”，“就这样吧”，“等等看吧”，“差不多得了”，这样说这样想的人一生都干不出什么成绩来。

可怕的是，这样的人逐渐成了主流。生活在我们周围，时刻影响着我们。

我们去吃饭，他们在邻桌；我们去寄信，他们在柜台边；我们去购物，

他们在讲价；我们去学校，他们在路边。

你第一反应可能你也是这种人，但你第二反应却是是也不承认。

第二反应毁了第一反应。

第二段人生毁了第一段人生。

你的来信让我看到，本来的你是有勇气的，本来的你也是敢想敢为的。

只是，你被环境改变了。

所以，你需要给自己重新创造一个环境，一个小县城里的大环境。

其实，什么是勇气？勇气就是想好了就去做的行动，这个世界最多的是"不想者"和"多想者"，有的人不爱动脑子，什么都是随波逐流平铺直叙，有的人却什么都爱想了又想，可就是走不出第一步。其实，做什么都需要大刀阔斧地开创和突破，就从这一刻开始告诉自己，相信内心深处的声音，天天都想去大城市闯荡，就义无反顾地把这个想法告诉父母，然后开始准备离开这个地方。我当然知道，哪里有这么简单，你的父母会反对，你自己会害怕，但自己一生的大主意终究还要自己来拿，你不能做一辈子的"后悔者"和"不甘心者"。

"后悔者"和"不甘心者"无论到哪个行业，无论做什么都很难成功，因为他们的心里有苦闷、有委屈、有挣扎。

所以，还能有什么办法呢？或者听父母听同学朋友的话，放弃自己的梦想，忘掉自己的疯狂，扔掉自己的冲动，做一个四平八稳的人，过着平凡无奇的生活。或者，就谁说也不听地出去闯一闯。

什么叫失败？失去工作了，丢掉客户了，没有挣到钱，都不是失败，失败就是放弃，放弃了追求和理想，放弃了奋不顾身全力拼搏的信心和力量。只要不放弃，只要在坚持，只要在奋斗，只要还没有离开这个世界，怎么会说自己是失败者呢？跌倒了爬不起来的人才是失败者。

我多么希望你能永远都带着好奇带着各种各样的问号和梦想活在这个世界上，哪怕你没有成为很多人眼里的那种成功人士，只有你自己知道你有多幸福、多快乐、多自由不就够了吗？

你来到这个地球做无所不能的人类，就一次机会，只有一次机会的人生你为什么不能尽情挥洒，无所畏惧，努力做你想做的事，成为你想成为的人呢？

一个人在年轻的时候，就是他最应该辛苦的时候，这么简单的道理，还是被很多年轻人所遗忘和鄙视。

太舒服的沙发不能坐，太舒服的公司不能待，太舒服的县城不能留，太舒服的晚上不能多。

越早懂得越早舒服。

徐大伟

2011年6月28日

徐老师，您好！

之前看了多篇您写给我们年轻人的优秀文章，我很受鼓舞，但是一直有一个问题都在困扰着我，那就是我缺乏勇气。每次看到您写的文章，我身上就会产生力量，但是一旦要去实践，我就胆怯了。可能这与我生活的环境有关系，我们这是个小县城，大家都过着平凡无奇的生活，毕业以后，同学们大都选择了去机关单位工作，父母非常希望我也能去那里。每个地方一种生活，有时，我也很羡慕大城市里的光鲜生活，但是想想现实，感觉可能性好小，我反思过，是我成长的轨迹造就了现在的我。我有时很羡慕我周围那种敢想敢做的人，感觉他们总是生活得很潇洒，很有趣，再来看看自己的生活，尤其是最近，感觉自己好没趣。我知道这个世界上只有靠自己，其实我就是害怕失败，害怕面对失败，周围一些朋友也有不少这样的，害怕不稳定，前瞻后顾，最后也是一事无成。我们有时也相互鼓励，但是发现，我们还是缺乏勇气。我觉得这是一种悲哀，因为我们还年轻。

徐老师，给您说这么多，就是很想从您那得到建议和帮助，我们应该怎样战胜自己的胆怯和犹豫，怎样实现无畏风浪，勇敢地去生活，我们应该去做些什么？怎样才能找到战胜自己的突破口？

最后，祝您的民间流动图书馆越办越好！祝您的公司蒸蒸日上！祝您身体健康，万事如意！

哪有人输不起

没有一条前进的道路是容易的。

没有一天是简单的。

一日之计在于晨。

若你是一个对自己生命负责任的人，一早起来，刷牙的时候，你就应该边照着镜子边想好这一天要做哪些事情，哪几件事情是重点，还可以创想出什么事情来。

其实，人的一生哪天不需要策划?

人一生的成功不就是每一天策划的成功吗?

哪个名士伟人不都是一个大策划家?

你可以换一家吃早餐的店换一个品种吃，你可以买一本杂志，从来没有看过的杂志，你可以仰头多看几眼天上的云彩，在看云彩的一刹那想到什么就继续想下去，看看能不能想出一个好点子，你可以中午抽空去一家阳光满屋的咖啡馆小坐一会，晚上你还可以去街头拐角的小书店里翻翻书，工作的时候你可以多想几种可能，那个事是不是可以有点创造性，另一个案子是不是可以换个思路试试看?

这不都是策划吗?

策划改变生活。策划改变一切。

又看了一部好电影，《一代骄马》，电影里有这样一句话：他嘲笑懦弱，无惧一切。他不惧怕枪林弹雨，在战鼓响起的时候，他无法抑制奔跑的冲动。

我热血沸腾。我可以一个人看电影，但我也可以把我得到的全部启发和力量分享给你。

什么叫电影？给你充电，给你影响的东西就是电影。

总是给他人东西，你就会越来越有东西。

把这句话抄在本子上，突然就想到，我们身边有多少懦弱的人，有多少人总是前怕狼后怕虎，顾虑重重，没有勇气离开生活了几十年的城市，只身一个人去另一个城市从头开始。其实，人活一生有那么多个重新开始的机会，有那么多次自我挣扎的时候，可人的差距往往就在这些关头，就在一念之间。有的人没有想那么多，义无反顾地去随心而行了；有的人总说自己有父母需要照顾，有家需要养，不能想干什么就干什么；有的人的亲人就是他一生的绊脚石，不能出去闯，太不稳定，太不现实；有的人认为自己一个女孩子出去闯什么，多不安全，多让人操心，所以有的人志在四方，有的人却只能志在四壁。

这一切都怪谁?

你一生的好坏又能怪谁?

也许你会说你输不起。

我不爱听。你有什么输不起的? 就算你输了，你一无所有，该支持你的亲人还是你的亲人，真朋友还是真朋友，你还是你，反而却增长了不少见识，得到了很多教益，收获了不少东西不是吗? 你输了钱，输了机会，但这些都可以重来，只要你没有输出一颗服输的心，你就永远有东山再起的机会。你其实都没意识到，你快赢了，你已经到这里了，你没有放弃，继续坚持下去，就是成功了。

所以，我说哪有人输不起?

我创业的时候我家格格跟我说了一句话，我觉得我爱对人了，她说：不用想那么多，去做你想做的，没什么好顾虑的，大不了卖房子卖车从头再来，你再去打工也没有问题啊。

昨天收到一个我面试过的同仁的短信：徐总您好，抱歉不能跟您共舞，家人不愿意我长期出差，被您的见识和诚恳所感动，希望今后有机会共事。

看了他的短信，我回信：没关系，祝好。

心里却在想，这个同仁啊，你的人生不是你家人的，你的拼命，你的付出，你的闯荡，会给你家人带来更好的生活品质和生活环境啊，你和你的家人为什么都不懂呢。我不知道一个不愿意出差的广告人，会不会是一个眼界开阔创意犀利的广告人，更不知道他守在北京，会不会守成了一个“闭门造车”的高手?

显然，我又一次失败了，没有点燃他内心的火焰。

我的魅力太少了。

这个世界上没有老板会想招聘一个“合作伙伴”

早晨来公司的时候，路上的车少多了。

很多人都回老家过年了。

很多人都不知道感恩老家，你有一个老家回多好。

都是“新家”的城市，过年没什么意思。

不堵车都不习惯了。

先是“限号”，然后“摇号”，不知接下来又是什么?

治堵的方法还是用“堵”吗?

奇迹的中国，不能成为“奇怪的中国”，我们国家是成为了世界第二大经济体，但不要忘记了我们有多少同胞，世界190多个国家中人均国民生产总值我们排100位左右，你说我们还不够落后吗? 就是经济取得了很大的成绩，但我们的文化精神，我们的国民素质，我们的政府管理能力，我们的行政政策是不是也要更大的进步呢?

这个城市不但有奇怪的政策，也有很多奇怪的白领，一个同仁给我发来一条短信，大概意思是说，年后他一定会找到一个“合作伙伴”大展宏图的。

看了他的短信，我不知道怎么回，直接说怕伤害他的自尊，不直接说好像又不能让他清醒，最后还是没有给他回信，怕打回了他的自信。

不回他的信，但我想我可以写篇文章，回大家的信。

我想很多人都会有这个不明。

其实，你们也许不知道，这个世界哪里有老板想一上来就招聘个“合作伙伴”? 哪个老板不是想找一个值得信任、靠谱的员工，然后给他事做、授权、施压、考察，经过一两年甚至是四五年的艰苦卓绝成绩突出的工作，也许老板才会想到让这个人成为公司的“合作伙伴”、“合伙人”。

但有的同仁却不明白这个简单的道理，也许是因为自己认为有才华有能力，可以担当重任，可以帮助公司创造价值，但凡事有度，不能心急，一上来就跟老板说我来面试的职位是你们的“合伙人”，老板一定会笑着说：好啊，你之前在哪里做过啊，有什么成功的案例啊，说说看如果让你成为合伙人，你会为公司做些什么？

也许，你会说一大段。但我想到最后，老板还是会说：你说得很好，你的能力也不错，也有自信，这样，你先到我们公司从客户经理做起，做出成绩来，证明了自己，自然会成为公司的合伙人啊。

不知道你又会怎样回答。

但我劝你，你最好这样回答：好的，感谢您的信赖，我一定踏踏实实地干，从客户经理做到合伙人。

也许，有人会说，这也太憋屈了吧？

其实，这有什么憋屈的，你认为你了不起，你要做出了不起的事情来才行。

有员工曾跟我说过：徐总，好像你不信任我啊。

我说是啊，你想让我信任你，得做出让我信任的事情来才行啊。

他笑着说：疑人不用，用人不疑啊，徐总。

我笑着说：不对，那是过去，过去的人相对正直、纯朴、善良、简单，也许适用于“疑人不用，用人不疑”，但现在的人不宽厚、不稳定，私心杂念太多，从天南地北各色公司中带着不同的毛病来到我们公司，所以我的原则是“用人要疑，疑人要用”，我让你失望了吧？

其实，还不是我让你失望了，是“现实”让你失望了。

你不知道自己真正喜欢什么，一定是撒谎了

转眼已经快25的女孩：

你的来信让我心疼，你的话让我始终放心不下。

本来是不知道如何给你回信，但是刚才却一切都有了转机，只是因为我打开了你的信，所以我有话说了。

齐白石先生说："余画小鸡二十年，十年能得形似，十年能得神似。"

看来看一封信也得下功夫才行。

其实，都在说成功，到底什么是成功？成功成功，成在功夫，功夫不到，怎么成功？

你说："很讨厌学技术，心想将来我绝不会从事技术，没想到现在就是从事技术。当时即使我讨厌学技术，却仍然能坚持把技术学好，所以现在才能靠它吃饭。"

你的话让我想起曾经有一个女孩一开始很讨厌一个人，讨厌死了，最后，大家却发现她就是嫁给了这个她讨厌的人，大家都很奇怪，都问为什么呀？

我也不知道，但是我想你应该明白，你会知道也许你讨厌的不是技术本身，你讨厌的是世俗对技术的看法。

你又说你不清楚自己到底喜欢什么，其实，你知道，你很矛盾吗？

你知道不喜欢什么，剩下的不就是自己喜欢的吗？

其实，说句实话，所有的迷茫都是因为你没有追随内心的结果。

你怎么可能不知道自己内心真正喜欢什么呢？

也许你会说："我真的不知道。"

我不信。你撒谎。

你再想想，你再好好听听你内心深处的声音，你再眼界开阔一点，站得高一点，尝试多一点，我就不信，你不知道你喜欢什么？

越碰运气才能越有运气。

得少，感悟得少，体验得少，当然不容易发现自己到底喜

想对你说，你能靠技术吃饭，为什么就不能靠技术走向成功，
意义的人生呢?

喜欢技术，你不喜欢它，它都给了你温饱，假设你突然变得喜
会给你什么呢?

。

会说：“徐老师，我不是请你来给我讲哲学的，我真的不喜欢技
又 不知道喜欢什么。”

我还是那句话：你没有喜欢的人，说明你见的人还太少。

你最后总是会喜欢上一个行当。

就像你总会爱上一个人一样。

人的差别就在这里：懂不懂自己，听没听自己?

兔年，跳吧。

徐大伟

2011年1月7日

徐老师：

您好!

我一直关注您的博客，很感谢您给我寄来了我要的书《在通用汽车的岁月》，我会将它在我的同事中传阅起来，这是一份责任。

在看了《我与徐大伟老师的读书试验启动了》这篇博文之后我鼓起勇气给您写这封信，我也想请徐老师指导一下我，我一直很苦恼的问题就是：我不知道自己真正喜欢什么。因为我从小就没有什么特别的兴趣爱好，也没有什么特长，性格内向，不善闲聊，从来就是有事说事，不会开玩笑，同事、同学、朋友都这样评价我“人太老实了”。因为老实所以我做事认真，自觉性好，不会偷懒，耐性超强，即便自己不喜欢、不会做的事只要被分配到要去做，我都有超强的耐性去把它尽力做好。举个例子，大学四年我学的是软件工程专业，女孩子一般都不喜欢编程，我也不例外，很讨厌学技术，心想将来我绝不会从事技术，没想到现在就是从事技术。当时即使我讨厌学技术，

却仍然能坚持把技术学好，所以现在才能靠它吃饭。我想说明的是即使我不喜欢做的事情我仍然能坚持把它做好，那么如果我清楚自己真正喜欢什么，那么我将能充分发挥出我的潜力来。转眼已经快25了，我真的不想就这么庸庸碌碌地过，毫无目标地得过且过，为了改变现状，我做的努力就是通过工作中的事情不断地挑战自己，不断地去尝试，然后就是多读书，我知道我的根本性问题其实是“没有真正认识自己”，所以我想通过行动不断尝试，通过读书去找到答案，找到真正适合自己的方向。

不知道徐老师是否清楚我想要表达的意思，在此我只希望徐老师能就我的问题给予我一些指导，比如我现阶段适合去看哪些书。最后感谢徐老师能在百忙之中阅读我这封信，祝您身体健康，吉祥如意！

一个不能捕捉到自己内心方向却努力在改变自己的女孩

2011年1月3日

越求稳定，越不稳定

起了这个头，就有点写不下去的感觉。

这是个会牵扯亿万同胞的题目，一个很容易让我进退两难的开头。

可是能有什么办法，不开这个头，怎么说出这个疑虑，这个久久藏在我心里深处的纠结。

难道这个世界一直就没有人会站出来点破这层窗户纸吗？

一大堆的形容过后，我终于站了出来，也许你会觉得我给自己的台阶太高了，能有什么办法，这个世界的很多问题就是因为人们站的位置太低了，处理起来太就事论事了，没了高度没了空灵，很多人都沉陷了。

就在这个中午，我又一次听到了这样的对话：“你的老公是做什么的？”“在税务局工作。”“这个工作好啊，稳定啊。”

这样的对话，一天还不知道在这个国家出现多少次，这个国家还不知道有多少人天天都在头钻脚钻地追求“稳定”，还不知道多少家长都在为自己的儿女寻找“稳定”的机会。

求稳定有错吗?

我不能给出一个标准的答案，这要看什么样的人，谁去求稳定，为什么求稳定，其实，我的内心还是偏向：一个人，活在这个世界上，就应该努力，就应该奋斗，就应该做自己想做的事情，就应该有自己的梦想、自己的使命、自己的擅长之处、自己的位置，就应该随心而行。

然而，我也知道，大部分人还是会去追求一份稳定的工作、一个稳定的收入、一个稳定的生活，因为他们怕冒险、怕担当、怕压力、怕吃苦、怕动荡、怕坚持、怕悲伤、怕无助。

可大多数人们却不知道就是因为你有如此多的怕，所以，你终究不能成为一个功成名就的人，一个自己都感动的人，而成为了一个别人让你成为的人，一个自己内心深处都不喜欢的人。

这就是纠结所在，你越求稳定，越不稳定，这个不稳定，是心里的不稳定，你偶尔就会心有不甘。你会不舒服，你会抱怨，你会怠慢你的工作，其实也是在怠慢你的人生，本来你是求稳定的，你的亲戚朋友是想让你求稳定的，可你是形式稳定了，内心却是动荡不安了，你说这是稳定吗?

我不知道，这篇文章会有几个正在督促儿女寻求稳定的家长看到，不知道你们作为父母是不是真的想让自己的儿女一生快乐有为健康幸福，你一定会骂我说，哪个父母不希望自己的儿女好。其实，我不怕得罪你深一点，你的很多行为，你非要逼自己的儿女去追求他们不喜欢的稳定工作、稳定生活就是在害他们一生，就是在埋没一个年轻人的无限未来，就是在扼杀他们的美好明天。

你当然可以不承认。你不承认，我只好再次给这些“被稳定”的年轻人提个醒，自己内心的稳定才是真的稳定，自己内心喜欢的工作喜欢的事业才是真的稳定的工作和事业，你可以不听我的话，可以不听亲戚朋友的话，但一定不要背叛了自己内心的声音，不要辜负了自己对自己一生的期望，不要抛弃了你生命中最宝贵的梦想还是做了一个“现实无趣的可怜虫”。

这个世界只有两种人：求稳定的人和追梦想的人。

你不要再聪明地非要找出第三种人。

你不是一个追求梦想的人，就是一个寻求稳定的人。

不要骗自己。

如果你一心盼望着午饭时间或者下班时间，你一定是选错了行

也许这又是一篇刺痛人心的文章。

也许我又一次写对了。

刺痛人的文章才是写对了，写错了的文章又有多少呢?

也许你不开公司，你不做管理，你不是企业CEO，你就不知道什么叫“人才难求”。

你一定会说：现在人这么多，找不到工作的大学生那么多，怎么会说人才难求呢?

听你这么说，就知道你真的是不知道“现实的残酷”。

人是很多，但这些人大部分都是有各种各样毛病的人，都是不合格的“人”。

我现在每天最头疼的就是人的事，我一直都在寻找真心热爱工作、真诚拼命工作的人，真正靠谱的人。

可是不瞒你说，我一直都在失望着，这样的人一直很难很难很难找到。

招聘广告一出去，一个职位，能收到上百封求职信，可以挑出几十个看简历还不错的人，面试上十几个人，你知道，我真正通过看态度，听话语、试实力而信赖的人有几个吗?实话说，也许，一个也没有，也许有那么一两个。

让这一两个人来上班，不长时间，你就会发现，他们是来挣钱的，他们不是来做事的，更不是来实现人生价值的；他们是来找一份工作的，不是来干事业的，他们不知道为什么要拼命工作，他们都以为若是拼命就是在为我拼命，而干吗要为我拼命?

他们都是那么傻，不知道这个拼命是为他们自己在拼命，因为拼命所以得到更多，学到更多，更有人缘，更有商机，更值得托付，更能担当大任，

薪水自然也会越加越多。可若是一开始就不想拼命，不想为这份工作拼命，就永远只是一个随时可以替代的普通员工而已。也许，干五年，干十年，其实干多少年都不重要了，因为，出发点直接决定了结果。

还有的人耍小聪明，以为可以偷点懒，可以在领导面前一套背后一套，可以拍马溜须，可以偷工减料，可以对领导很客气很客气，让领导不好意思跟他们发火，可以在领导面前说自己一定做到，可领导一走，他们一切照旧。他们还一直很得意，得意自己聪明，自己会做人，却不知道，你骗的人根本就不是你的领导，也不是你的公司，是你自己。你这样混日子什么也学不到，什么长进也没有，什么可能也不可能，干几年，离开了，还是从头开始，永远都是在水平移动，甚至是在往下滑动，上升更是不太可能了。

而你又在恶性循环中过日子，总是在抱怨工资低，压力大，从一个公司一肚子怨气地来到另一个公司，没想到一上班又是新打击。

所以，我说今天的聪明人都是傻子，今天的傻子都是聪明人。人都到了连什么是傻子什么是聪明也分不清的地步，是多么匪夷所思。

其实，我知道同事们每天都在想什么，都在干什么，知道谁是从早晨上班就开始在盼望着中午吃饭休息的时刻，谁在午饭后总是会偷懒睡会觉，知道谁在网上说闲话，谁在一直想着赶紧到六点吧，快点下班吧，谁的心思在工作上，谁的心思在谈恋爱，在私事杂念中，谁在天天想着加工资。

其实，我什么都知道，每个用心投入事业的领导都知道。

我也找过很多同事谈话，我发现，他们是人本身出了大问题，他们都不是“好人”，他们从天南地北不同的公司来到我们公司，带着各式各样千奇百怪的陋习和毛病。我本想一点一点改变他们，指引他们走向正路，可我又突然发现，有很多人的性格就是那样，今天说他一顿，明天能好一点，后天、大后天又回去了，还是以前的他，什么也没有变。所以我终于相信：世界上最难改变的是一个人的性格，性格的确决定了一个人的命运。

但我还是不死心，我总是觉得，他人改变不了你的性格，也许，也许，你自己能做到，你自己会有办法，因为，这一辈子你什么都可以不懂，但有一条你一定要相信：别人的帮助都是身外之物，你是谁，你做了什么才是真正重要的事。

你可以是伟人，也可以是罪人，全在你怎么想自己，怎么做自己。

如果你一心盼望着午饭时间或者下班时间，不用怀疑，你可以十分确定自己一定是选错了行。

而无论男女，选错了行就是误入了歧途。

你爱上了广告，怎么还能说自己是“光棍”呢

杨洪：

不好意思。你“光棍节”的来信，我只能在“光棍节”后回你。

因为我不是光棍，不承认还有这样一个节，也不喜欢你来特别强调它。

好像你光棍了不起，你光棍很可怜。

一不小心你就露了你思想的底衬，你的内伤。

你说感谢我的思想转变了一位迷茫的年轻人，其实，杨洪，不怕你不高兴，你还没有转变，起码转变得还不够，就从你的信中突出了“光棍节”这一事，就知道了你的内心其实还很脆弱。

内心强大才是真正的强大。

拥有了强大的内心，你才可以更坦然地面对挫折，可以更细腻地品味生活，可以更理智地面对诱惑，可以在一贫如洗时悠然自得，可以在富贵乡里拥抱贫穷。内心的强大是在无数次的苦难中打磨出来的，是在无数个夜晚的苦读中建立起来的。

内心强大的人就不会有这么多的疑问和烦恼，因为这些疑问和烦恼，每一个成功的人都曾有过，凡是有大爱的人，就显得特别不现实，那是因为其他的人太现实了，现实过了头，就需要有一些人用“不现实”的行为改变世界。

你说：“看了一些慷慨激昂的书之后，人却变得浮躁了许多，行动跟不上想法，变得不务实了。”

不要这样说，那是因为你本来就很浮躁，你的心动荡不安，心安众生安，心平天下平，你浮躁，你不务实，说明你本来就这样，这是你的病，我可以给你方子，但是还要你自己去抓药，自己服药。

你说你爱上了广告，我却想问问你，你是真的爱广告，还是觉得广告很漂亮，很时尚，想跟她发生“一夜情”？你是不是被自己善变的内心所左右，一会儿爱上这个，转眼又看那个不错?

不用答，我也知道你会说你是真心爱上了广告，至于到底是不是真的，只有你内心才知道，你骗我一点用处都没有，你要试着去用自己的心照出自己，看看自己到底是个花花公子还是一个值得信赖的正人君子?

这个世界所有的问题，都是因为人出了问题，人坏了，事情也就不对了。

若你真的爱广告，那么我又要问你，你爱广告，你为广告付出了什么?你凭什么能得到广告的芳心，能让广告愿意把一生托付给你，你凭什么能给广告带来幸福快乐?

你说:“总是感觉望尘莫及，内心总找不到广告的感觉，心想是不是没有一个学习广告的坏境？”

杨洪，你这是怎么了，你的感觉全错了，你的逻辑还是像大多数需要转变的年轻人一样，你学习广告还要什么环境？捧上书，看到晚，这就是最好的环境。你不要再找这个理由那个借口，你现在惟一需要做的就是，再次确认你是不是真的爱上了广告，若是，就奋不顾身地全心投入广告的学习中。你要看一本又一本的广告、营销、策划、品牌、管理、传播方面的书，看上一百本、二百本，结识一个又一个出色的广告公司、真材实料的广告人，工资够吃够住就行，主要是看能不能学到东西，你脑子里有东西，才能谈发展，才能赚大钱，逐步从广告实习生到策划实践者，你再问自己是不是还是找不到广告的感觉?

我想，那时广告都对你有感觉了，反过来倒追你也说不定。

所以，杨洪，收起你的聪明，停止你的迷茫多疑，不要指望任何人来帮你，不要奢望谁会主动给你一个平步青云的舞台。

因为那都是白日做梦，除了你自己，谁都靠不住。

你说你是“白纸”，可谁又不是从白纸开始绘制人生蓝图的?

杨洪，一句话：你付出的还太少太少，你疑虑的却太多太多。

你路还很长。

你不能用“光棍”的心态，对待一切。

爱上了广告，你怎么还能说自己是光棍呢？杨洪。

徐大伟

2010年11月23日

徐老师：

您好！

这封信我考虑了几天要不要写，终究还是发来给您了。这类琐事不该来麻烦您，因为我知道这是我自己的问题，需要我自己解决。

从网上认识您有一年多的时间，在您的字里行间中让我感受到社会还有真实的人存在，使我成了您忠实的粉丝。感谢您的思想转变了一位迷茫的年轻人；您让我们多看书看好书，但有时对我们这些思想基础薄弱的人来说，看了一些慷慨激昂的书之后，人却变得浮躁了许多，行动跟不上想法变得不务实了。

这一年多的时间接触您的思想，让我开始对广告人有了很多的期许；梦想着自己也能成为一名广告策划人，于是开始看广告方面的书籍。但总是感觉望尘莫及，内心总找不到广告的感觉，心想是不是没有一个学习广告的坏境；犹豫很久后离开老家到了深圳，好在表哥在这边有个暂时落脚的地方。自知对广告的了解还是在入门的状态，想直接参与文案策划工作是不可能的，就先从广告业务方面的工作下手；找业务的工作都是要相关经验，一次次面试的碰壁我无所畏惧，但每日乘车的消费让我难以承受。

偶然的机会在网上找到了实习生的职位，面试也过了但实习生只有500元的生活补助不包吃住，算算在深圳市区内一个人吃住坐车的消费让我与这难得的机会擦肩而过。我不知道将来的前途如何，现在感觉非常困惑迷茫。一种无形的压力让我不知道如何；我爱上了广告，可越是爱它却跑得越远。做其他的工作都与广告无关，人家也不要这张无经验的“白纸”。老师我该如何抉择？

杨洪

2010光棍节夜晚

“半人半事”的世界，我能不管吗

喝着机场赠送的雪碧写这篇文章，透心凉。

飞机又晚点了，不晚点的飞机好像不多了。不是晚十分钟，就是半个小时，再不就是“预计飞机到达时间为 18 点 35 分钟”，晚了两个点。

而我就赶上了这班误了两个点的飞机。

催生了这篇文章。一是因为现在有空，二是因为现在有气。

中国民航好像该成立一个“晚点办”了，来创意解决飞机晚点的事情。

“晚点抱歉系统”、“晚点免费书报赠送计划”、“晚点抱歉产品研发”都应该提到日程了。

他们肯定会说，我们多忙啊，哪里有那个精力啊？

这又让我想起了我的一个同事。我让他打电话问一下我们的行政秘书几点能回公司。

他打完电话到我办公室跟我说：徐总，她在车上。

我一听，有点急：哪个车上，什么车上，我让你问她几点回来，你跟我说她在车上，你是怎么问话的，再去问一下。

同事出去了。

我心里就在想：是不是自己的态度有点过分了，是不是伤害了他？

但又想，就该对他发点火，让他记住这个事情，记住了，他就会受益一生。

连一句话都问不完整，如何会把一个事情做完善？

所以，我保持了严肃。

等他问完整了那个问题后，我对他说：事情在哪，心就在哪，你在这个公司要学会做事，学会做人，人不能做一半，事不能做烂尾，我们公司是告诉很多商人怎么做生意的公司，你知道做生意的关键是什么吗？做生意的关键在于我们是否很关注一件事。如果你真的关注某件事，并采取行动，那你就真正进入状态了。而只有真正进入了状态，你才会有智慧、有创意、有方法，你才会有所成就。

刚给这个同事上了一课，另一个“半人半事”的同事又来了。

我让他把我们拍的“飞客”照片打印出来装在相框里，他打印出了相片，装在了相框里，我拿起来一看，问他：“相框前面怎么没有透明塑料板呢？”他说：“我看了那个塑料板，上面有暗印，不能用。”我说：“怎么可能呢？”他说：“我怎么觉得您不相信人啊。”

我没说话，拿起一个相框的塑料板就把那层暗纹纸撕了去，他一看，傻了，我就说：“我怎么相信你，你连这个常识都没有吗，一个这么大的世界品牌宜家家居里卖的相框，塑料遮挡板会不能用，你觉得这可能吗？”

他嘿嘿笑，不说话。

这就是现实，每天不知道有多少件事情都“半途而止”？每天不知道有多少个人都“半途而废”？

这个世界上有无数的人想拯救这个世界，这个世界上也有无数的人觉得最需要拯救的就是这些想拯救世界的人，所以，这个世界乱了。

想让这个世界“全人全事”的人，全被“半人半事”的人拦在了路上。

前不着村，后不着店。

而我不管，奋力前行，不相信前面没有一个人家。

看一个人的本子就知道一个人的本质

没有一个题目不是来自思考，没有一次思考不是想去思考。

想去思考才有了题目，不思考什么都没有。

遇到一个事，思考一个事，这个事总会让你有所收获。

这次也一样。

开了不知多少个会，见了不知道多少人。

还是第一次有了这个感受，赶紧记下来，想着给你。

其实，你想不想要我还不知道，我这个人总是爱自作多情。

有朋友说我累不累，总是咄咄逼人盛气凌人，板着面孔像个央视主持人，能不能轻松点？其实，这些朋友哪里知道，我这些文章是写给你们看的，也是勉励自己的，我是在“咄咄逼己”、“盛气凌己”，你，我哪里管得了？让我轻松点，我才不呢，我的轻松有我的方法，你所谓的轻松会害了我，我才不。

你轻松了一小时还想下一小时，轻松了一夜还想另一晚。我不能。因为我不能。

一辈子能说几句真话，一生能写几篇真正有用的文章？你不想这个问题，我会想。

有的人问我的写作风格是什么？

想了又想，非要说风格，应该是“跑题”和“刨题”吧。

能跑一个题，又能适可而止及时收回，不但增加了文章的戏剧性，好了还会加营养。

不是要轻松吗？跑题就是一种轻松。

“刨题”就是刨根问底。也许会不会刨题就是能不能做好一个策划人的关键。

跑回来说说会议的事。

其实，去一个企业开一次会，我就清楚了这个企业的现在和未来。

若是特别重要的提案会或决策会，我看到总经理、副总经理连一个笔记本也没拿就走进了会议室，我就会对他们很失望，对这个企业的明天很担忧，看他们不拿本子开会就知道了这个企业问题很严重，企业家的问题很严重，学习提升的意识很差。接下来需要我逐步影响和改变他们的难度也不小。

总经理、副总经理，不带本子开会，下面的总监经理员工们总会带本吧，也不一定，但大多数人还不错，都带了本子。

但问题一样出现了，你看他们带着的是什么本子，全国营销总监，带着竟然是一个薄薄的小学生用的纸皮小本，一看他的本，我就知道，完了，这个全国营销总监，自己都营销不好，自己都包装不好，自己的学习工具都这么差，怎么会营销好全国市场？不是胡闹这是什么？

可能很多人不同意我的观点，会说：拿一个纸皮本就不是一个好营销总监了？

我不敢说，那是百分之百的，但百分之七八十应该错不了，你拿一个什么本，你拿不拿本参会，其实是反应了你的态度、你的品质、你的状态、你的心胸、你的水平、你的境界和你的层次。

所以，我说看一个人的本子就知道了一个人的本质。

表面看不就是一个本子吗，其实，你也知道，我说的不是这个本子。

还有更离谱的，本子没带，笔也没有，一开会就跟人家秘书要笔要纸，难道这也配专家、配大师、配教授、配企业家称号?

一个人抱着什么样的心态去做一件事，就决定了这件事未来的命运。

一个人带不带本子带什么样的本子进入会议室，就决定了这个人未来能走多远能登多高。

事业第一才是家庭第一

坐在这里，不知什么滋味。

今天北京，明天广州，后天惠州。

现在长沙。

读城，读人，读事，读书，确实让我眼界大开。

身体也确实累。

我很少说累。

因为我觉得我不能说累。比起曾经身无分文了无希望地坐在马路牙子上品尝牙疼，现在的日子简直是天上人间。

我不说累，我一天天地拼。

尽管好好坏坏，但至少我是快乐的。

无数个凌晨我拉着行李箱回到家。

我妈说累死了，不是亲眼看到，我哪里知道你每天这样辛苦，好好干，多攒点钱，等五十岁就不用干了，什么都不干，全世界转个遍。

我笑。理想主义的妈。

在夜色下的出租车里就着路灯的微光看书，司机转头看我，不奇怪，不是一个奇怪的人，就不能成为成功的人。

弗朗西斯·培根说："读书补天然之不足。"

思考，自我不满，看书，写东西，找突破，想改变一切，不敢懈怠，不愿迎合，追求通透，寻找本质。

这就是每日的我。

很多人都曾问我一个问题：你是事业第一还是家庭第一。

起初，我还不好意思说心里话。

总是想人家不都说做人要外圆内方吗，还是中庸点好，于是说，在我的眼里事业和家庭同样重要。

而今，我终于"随心而活"了。

我不管他人怎么看我，怎么想我，世界就一个我，我要告诉世界。

我的观点是：事业第一才是家庭第一。

我见了太多的口口声声说家庭第一的人的糟糕生活。

因为他们是家庭第一，所以他们不愿意加班，不愿意到外地闯荡，不愿意出差，没有时间钻研工作，没有全身心地投入工作。所以他们取得的成绩一般，得到的回报也少。

付出多少得到多少，一般的工作付出，只能过上一般的生活；一般的生活长期下去，就会发展出一般的感情生活；一般的感情生活发展下去，就是抱怨连天，矛盾百出，结果是本末倒置，本来是想家庭第一，工作第二，最后却发现，家庭落伍了，工作止步了。

而那些坚持工作第一的人，却得到了不菲回报，物质富裕了，精神也富足了，忙是忙点，累是累点，但他们活得越来越有尊严，越来越让人羡慕，大房子住上了，豪车子开上来，音乐会看上了，高尔夫打上了，孩子有钢琴了，妻子更美了，家居越来越有品位了，朋友越来越高层次了，随便出国游了，经常做慈善了，父母以你为荣，全家因你开心，夫妻感情更美好了，家庭生活更和睦了。原来，坚持工作第一的人，收获的却是家庭第一。

这就是世界的问题：观念错误，世俗挡路。

第三章

读书改变自己，自己改变世界

DUSHUGAIBIANZIJI ZIJIGAIBIANSHIJIE

不知道阅读改变命运的人，只能被命运改变

每个有知识的人，应该在自己的一生中，好好读上 8-10 本书。究竟该读哪些书？若想了解这点，那至少得读上 15000 本才行。——巴比达

仅在字母、文字和书页中浏览一番——这不是读书。阅览和死记——也不是读书。读书要有感受，要有审美感，对他人的金玉良言，要能融会贯通，并使之付诸实现。——巴金

我觉得，当书本给我讲到闻所未闻，见所未见的人物、感情、思想和态度时，似乎是每一本书都在我面前打开了一扇窗户，让我看到一个不可思议的新世界。——高尔基

我身上所有一切优秀的品质都要归于书籍。——高尔基

书籍是青年人不可分离的生活伴侣和导师。——高尔基

书籍使人变得思想奔放。——革拉特珂夫

书籍使人们成为宇宙的主人。——巴甫连柯

生活里没有书籍，就好像没有阳光，智慧里没有书籍，就好像鸟儿没有翅膀。——莎士比亚

读不在三更五鼓，功只怕一曝十寒。——郭沫若

韬略终须建新国，奋发还得读良书。——郭沫若

饭可以一日不吃，觉可以一日不睡，书不可以一日不读。——毛泽东

读书也像开矿一样“沙里淘金”。——赵树理

读过一本好书，像交了一个益友。——臧克家

聪明在于勤奋，天才在于积累。——华罗庚

读书忌死读，死读钻牛角。——叶圣陶

不怕读得少，只怕记不牢。——徐特立

为中华之崛起而读书。——周恩来

与肝胆人共事，无字句处读书。——周恩来

多读书，读好书，然后写出自己的感想，这是写好作文的开始。——冰心

书，能保持我们的童心；书能保持我们的青春。——严文井

书是人类进步的阶梯。——高尔基

书籍是人类知识的总统。——莎士比亚

人的影响短暂而微弱，书的影响则广泛而深远。——普希金

理想的书籍是智慧的钥匙。——列夫·托尔斯泰

书籍是屹立在时间的汪洋大海中的灯塔。——惠普尔

一个爱书的人，他必定不致于缺少一个忠实的朋友，一个良好的老师，一个可爱的伴侣，一个温情的安慰者。——巴罗

书籍是朋友，虽然没有热情，但是非常忠实。——雨果

书籍是造就灵魂的工具。——雨果

书籍是培植智慧的工具。——夸美绍斯

一本书像一艘船，带领我们从狭隘的地方，驶向生活的无限广阔的海洋。——凯勒

读书是在别人思想的帮助下，建立起自己的思想。——鲁巴金

读一本好书，就是和许多高尚的人谈话。——歌德

经验丰富的人读书用两只眼睛，一只眼睛看到纸面上的话，另一眼睛看到纸的背面。——歌德

读书不要贪多，而是要多加思索，这样的读书使我获益不少。——卢梭

不读书的人，思想就会停止。——狄德罗

读书是易事，思索是难事，但两者缺一，便全无用处。——富兰克林

读好书，做好人。——民间流动图书馆

读书改变自己，自己改变世界。——民间流动图书馆

不知道阅读改变命运的人，只能被命运改变。——徐大伟

是时候要求你自己为社会做点事了

几乎每天都会跟一些睡着了的人打交道。

这个世界可怕就可怕在真正醒着的人太少了。

在北京的热浪中艰难前行。

双手提着两捆刚买回来的新书，绳子勒在手心，我咬着牙急步快走，汗水从额头滑落，心里在想：我为什么要这样做？我为什么买书赠给大家读？我为什么要把自己弄得这么累？我为什么要在不解、质疑、讽刺和嫉妒中一意孤行？

再咬咬牙，这就是我，这就是我徐大伟想做的事情，与一切世俗和懦弱斗争，没有斗志就没有想法，没有想法就没有创造。

一个正在快速奔跑前进的人必须学会忽略那些不喜欢自己的人，不喜欢你的人往往有两种，要不是愚蠢，要不是嫉妒，那些愚蠢的五年以后会喜欢你，那些嫉妒的永远不会。

所以，人生就是“仁生”加“忍生”。

你的胜利需要用你的勇气和痛苦换来。

提着书走进民间流动图书馆，馆内有两个小伙子正在看书，他们看我提着书进来，看到两位图书管理员吃力地拉着书进来，他们并没有任何表示，他们只是看了我们几眼，照样看他们的书，他们明明知道我们放下这些书还要走过长长的胡同去搬另一些书，可他们还是无动于衷稳坐桌前，我看了他们一眼，心里很不舒服，不知道他俩为什么不能赶紧站起来跟我们一起去搬书呢？

心里没爱，手中有书，早晚还是会输。

看书也没有用。

有很多读者跟我说，你们可以去多买一些什么什么样的书，你们为什么不到我们家乡去开一家民间流动图书馆，你们为什么不能每次赠送一个人两本书呢?

我总是不好意思跟他们说：别你们你们的了，感觉这个国家就是我们的，不是你的，感觉你是外星人，地球不是你的家，是时候你也去为社会做点事情了，你家里没有书吗，你什么时候才能把你的书拿出来跟大家分享呢? 你不舍得了吧? 不说全捐出来，就是拿出 10 本好书来免费赠给大家你能做到吗? 你不能为你家乡的小学捐赠 100 本名著吗? 你别说你没钱，看你穿的名牌衣服，听你不含糊的口气，你好像比我们有钱，你做不到，你什么也没做，我想你就不要这样理直气壮了吧?

来民间流动图书馆的读者中 70% 以上的人都曾经说过这样一句话：我下次一定把家里的书送过来。

可现实是，说过就过了，说过要把家里的书送到图书馆里的人中只有百分之一二的人会真的把家里的书拿过来，再说句实话，你也不要觉得刺激，这百分之一二把家里的书捐到民间流动图书馆的人中还有一半的人拿过来的书不是教辅、杂志、网络小说，就是盗版书、很旧很旧的书，再不就是破损缺页的书。

有读者问："我可以拿书来换书吗?"

图书管理员说："可以啊。什么书啊?"

他说："你们的书啊。"

图书管理员一惊："怎么是我们的书啊，不是让你看完传下去吗?"

他嘿嘿地笑。

我们傻了。

我们一直都是傻子。

有一个老人说："你们'赠书馆'的下场不就是这样吗? 有几个人会真的把你们赠给他们的书看完传下去呢。你们这个模式本来就不可持续，每天都在砸钱，却看不到什么效果。"

听完他的话，我一下子悲伤起来：天哪，谁来理解我们，为了带动全民传阅，建设书香中国，提倡阅读改变人生的理念，花了很大精力和资金特别创意建立的世界首个"赠书馆"真的如此可悲吗? 赠给大家的书真的大部分没有传阅吗? 截至今日，民间流动图书馆已向社会各界读者赠送了 43200 本书，也就是说这 4 万多本书大部分都在某一些人手里，根本就没有实现让起码4万多人受益，更不用说实现“一传十,十传百”，让几十万人从中获益了，那些半个月就来图书馆拿一本书带走的人，也很少传阅，网上反复申请赠书的人，也一样，很少传阅。

我不想听什么“你们了不起，你们真伟大”这样的话，你也可以了不起，你也可以真伟大，你为什么不去做，你为什不从明天开始把你从民间流动图书馆拿到的书传出去?

低下头想想自己该为这个社会做点什么爽朗事吧。

这么多年了，你也该醒醒了。

亲，把我们赠给你的书传下去好吗

人都是自私的，但若一个人尽量地克制自己的自私，做出一些无私的事情，这个人就会不一样，就会有竞争力，就能在芸芸众生中跳出来，其实，无私就是出人头地的良方。

但是，有意思的是，没几个人相信我的话，听了不一定信，信了不一定做，做了不一定持之以恒，所以，大部分的人都是半途而废的人，在人生的大山上，大部分都是半山腰停下来坚持不下去了不想继续攀登的人，半山腰聚的人越来越多，环境越来越糟，争地盘抢粮食的事情开始频繁发生。还没爬到半山腰的人，被半山腰的人踹了下去，想继续往上爬的人被半山腰的人拼命打击死命拖拽，这就是大部分人类正在过着的“半山腰人生”，上不去下不来异常艰难。

昨天晚上一位读者因为听了北京新闻广播资讯早8点《百姓生活故事》播报的民间流动图书馆的故事而有所触动，主动把他私藏的我们赠送给他的4本好书送到了我们图书馆，他说以前自己做的很不对，今后一定把每一本赠书传下去。

我很感动，终于有人能够坦诚他的自私，承诺今后一定把书传下去。

其实，把我们赠给你的书传下去，你不也是在做好事吗，你不也是我们这个赠书传书的伟大事业的一分子吗，你不也是民间流动图书馆的爱心大使吗，你不也是在为促动“人人看书，人人传书，人人赠书，人人爱书”书香中国的建设做贡献吗?

截至今天上午 12 点，民间流动图书馆共赠送广大国内外读者 37115 本好书，我知道这 37000 多本书很大一部分是被某些读者私藏在家据为己有了，可我们有什么办法，我们只能相信每一个拿到赠书的朋友都能够自觉地看完书，然后再把书传给下一个读者，一传十，十传百，让这本书发挥最大的作用给更多人带去思想和智慧。只能求求大家，把赠书传下去，让我们共同参与共同出力，让爱和知识在神州大地乃至整个地球上不懈流动，让这个国家，这个地球到处都能看到看书的人，到处都充满浓浓的书香。

从 2009 年 2 月 25 日我在网上开始赠书至今都快三年了，可又有几个人听说过民间流动图书馆赠书传书促动全民阅读的事情呢？我们的北京实体店从 2010 年 10 月 1 日开业至今也快一年半了，管书院胡同里的人竟然还有很多不知道我们图书馆的存在，这说明什么，说明我们的赠书真的很少被传阅，真的很少有人去主动传播这个“让书有意义地流浪”的理念，真的很少人爱看书。

说明我们真的做对了。

未尽的过去都以现在为归宿，无尽的未来都以现在为开端。

人的差距在心里。

人的距离在脑子里。

有一个人因为你的带动而爱上阅读，你就是国宝

北京城里的人明显少了。

人心明显散了。

我不想吃午饭，我想赶紧写出这篇文章。

我的心潮澎湃，不写出来，水米难进。

有的人说我是一个理想主义者，其实，他们才是理想主义者呢，总觉得按照目前的生活方式、眼下的工作态度就能成功就能幸福，却不知道这样下去是一条死胡同，堵死了，前进不了，回头也晚了，每天总是这么理想地活着，还在说我是一个理想主义者。相反，我是一个现实得不能再现实的现实主义者，我每天都在思考，我能做什么，我能帮助这个时代做什么，我能给这个国家带来什么变化，我能让多少个人充满向上的力量?

很多人都赶时髦地说：生活就是修行。其实，你都不知道自己错在哪里，不知道自己有什么错，你谈什么修行？什么叫修行？修正错误的行为就是修行。

你知道你有多少个错误行为吗？你知道这个世界上其实根本就没有几个人真心想管你的好坏？大部分人都想看你的笑话，都不想让你成功，因为你的成功、你的富足对他们没有什么好处，只能带给他们更多的羡慕嫉妒恨。

所以，人的一生其实是一场战争，你想成为的那个人与现在的你的战争，功成名就者都是尽情发挥做了自己的人。

很多人不知道我为什么创办一家免费赠书的图书馆，不知道其实“民间流动图书馆”是改变世界的一个新发明，会成为人类文明进步史上的一个亮点。它是这个世界上的第一个“赠书馆”，把传统图书馆的“借”和“还”的方式变成了“赠”和“传”，从此让好书免费在人间流动，从此让好书发挥了最大的作用。它倡导的“人人看书，人人传书，人人赠书，人人爱书”的理念无疑是这个时代最急迫最动听的呐喊。这一系列的创举，也意味着全世界的人民都可以模仿和复制这个概念，意味着将来会有无数的人从中受益，意味着这个地球就是一个大图书馆，家家都是流动图书点，人人都是图书管理员。每一个家庭每一个人都可以为人类的发展、世界的文明做出自己的贡献，都可以把自己看过的好书主动拿出来跟大家分享，都可以用自己的点滴行动改变自己，自己再去带动更多人阅读，慢慢地去改变这个世界，让这个世界充满更多笑脸、更多书香。

他们不知道，这个只有几十平米大的中国首个纯公益全免费公益赠书的图书馆——民间流动图书馆的真正价值和意义。他们总觉得有什么，不就是赠点书吗，有什么了不起的。他们看不到当越来越多的人都在开这样的“赠书馆”、“传书馆”的时候，当越来越多的人开始把自己家里的书拿出来跟同事朋友甚至陌生人分享的时候，会出现一个多么美好的世界。我们每一个人都能获益良多，因为看书的人多了，世间的温暖就多了，好人好事就多了，我们不用挤公交车紧捂口袋，告状无门，讨债艰难，出门怕人骗，购物怕陷阱，说真话怕封杀，办事怕看人脸色了。

这两天我们像疯了一样地在忙一件事情，赶着在春节到来之前让更多的人知道“带书回家，书香春节”，我甚至还发明了一句口号：“过年看本书，来年不会输”，并且我还说了绝对的话：“过年不看书，来年还会输”，为此还得罪了不少人，但是，没有办法，不能管那么多了，只能用尽所有的方法，想尽所有的办法，能改变一个人算一个人，能多赠一本书算一本书。

请了不少媒体朋友帮忙报道这个可以促进“书香春节，书香中国”的赠书活动，报道了的媒体只有三两家，不是豆腐块文章，就是只发一个图片新闻，有的干脆告诉我：年底版面紧，不好意思，没发了。

我失望的表情你没有看到，很难看，这个世界怎么了，翻看报纸，他们有版面报道一辆车在路上起火了，用整版写那些今天鲜亮明天龌龊的明星们，却没有一点版面没有一点时间报道能够刺激促动一些国人从“麻将春节”、“酒肉春节”、“无聊春节”、“腐败春节”中清醒过来，拿起书本，过上一个祥和喜庆健康向上的“书香春节”的利国利民的大好事，我不知道这些媒体的编辑和总编们都在想什么，不知道他们一年又看了几本书？

亲爱的正在看这篇文章的兄弟姐妹们，什么都不要说，赶紧往包里塞一本书，带书路上看，带书过年抽空看，不但自己看，还要告诉你的亲戚朋友们：过年看本书，来年不会输。给他们这样一个暗示和兆头，也许他们也会拿出书来翻一翻，看书的人和不看书的人本质上的区别是，看书的人能看清这个世界、看清自己、看清现状，不看书的人只能被人看清。

有一个人因为你的带动而爱上阅读，你就是国宝。

让书有意义地“流浪”下去好吗

图书馆的读者忙着挑书，我忙着憧憬未来。

什么时候天下的好书都能免费赠阅啊?

谁来赠书呢?

国家，还是企业，还是个人。

平日不是你忙，就是我不在。

我一直想跟你来一次“深谈”。

我还在建议央视打造一档《深谈》节目。

在这样一个什么都电子化的时代，一切都变肤浅了，很多事情，都说不清，做不透。

我受够了，改变命运必须靠自己。

捧起书来就是读，一读几十年，一看几千本。不问结果，只管过程。

偶一回头，免费赠书给大家的“民间流动图书馆”又干对了。

前两天，国家图书馆六个同仁到民间流动图书馆调研。

我知道后，很高兴，我觉得这是一个崭新的开始。

其实，民间流动图书馆的更大意义更大价值不是我们赠出去了多少本书，而是它打破了全世界图书馆的惯有概念和格局，它给世界创造一个更加利益大众、更快促动全民阅读的全新概念：赠书馆、传书馆。将传统图书馆的“借”和“还”的关系变成了“赠”和“传”，“赠书与民，藏书于民”，将全世界所有的图书馆都变成了“传统的图书馆”，开创了“现代的图书馆”——赠书图书馆的新时代。

这就是民间流动图书馆存在的意义。

这两天我总是在想“意义”这个词，我觉得这个词是最能改变世界的词语之一。

这是一个最需要追求意义的时代，这是一个最不讲究意义的时代。

我们的年轻人，我们的少男少女最不爱听的就是“意义”和“价值观”这样的大词，他们最受不了别人的说教，最不爱听大话，所以他们越来越“少教”，越活越“小”，这样的时刻，这样的文章，本来不应该得罪他们，不应该得罪也许我为数不多的“粉丝”之一，可我若做不到彻底地无私怎么可能真正地帮到你呢？

尽管你很生气，会骂我，但骂我又有什么用，你该骂的是自己，你一直对自己过于容忍、过于仁慈，所以最后成了这个样子。

其实，你若真心爱自己，你就应该争分夺秒地去看书学习，让自己赶紧充实强大起来，你饿了知道吃饭，其实看书不就是给你的精神吃饭吗？你知道身体饿，却不知道你的精神更饿，我说你是精神饥饿、精神空虚，你打死也不承认，你不承认的态度实际又在说明你的空虚。你说我累不累，绕来绕去，其实我不累，能绕明白你一个人，这篇文章就有意义。

此刻，没有他人，就你和我，我还不在你眼前，你为什么不彻底地放下架子，跳出框框，相信我一次，一个人静静地想想你到底想做什么，你喜欢什么，你擅长什么，你现在的工作的意义是什么，你活着到底为了什么，你不追求意义，你活得真的有意思吗？

一个认出了我的读者让我给她签个名字，我在赠她的“记书本”上写了一句话：让书有意义地“流浪”下去。

她笑着说：“太好了，谢谢徐老师。”

看着她的背影，我从来没有这样幸福过。

一个叫 Martin 的读者留言说：“水的灵魂在于流动，而水的奥秘在于汇集，中国人的智慧将始于流动，并将在未来的时间里成为世界的辉煌。”

Martin 说得好，书的存在不也是为了流动吗？

一个记者问我：“‘书香中国’是您的终极梦想吧？”

我答：“我的终极梦想是‘书香地球’。”

她笑。心里一定在想：一个小小“民间流动图书馆”的馆长的心怎么这么大？

你为什么不开始“午读”

我的心里有天安门广场、有罗马城、有埃菲尔铁塔，我能在我的心里远游，我能在我心里游历美洲，我能在我的心里沉思、挣扎、流泪、坚定，我能一直在我心里取出最真的东西，以真乱假，在这个时代。

我因有我的“心里花园”而强大。

我企图可以让我的生命无限大，可以自己决定生命。

可以自己决定自己的时间，决定时间中的内容。

决定午餐的开始。12 点 25 分。

吃着饭看着窗外，这是我的习惯。

路上的三个女孩引起了我的注意。

她们走得是那么慢，时不时还会停下一小会儿，然后再走，一样是那么慢，好像她们在享受这样一个不用太早进办公室的私密时光，偶尔一个女孩转过身子跟另一个女孩说话，偶尔一个女孩会挽起另一个女孩的胳膊。

看着她们仨一直走出我的视线，远处，三三两两的女孩们又来了。

我的脑子中突然出现了这样一句话：三个女孩一中午。

我不知道我为什么总是想的东西跟很多人不一样。

因为这样那样的想法，我正在变成一个不同寻常的人。

这其实不是我刻意追求的。

那样时尚的女孩享受这样一个温和的中午，有错吗，不应该吗？

当然应该，只是，我总是有很多只是，只是若她们偶尔有这样的中午慢生活还可以理解，但若是每天每周每月都这样慢动作地过中午，她们就是在消磨时光，她们就是世俗之人，她们的前途就并不亮丽。

不能给自己的人生做主的人就是傀儡，不能给自己的时间做主的人就是佣人。

我不想看到越来越多的女孩纷纷成为时间的奴隶，成为摇摆不定的混世者。

很多人都问我：你怎么有那么多时间看书，我们为什么却没有？

我总是难以回答。

因为我知道我的回答肯定会让他们不以为然，一切照旧。

但我还是要回答，因为我觉得这是我为人的责任，我不来启发他们帮助他们还要等谁？

我从来不习惯等待。

大家都知道中午要“午休”，可我觉得午休那是中老年人的事情，我们这些年轻人怎么可以午休，为什么不开始“午读”，我们为什么不把珍贵的中午还给自己，把中午交给书香，我没有不让你吃饭，也没有阻拦你小眯一会儿的意思，我只是想让你在吃完饭小眯一刻后开始拿起一本书来读，哪怕是读上半个小时，你不要问我这样做有什么好处，你更不要说哪有人这么做？

也许你到现在都不明白，就是因为整个公司也没有一个这么做的人，你才更要去这么做，你去做很少有人做的事情才最容易成功，因为你根本就没有竞争者。

书香中国，是我的理想，尽管我的理想每天都要面对残酷的现实，青年不看书，中年乱看书，老年看闲书，但我依然斗志昂扬激情不减，因为我知道唯有读书才能改变人生，唯有全民读书才能强国富民，唯有以天下为己任我才能更加智慧勇猛开天辟地。

三个午后的女孩，也许永远不知道，她们可以通过“午读”拥有美丽的人生，当然也可以“晨读”、“晚读”，不知道喜欢读书的女孩，最让男人迷恋，不知道一举多得的读书，可以让她们成为“颜如玉”，得到“黄金屋”。

弟弟妹妹们，你们真的知道怎么看书吗

弟弟妹妹们，不要怕看我写的文章。

其实，我是温柔的。

尽管我的文字有时犀利，有时一针见血，让你受不了。

但，毕竟是文字。

我，你又看不到。

也许，我们一生都不会相见，我乐意在这种各就各位一个舒服的距离里跟你唠叨，我心里装着你们，我才是我想要的我。

人的价值不是从别人那里得到什么，而是自己究竟可以给别人什么。

其实，根本就不应该有别人。

“别人”这个词又是一个世俗的词语，一些平庸之人发明的词。

这个世界有人类。人类就是人类，人就是人。别人也是人，你也是人，你和别人又有什么区别？为什么会有分别心，非要分出自己人、家人、朋友，难道除了他们都是陌生人，都是可以不用付出感情、不用真心相待、不用慈悲同情的别人吗？

原来，都是假的，你的笑，你的语言，你的行动，都是在做出一个正常人的样子。你的心里根本就没有他们，根本就不会管他们死活，见死不救，视而不见，你心里没有大爱怎么会成为大人。所以这个世界上的小人越来越多，随处可见。你心里装不下这么多人，所以你无所事事没有目标，心里能装下多少人，成就就会有多大。

一个画家对一个刚开始画画的年轻人说：“如果你是真正的画家就会坚持下去的，因为你的生命中不能没有绘画，你会一直画到至死方休，明白吗？”

我也想学着那个画家的口气对弟弟妹妹说：“你们真的知道怎么看书吗？你们的生命中真的不能没有书吗？”

跟很多人都谈过看书的重要性，但我都疏忽了一点，没有告诉他们我是

怎么看书的，显然，看书的重要性很多人都知道，但是看书的方法却有很多人不清楚。

我来说说我的方法，其实，在我看来读书分为三个层次：翻书，看书，记书。

这个时代最多的是“翻书人”，是速读者，速食主义者，他们说自己也经常看书看报刊，其实他们哪里是在看书，他们是在走马观花随便翻翻看看，一本书一个小时不到翻完了，放下书，会说，看完了，写得一般。其实我一直很好奇，在他看来什么书都一般，不知道这位先生他自己写过书吗，他能写出一本不一般的书吗？显然又是一个愚蠢的自我欺骗者。自满就是自杀。很多人正在自杀，他们自己根本不知道，一天天过去，他把自己糟蹋得一无是处，这不就是自杀吗？

第二层次的“看书人”也不少，他们真的能从头到尾把一本书看完，真的很认真很用心，但看了很多书，突然问他你昨天看过的书叫什么名字，他经常是一脸茫然，他忘了。他们还会经常写信问我：徐老师，我看书也不少，怎么什么都记不住啊，怎么办？

怎么办，做笔记呗，所以读书的最高境界是“记书人”，他们不光看书，还边看边记，把看到的好句子、好词语、好意思赶紧记下来，把因看书而生发的好点子、好题目、好理念也第一时间记下来，这样边看边记的人，才是真正懂得看书的人，才是智慧的人，他们从书中得到的东西才最多，时间才没有浪费。

我就是一个坚持不懈的“记书人”，弟弟妹妹们，你们知道我现在有多少个笔记本吗？我有 86 个，我记满了 86 个笔记本。

我去做财经节目点评专家，很多人都说我说得特别好，说的很多话从来没有听过，很有见地很有爆发力，其实，你们知道吗，我每做一期节目都要看一个本子，我把那个本子上记下的好句子好思想背下来变成自己的语言，就把他们征服了。他们就会说我优秀，其实，不是我优秀，是我“记书”的习惯优秀。

弟弟妹妹们，现在知道了吧，光看书还不行，更重要的是“记书”。

我们每天几小时的“看书记书”，是为了让那些非看书记书的时间中充满能力和活力。

从这刻开始懂得怎么看书了，你就开始与众不同了，不用管过去，过去都过去了，未来的靠现在。

从此刻开始。

一切都会改善。

改变。

出门，包里放一本书的青年才是好青年

弟弟妹妹们，我又来了。

烦我不?

可是哪里有办法，我是真的放心不下你们。

隔上几天，好像就有很多话需要跟你们讲。

原来我活着还有一个使命，就是对你们啰嗦，跟你们说心里话。

很荣幸很感谢让我有这样的使命，有这么多机缘与你们相遇相知。

我最放心不下的有两个群体，一个是弟弟妹妹们，一个是正在遭受贫穷的同胞。

每一个这样的夜晚，我都在想，此时此刻，有多少弟弟妹妹正在走邪道，正在浪费青春，正在庸俗不堪，正在逃避一隅；有多少同胞正在城市的某个角落里瑟瑟发抖、饥寒交迫、无家可归、无人搭理。

这样想着，我双手捂脸，眼泪在我的手心滑落。

我能做什么，我能为他们做什么，我要怎么做才能切切实实地帮到他们。

我徐大伟难道就这样眼睁睁地看着他们不管不问无动于衷吗?

人，活着为什么?

徐大伟活着为什么?

徐大伟活着就是为了尽一点人的微薄之力，让这个世界变得更加美好，让人们更加幸福快乐。

弟弟妹妹，有没有问过自己，活着为什么呢?

找到你的答案，端正你的答案，然后打开眼睛，打开心，让我们看看现在。

每一个现在都是未来，每一个此刻都是原因。

现在是北京时间 20 点 55 分，你正在做什么呢?

你不要说现在做什么能说明什么?

天下什么病最难治?

青年世俗病最难治。什么都听不进去最难治。没有阅读的习惯最难治。

眼看着自以为很聪明，很时尚，很了不起，很独特的年轻人，都成了人生的傻子，傻到不知道阅读就像吃饭一样，是每一个人一生中每天都需要补充的“精神食粮”，就觉得心疼可惜。

你们可以不把我当哥哥，但是我却不想放弃你们这些可爱的弟弟妹妹，你当不当我是你们的哥哥与我当不当你们是弟弟妹妹是两回事，谁都不管你了，谁都想站在旁边看热闹的时候，我要来救你们。因为我是哥哥，哥哥就要保护弟弟妹妹。

你们天天这样游戏人生，吃香的喝辣的玩野的，却为什么不知道你的精神有多饥饿，多空虚呢?

等你的精神因为得不到充足的养分而慢慢枯萎的时候，你知道有多可怕吗，你就真的成为行尸走肉，成为一个任人摆布的机器人了，你的真性情全都废了。

也许，你会笑，觉得没有我说的这么可怕。其实，你们是还小，不知道现实更可怕。

你越想与众不同，你越与人相同。

你越想出人头地，你越矮人一头。

因为，你没有做到位，你付出的太少，你看的书太少，你的智慧太浅，你的能力不够。你没有做一件事情，力求把它做到内心的标准。

你到底是在为谁看书？难道是为了我，为了你的父母，你的老师，你的老板，你的男（女）朋友，你的同事吗?

天下什么人最无药可救?

什么都知道却什么都做不到底的人，最无药可救。

怕什么?

“夫”字怎么写?

一个人顶破天才是夫，男子汉大丈夫，有什么怕的，趁年轻干吧。

不要那么心急，想要这个想得到那个，要从当下开始不断地准备，最后它就来了，这叫做不期而至。

明天，出门，就在包里放上一本书，走到哪里看到哪里。

什么都会看来。

不管你每月收入多少，一定要拿出收入的10%来买书

去民间流动图书馆待了两个小时，接待了21位读者，赠送18本书。

结识5个来清华大学短期学习的香港大学生，我给他们每人推荐赠送了一本书。

他们用香港味普通话跟我又说又笑。

我相当满足。

书与爱又传到香港了。

读者留言本有两段话我抄在了本子上。

一段：没想到这小小的图书馆竟有如此巨大的梦想，也许个人的能力无法改变国人读书的习惯，但这星星之火一定可以让越来越多的人爱上读书。

另一段：读一本书，做一个好人，喜欢这个老旧的胡同深处由于这个“民间流动图书馆”而保留的老北京的书香气息和历史韵味，想说，这样子，才是我所喜欢的北京。

带着这份感动的力量，我走出民间流动图书馆。

突然有了这样的想法，我需要每个月至少找出一天时间从早晨9点开馆到18点闭馆全天待在图书馆里做一个图书管理员，馆长值班日，必须尽快落实。

在图书馆里的感觉是最好的感觉，看到那么多读者来馆选书无比开心尤

比感激地笑着远去，我觉得天下最幸福的工作就是“民间流动图书馆图书管理员”，等我没有智慧和能量干更多有意义有影响事情的时候，我想回图书馆来做一个管理员，应该是我最美的归宿。

从民间流动图书馆走出不到一刻钟就来到白领小资们扎堆喜欢的五道营胡同，一进胡同，就看到路边几个装扮精致的姑娘围坐在一起打扑克，抽着烟，喝着酒，说着粗话，喊着嗓子，我在心里想，谁娶了这些女孩，谁的一生还能干出什么成绩，不是喝死了，就是玩废了。谁有了这样的女儿，多操多少心？谁聘了这样的员工，多不幸？

我知道你在想什么。你想我离谱了，抽个烟，喝点酒，打打牌，多正常的周末生活，有什么大惊小怪的，用得着这么说人家吗，你是不是老了？

其实，不是我老了，是你老了，年纪轻轻干的却净是老年人在干的事，午后，找一个阴凉地打打牌侃侃山不都是退休者的标准生活样式吗？晃晃悠悠中你都成了一个“少老人”了，你一定被真实吓了一大跳吧？

你可以说你是美少女你青春无敌，其实，你有多傻，就你自己不知道，你今天在这里看似得意扬扬，跷着二郎腿，好像谁都瞧不起，却不知道明天后天，你的日子根本不是你想象的那样，一个人哭泣的时候，会怎么想曾经的年少无知呢？

往前走，透过玻璃窗，表情很白领很小资的人一群群地坐在一起，聊天，喝咖啡，吃饭，打牌，看着他们几乎模板式的安逸舒缓骄傲的表情，我低头笑了，光说我有希望，与这一屋屋都是在可劲浪费人生宝贵时光的年轻人相比，我这个单调单纯的“读书人”怎么可能不超越他们，怎么可能不成功？

越看书越觉得自己看书太少，越学习越觉得自己懂得的太浅。

越学越害怕。

越赠书越不明白，为什么这么多的人不懂得阅读的价值，不知道读书可以轻松改变你的现状，改变你的命运，可以让你找到工作，升高职，涨工资？

越看年轻人，越觉得我的文章什么时候能让所有的年轻人都看到，哪怕他们听进我的一句话，是不是也能促动他们一点呢？

你们都很有个性，都了不起，都不含糊，我当然知道，但，就算是我杞人忧天，我还是想给你一个建议：不管你每月收入多少，一定要拿出收入的

10%来买书。买了书，读完它。坚持一年，坚持两年，一直坚持下去，你就一定会有一个与众不同的美丽人生。

你不要问我：为什么呢？

不要问我看书的好处真的有那么大吗？

不要嗤之以鼻。

不要说什么“你这个说法好酷啊，可以试试啊”，说完照样把工资的100% 全用在了吃喝玩乐上。

你知道我只能提供建议，无法提供行为。

这是你最后的机会，你不觉得已经越来越没有人建议你多读点书了吗？

其实，在这个世界上除了你自己没人管你。

你什么时候才能足够聪明，让读书成就你的人生

这样的一天，光亮中透着微风。

我们立足于这个世界的一隅。

无论做什么，都代表着人类在做什么。

无论做什么坏事，都代表我们是坏人。

无论做什么好事，都代表着人类的好。

好好坏坏中，总要有更多的人去讲善去行好，这样坏才会少，好才会多。

好越来越多，坏就会越来越少。

这一天还是一个与众不同的日子，今天是中国首个旅游日。

为什么把 5 月 19 日定为中国旅游日？是因为今天是一个值得纪念和传颂的日子，5 月 19 日是《徐霞客游记》的开篇日。

提到《徐霞客游记》，我就想到我可以出两本书：《徐博客游记》、《徐博客想法记》。

你是一个什么样的人，全看你做了什么样的事。

今年中国旅游日的主题是：读万卷书，行万里路。

或许有人会说：读万卷书不如行万里路。

我倒有个不同的看法，我觉得行万里路之前最好是先读万卷书，不然，你脑子里没有东西，你思想不够纯正，你发现不了智慧，你洞察不到人性，你看不出不同，你学不到新知。

早晨去民间流动图书馆送几本我刚看完的书，遇到一位文化老者。

他进门就问我："你知道现在的人为什么不爱读书吗？"

我说："一是他们不知道读书的好处，不知道读书能让他们脱胎换骨，不知道读书能让他们找到好工作、挣到高薪、享受成功、取得突破，不知道读书能让他们运气越来越好、前途越来越广，不知道读书能让他们倍感幸福、倍加快乐，不知道读书能让他们自信高昂、激情燃烧、精神不屈、思想醇厚，不知道读书能让她们更加迷人、更有智慧、更懂生活；二是他们不知道看什么书；三是他们不知道怎么看书。

老者说："你说的这些还是一部分原因，更重要的是，现在的人浮躁，追求名利，求钱心切，年轻人都直接想车想房，却不知道做什么才能买得起房买得起车，商人都在想着怎么挣钱，人被各种欲望和妄想折磨得不快乐了，坐不住。你看看日本地铁上，人人都在拿着本书看，你再看看咱的地铁上，都在干什么。还有就是现在的书的品质太差，好书太少。最后是书太贵，我特别爱看书，经常去书店，看上一本书 50 多元，买了一本，又看上一本，又是四五十，太贵，买不起啊。

与老人家说的很多人不看书的原因加起来，应该有六条原因。

找了一个解决方案：知读书，求长进，读好书，做好人。

首先你要知道这个世界从来都是"读书人"在成功在掌握，读书是一个持之以恒的过程，读书是一个终身的事业，读书是一种生活的方式，读书是一个人的聪明之处，读书是一个人的秘密武器。

然后是求长进，你自己不上进，不向好，我们说再多也无用。波蒙和弗莱契作《老实人的命运·尾声》中有这么一段话："人就是自己命运的主宰；灵魂能塑造一个老实而又完美的人，光明、声势、命运全由它指导；人的一切遭遇来得不迟也不早。我们的行为如果善，就是我们的天使，如果恶，就是悄悄儿从我们身旁走过的勾命阎罗。"你人好，你的一切才会好。

接着就是要看好书，我知道你也许没有选书的标准，不知道什么是好书，我会尽量多给大家推荐一些好书，在网上也能搜到一些名家学者推荐的图书名单，你不妨从这些书开始读起。

读了好书，就要做一个好人了。什么是一个真正的好人？自己知道看书，自己知道上进，自己知道读好书还不够，你还要想尽一切办法促动大家读起书来，传播“人人读书，人人传书，人人赠书，人人爱书”的理念，落实“读书改变自己，自己改变世界”的精神，让更多人都爱上阅读，都能因阅读而精彩，这样你才是一个真正的好人。

要求有点提高了吗？

没办法，做好人哪里那么容易？

老者登完记，拿着民间流动图书馆赠送他的一本他想看的书说：“就这样拿走吗？不好意思啊，感觉跟做梦似的，我前天看到报纸上说咱图书馆的事，我站在报栏边连看了三遍这个报道，回家跟家里人说，他们还说那个新闻不是假的吧，怎么可能有这样的事情呢，全世界都没有这样的事情，我说今天一早就去这个图书馆看看真假，一来，才知道这是真的，你们真的是做了一件大好事，他们还在家里等着我的消息呢。”

我笑。我们都笑。

哪天不是世界读书日，哪天不是世界不读书日

“民间流动图书馆”要出报纸了，报纸的小编们要求我写一篇“馆长语”。

领到这个任务三天了，始终不知道怎么落笔，压力大啊。

不写不行，写不好也不行，还以为做个馆长容易呢。

你变了，你的命运才能变。

写。

别人说的时候，你去想，别人不说的时候，你去做。

再过几天就是世界读书日了，这份报纸出得恰到好处。

可这个世界有几个人知道 4 月 23 日是世界读书日呢?

这个世界又有多少“读书人”呢?

每天苦口婆心的我，总是心痛不已，看着身边一个个人都浑然入睡，都不再清明，都没入滚滚人流，我经常一个人发呆。

我总在想我怎么能帮到我亲爱的同胞，我怎么能眼睁睁地看着他们落入俗套，失去自己，而不管不问呢?

我要做，做事情，不能等，不能看。

所以，我创立了“民间流动图书馆”，免费赠送好书给同胞们读，我总是天天都在呼吁都在呐喊，希望我们的国人赶紧行动起来，读书改变自己，读书改变命运，只要你去读，就一定有收获，若你不知道读什么书好，我们会不断地列出好书单供你参考，若你买不到这本书或没钱买、不方便买，给我们写信或留言，我们寄给你。

实在没有什么能表达我面对国人不读书这个现实的急切心情，只好用了这样一句话：同胞们，求求你，读点书吧。

很多人认为我这么费心这么用力，一定有什么目的。

我当然有目的，我的目的就是希望“民间流动图书馆”和“民间流动图书馆”倡导的理念“读好书，做好人”，“读书改变自己，自己改变世界”，“人人读书，人人爱书，人人赠书，人人传书”能像“星星点火”一样早日燎原。

我不想看到这个世界只有一个“民间流动图书馆”，只有一个徐大伟，我希望这个世界能有千千万万个“民间流动图书馆”、千千万万个“徐大伟”，而我只不过是一个发起者、促动者而已。

不要以为我不想让大家也开设“民间流动图书馆”，这不是我的发明，也不是我的专利。

公益慈善事业不是有钱人的事情，是有心人的事情。人之初，性本善，我们每一个人本来都应该是一个慈善人。

很多人会说，我现在还做不到，其实，你之所以能有今天，全是因为你把假话当成了真话，把真话当成了假话，你是你自己的骗子，你都不知道，“做不到”其实是“不想做”的借口。

你家里没有书吗？你不可以拿出几本书跟身边的同事朋友们分享吗？你

的家不就是一个“民间流动图书馆”吗？你不就是一个促动国人读书，推动中国发展的“公益市民”吗？

也许你一辈子都不会明白原来“公民”的意思是：公益市民。

你更不知道我们应该公益一切，公益政府、公益医院、公益警察、公益学校、公益村庄。

其实，“民间流动图书馆”捐赠的最重要的还不是书，是一个“有书不输”，“爱上阅读，改变一切”，“不做宅女做书女”的伟大理念；捐的也不是钱，是“前”，前进的动力，前进的智慧。

当这个世界更多的人都在围绕“坑蒙拐骗偷”做事情的时候，我们多么需要大力推动“仁义礼智信”在这个世界上开花结果。

好事是好人做的，坏事是坏人做的。

我们越来越发现，这个世界之所以有时候让人难以忍受，全是因为很多人坏了。

让这些“坏人”变好只有一个办法，就是感染感动感化他们。

让他们有知识有文化，让他们存好心，做好事，让他们开始看书学习，让他们慢慢爱上阅读，从阅读中尝到甜头，让他们一点点变好。

而我们想要做的这些事情，一个“民间流动图书馆”还不行，必须再加上一份“民间流动图书馆报”，加上你。

很多企业家都不知道，只有成为一个慈善家的企业家才会成为一个伟大的企业家。

很多有钱人都不知道，有钱没有什么了不起，有爱才拥有一切。

没有爱，没有前。

很多人更不明白，“哪天不是世界读书日，哪天不是世界不读书日”是什么意思。

为什么“头等舱”乘客看书的比例比“经济舱”的高

寰宇宽广的胸怀，家庭温暖的怀抱，国家远大的理想，属于我们所有人，让我们仰望深邃夜空时迸发期冀，享受温暖阳光时产生感激，面对无止境的痛苦时涌现达观，以及抛却分歧、友爱互助时获得宽容。

这是谁的话？管它是谁的话。

只要你看到了，就是你的话。

你可以背出这段话，但你不一定有说出这句话的心，若没有那样的心，你能背出来又有什么用呢？

当然，你可以说哪里会那么有用？

可人成就的不同，人活得好坏，全是因为人的不同。

这个世界所有的原因都是一个字：人。

有大师说：这个世界什么都是一半一半，好人一半，坏人一半。

我不敢同意。

我总在想：会分得那么平均吗？

一个人是不是也有好的时候，也有坏的时候？这个人的管理者到底是谁？

这个人违法有人管，这个人违心谁来管？

天下所有的问题，都出在人的管理上。

一个人的问题，一个人的未来，也全看这个人没有意识到其实到底都是“自己管自己”？

也许，你有一个管你的妈妈，一个管你的老婆，你要发自内心地感激她们才对，感谢她们帮助你管理自己，让你成长成功的步伐能一迈这么大。

我知道，这种人很少，不奇怪，成功的人毕竟一直都是少数。

你可以说你不想成功。

没关系，不想成功，就不成功了，全是你说了算。

我一直在想，如何才能让更多的人成功呢？我又能做什么呢？我不做点什么，我算什么？

难道成功的人总是少数？

思考中，我又发现了一个问题。

其实不是我离问题近，是问题总在，只是有人看见装没看见，有人看见等于没看见。

所以，连看见什么就想到什么，不都是要靠你是一个什么样的人吗？

我发现，头等舱的几位乘客，包括我，都在柔和的灯光下拥书而读，每个人都在看书，这样的景象还是吓了我一跳。突然我就想到了这个题目：为什么“头等舱”乘客看书的比例比“经济舱”的高？

也许有人会不同意我的观点，不要紧，你有你的观点，我有我的观点。

我的观点就是，头等舱的乘客看书的比例比经济舱乘客的高。而且还高很多。

为什么？

若你不想回答。那我就来回答：一部分人是因为每天看书学习的习惯让他们成为了有钱人，成为了头等舱的乘客；另一部分人是因为他们有钱了，层次上去了，事业发达了，对他们的挑战多了，不学习、不进步，不行了，再加上周边有思想爱读书的朋友多了，耳濡目染，他们也开始知道主动学习，主动充电了。

而乘坐经济舱的人，一定是大众了，小众在头等舱，剩下的就是大众了。大众有大众的毛病，大众有大众的惯性。

你会说我在藐视“大众”，其实，你知道我没有，我是想让你真的哪怕能清晰地明白一点：看书真的能让你成功，有了阅读的习惯就有了一切。我拥有的一切都是看书看来的，我能，我想你也一定能。

你不要只羡慕他人的现在，你也要偷学人家的过去。

人人看不见你的时候你在做什么就直接决定了人人都能看见你的时候你是什么。

与其给孩子大办“十二周岁生日”，不如给孩子建个“图书室”

人的一生就是一首歌。

有的人一生都在自己创造的旋律和音符中跳跃欢动，活得不亦乐乎，幸福有味。

有的人一辈子却都在吵杂无趣的家长里短琐事俗世中沉浮，百无聊赖，无能为力。

这首人生的曲子，只有一个作曲，一个作词，一个演唱者。

你知道，那就是你。

你看我们自己有多重要，什么都要从自己这里找。

不爱自己，不美丽自己，不建设自己，不提升自己的人有多傻?

一个大师说过这样一句话：过去的人生活在伦理道德的社会当中，生活在诗情画意中，现在的人过的都不是人的生活了。

不知道大师的这句话，能刺醒几个人?

一个客户拿着一张刚收到的“十二岁生日庆典”的请帖对我们说，这是这周收到的第二张孩子生日请帖，我们公司人丁兴旺啊。

大家都笑，一个同事说：“又要随礼了。”客户说：“是啊，一年随礼也要随出起码一万。”

自然而然就想到了这个题目：与其给孩子大办“十二周岁生日”，不如给孩子建个“图书室”。

说出来，大家还是笑。

我知道很多家长也是笑，会说，我们家就一个宝贝儿子，他是我们的传家宝，大办一个十二周岁的生日有什么不对，大家不都是在这么做吗？人家孩子能庆祝十二周岁生日，我们家孩子为什么就不能?

是啊，瞧你说的，多在理啊，大家都这样做吗，难道大家都错了?

对不起，的确是大家都错了。

你要明白一个你一直都在犯糊涂的事实，那就是大众的行为、大众的习惯、大众的思维、大众的观念，只能让你成为“大众”，而这个世界从来都不是“大众”的，永远都是“小众”的。

你懂了这个道理，我们才能接着聊。

其实，家长们，就是因为你只有一个宝贝孩子，你十分爱你的孩子，你爱他们超过了爱自己，所以，你才要做什么都是正确的、良知的、智慧的、远见的，你有没有想过你给孩子花那么多钱到那么高级的饭店请那么多的亲戚朋友过生日真的有必要吗？你这么高调，你这么世俗，会给孩子带来什么呢？难道你想让你的孩子从小就是一个浮华无度世俗飘荡的小主人吗？你为什么不能把这个大办生日宴的钱省下来给孩子买上几百本真正会让他受用一生的好书，然后在家里再给他们建一个“图书室”呢？

难道，作为家长，作为父母，你真的不认为我的这个建议是一个对你孩子百益无害，更会成就你孩子的一个好建议吗？

这个世界从来不缺少好孩子，只是，可惜，这个世界从来太多“坏家长”。

也许，你会不服，你会说：我们是孩子的亲生父母，我们怎么会害自己的孩子呢？

不好意思，有时害孩子最深的恰恰就是他的亲生父母。

父母是什么？父母是孩子的榜样，是孩子的偶像，是孩子的人生导师。

想想你又做了什么？

坐在麻将桌上，大声跟孩子喊：作业做完了吗？快去做作业。

你不觉得羞愧吗？自以为是的大家长。从来都不知道静静坐下来泡一杯茶，看一本书，你还要指望你的孩子爱上学习考上清华吗？异想天开的父母。

这个世界什么人最傻？

明明知道自己错了，还不准备改的人最傻。

亲爱的同胞们，不要愚蠢地认为看书就是“学习”，而自己又不需要学习

“公民的首要职责就是开口说话。”这是德国作家君特·格拉特的名言。

我多么希望这是一个中国作家说出来的话，可我的希望再次落空，我们可能都不会感觉奇怪。

公民的第二职责就是着手行动。

不开口说话，也不着手行动，这又是一部分人的常态。

这是一个奇怪的时代，大家都在嘲笑失败者，却没有人嘲笑不行动者。

其实，失败了可以吸取教训再次崛起，不行动，却永远不可能有结果。

我们最应该嘲笑的人当然应该是那些不行动者。可惜，这个“当然”不是在哪里都能行得通。

坐在候机大厅里看书，突然来了一些穿着入时的少妇，嘻嘻哈哈，坐在了我的旁边和对面的座位上。我继续看书，在她们的说笑中，我从书中得到的营养没有一丝减少。很多人都在说那么吵的环境，怎么还能看进去书？

其实，这样问的人，我要告诉你，影响一个人的心情、决定一个人的品质的不是环境，是心境，你有什么样的心，就有什么样的路。

不知道怎么了，一个女士就笑着朝我这边斜了一下身子，看着我边看边记，然后就跟她的姐妹们大声笑着说：“人家在学习呢。”

其实，这不是第一次，一个人或一群人这样说我：“人家正在学习呢。”

就是我的不少亲戚朋友也曾经多次这样说过。

所以，我必须要点破这层窗户纸，必须让他们下不了台，不然，眼看着他们这样自欺欺人而袖手旁观，我就是不仁不义。

其实，他们说“人家正在学习呢”这句话时就直接表露了他们内心的真实意思：看书就是学习，而他们又不是学生，他们是成年人了，是白领是中产阶级是领导干部了，就不用学习了，学习那是学生时代的事了，与自己早

就没有了关系，若是非要看看书，那也不是要学习，只是消遣，只是为了猎奇，为了娱乐，为了打发无聊的时间而已。

这就是可怕的现实，不知道中国到底有多少这种生生地把看书当成了“学习”而放弃了阅读改变人生的机会，自己堵了自己的出路的同胞?

看书就算是你说的所谓“学习”，难道你就真的不需要学习了吗? 你觉得自己很牛很不错了吗?

在中国取得了一些成绩的时候，我们的某些国人就开始得意扬扬了，好像自己天下第一了，其实，你是多么的浅薄和短见你自己都不知道，你不要忘了我们中国毕竟还是发展中国家，从发展到发达还有很长的路要走，难道你个人从“发展”到“发达”就不需要继续学习永远充电了吗?

人生的路很长，各位同胞千万不要搞短期行为，不要鼠目寸光急于求成，不要单纯地追求“短、平、快”，更不要一味地自找借口，自我安慰，自我虚伪，总是违背自己的内心指引，而做了欲望的奴隶。

看书不仅是你所理解的学习，更是一种修为，一种潜移默化的人生气质和人生品质的提升，一次润物细无声的改变，一个从无到有，春风化雨的过程。

所以，不要再做局外人，不要再做傻呵呵的“地球过客”，来一趟，苦一生，什么没留下，什么也没带走，不要把看书的人当成了还没有成熟没有毕业的“学生”，愚蠢地还在“沉睡者”嘲笑“觉悟者”。

而此刻，你需要做的只有：问问自己的良心并保持清醒。

你们什么时候“看书瘾”能有你们的“抽烟瘾”那么大啊

但愿我这么一问，没有问倒你。

而“但愿”却很少发生。

世界上最大的一道难题就是人如何能有勇气、有力量战胜那些葬送美德、耽误前程的不好的欲望。

好像人人都在说，现在竞争压力大，其实不知道，最大的压力就在你与自己的竞争，你的正直与邪恶、你的善良与缺德、你的物质与精神、你的肉体与灵魂、你的坚强与欲望的竞争，决定一个人是不是会成为一个成功的人、伟大的人，全看他与自己的竞争中是不是始终占了绝对优势。

在一列动车即将到达一个车站时，几个年轻人、中年人手里早拿着烟站在了列车的门前，车到站只停 1 分种，就在这 1 分钟内，这些抽烟人都要跳到站台上，以最快的速度点上烟，以最急迫的心情来抽这支烟，烟点上了没抽上几口，乘务员就喊大家快点上车，他们就一半身子放在车内，一半身子露在车外，拼命地大口吸着烟，实在是要关车门了，这些烟民才使劲地吸最后一口，然后把烟头一把扔到站台上。远望着依然燃烧的烟头，我浑身不是滋味，我不知道我能做什么，我能怎样帮到他们，眼看着身边的同胞在世俗，在堕落，在放弃追求，不知道什么是良心什么是正义，什么是对什么是错，我却什么也做不了，眼看着香烟把一个个年轻的人，一颗颗年轻的心，一个个伟大的梦想，都彻底燃烧殆尽，我怎么能不心疼。也许，你不会心疼，因为，也许你从来没有在这个角度看过问题，从来没有想过你首先是人类，你要清楚地明白人的性质、人的优劣、人的局限、人的狭隘。然后你要知道你还是一个中国人，你要明白什么是中国，五千年的文明，文明在哪里，哪里是我们失掉的，哪些是我们应该不惜一切代价找回来的，什么样的理念和文化是应该发扬的，是应该想尽一切办法让每一个中国人都能领会和掌握的，怎样才能让每一个中国人的身上都能体现出一个伟大的中华民族、一个拥有五千年文明的大国的风度和品质。这些都是一个真正有担当的中国人天天都应该思虑的问题。

可你知道，什么叫现实，在人潮涌动的大街上，你随便看一个人，从他的身上你能看出哪怕有“五年的文明”气息吗?

车一到总站，在人山人海出站的人群中，总是能看到很多手里点着烟的人，我总是会叹一口气。看到一个这样的人，我就叹一口气的话，我想我的气都不够用了，所以，只好写一篇文章叹一大口气：你们什么时候“看书瘾”能有你的“抽烟瘾”那么大啊?

不说是有抽烟瘾那么大，就是有一半大，我想你一个星期起码能看完一本书，一年起码能看完五十本书，坚持三年、五年，我想你想要的工作，你想要的房子、车子，你想要的地位和尊重，一定都会得到了。

不看书的人才是书呆子

在天上的时候就在想，我在这里做什么？

旁边的一对年轻夫妇正在相拥私语，我突然就觉得我这样飞来飞去，我能给中国企业带来什么惊喜的突破？多少企业都需要创意的指引和梦想的启发？

站在长沙一家酒店的28楼放眼看这个城市，我在心里想：长沙，你知道我来了吗？我来了和没来有什么区别吗？我能给长沙带来什么福祉呢？我能让长沙更美好吗？

其实，你知道我心里怎么想的吗？我想我能让长沙更美好，我能让中国企业更美好，我也能让中国更美好。

这也是我之所以选择做策划人的初衷和使命。

其实，你还不知道，我一直以来都以一个企业或一个城市的总策划的身份和角度来想问题做策划，所以，很多问题都能迎刃而解，很多想法也络绎不绝。也许我的下一步就要以中国未来的总策划的身份来要求和提升自己了，你不要笑，说邓小平是中国现代化的总设计师，你敢说你想做中国未来的总策划，你好大的胆子？其实没有这么大的胆子，就做不了那么大的事。

在机场的咖啡馆跟一个客户聊天，说起我创建的“民间流动图书馆”，她满脸堆笑，说这真是个大好事，徐老师，给我也推荐几本书看啊？

我说你平时看书吗？她说看啊，睡觉之前看书啊。

我说：“你记住，睡觉之前看书不行，能做到睡觉之前看书的人太多了，你必须要做到，从晚饭后到睡觉之间一直看书，只有这样你才能明白看书会改变自己，你才能明白看书真的能让你更美好。”

她笑了。

她还是笑了。

全中国大部分人都会翻翻书，也有很多人会在睡觉之前看看书，但却很少有人能做到从晚饭后到睡觉之前都在看书，所以，看书只让一小部分人享受到了成功。

旁边的另一个小伙子说："徐老师，你的这个话给我们太多启发了。"

大部分的人就是这样，什么都做一点，什么都没做到位；什么都懂一点，没有一点懂到绝大数人都不懂的程度。所以就只能天天盼成功，却天天做着根本不可能成功的事情，还在以为自己一定能够成功。

我说只在睡觉之前看看书的人一定不能成功。

你肯定又不信。

总是有人问我一个同样的问题：你总是这么天天看书，你不会看成书呆子吧？

岂不知问这样话的人才是真正的"书呆子"，不知道看书好处的人，没有读书习惯的人才是真正的书呆子。

这个中国就是奇怪，满大街的书呆子没人管、没人笑，一个天天看书的人却被世俗地看成了"书呆子"；满大街的不美好、不礼貌、不道德没人放在眼里，某个阶段两耳不闻窗外事的人却被说成"一定成不了事"。却不知道，这样一个某个时段两耳不闻窗外事只知道在家看书的人，过了几年，突然全国成名了，找他合作的客户数也数不完。

这个时候，他的同学同事甚至是亲戚朋友都傻了，这是怎么了，一个书呆子怎么突然就成名人，成专家，成香饽饽了？

所以，你才是一个真正的书呆子，不知道没有一个阶段的全心全意不分心不社交的低头耕耘，你就什么也得不到。

老乡聚会给不了你什么，同学扎堆给不了你什么，朋友玩乐给不了什么，所谓交友活动请客吃饭也给不了你什么。

也许你又笑了。

不知道什么时候你能哭一哭？

你还会哭吗？

谁都不理解你都没有关系，只要你理解自己

小青：

像你这样的人也不多了！我知道你是真心想帮助没有书读的孩子。这也是我一直最关心的，公益的真，公益的心，没有真，就是做做样子，一点意义也没有！而没有意义的人生就是白活了。

这个社会其实大部分人都俗了，都老了，甚至是死了，他们已经看不到让人心痛的事情，也听不到正义和公平的呐喊，而我们不能等，不要总想着指望别人，我们要靠自己，能做多少都是利国利民的大好事！

所以，你把孩子们需要的书的名单发给我，我让“民间流动图书馆”的同事们去购买，邮寄给你，然后你把书送给孩子们，只是我们需要看到你给孩子们送书的照片，我们想看到孩子们的笑脸，和他们真正读到书的美丽画卷！

这样不难为你吧？小青，坚持做一个好人，坚持一辈子，谁阻拦你，你都要让他们闪开，谁都不理解你都没有关系，只要你理解自己！

很多人都说我傻，花那么多钱去开一个“民间流动图书馆”的实体店，其实，他们不知道，也许要想真正“推动中国，改变世界”就必须要依靠这个时代的“傻子们”了。

祝福你小青！

徐大伟

2010年10月13日

尊敬的徐老师：

您好！

非常荣幸在朋友的推荐下拜读了您的新浪网的博客。一口气读完了您的

所有博文，对于您文章中的观点，我很有同感，特别是您关于建立“民间流动图书馆”的看法观点，我十分佩服您的美丽行为，这项活动是项实实在在的民心工程，也是一项社会责任的工程，如果中国所有的企业都那么关心阅读，特别是关心青少年的阅读的话，那么我们的国家必定能和谐，我们的青少年则能更好地受益于阅读，通过阅读改变自己的命运，从而改变国家的命运，少年强则国家强，要知道一个人的阅读史就是一个人的精神发育史，只有读书才能真正地让一个人受益，让一个人安静地思考。

徐老师，不仅自己读书，而且以自己的行动支持推动全民阅读，这说明了您通过读书不仅获取了知识的力量而且最重要的是读出了境界，这是最令学生我深感佩服的地方。在这个物欲的时代，能安心读书的人确实很少了。您的行为真的让我很佩服，刚看完您的博客，我就马上写了一封纸质的书信寄给您，期待徐老师能在百忙中收到我的来信。您有了想法就马上行动，这是我应该学习的地方，以前我也有过“民间流动图书馆”的想法，但由于诸多的原因一直不能付诸行动。最大的原因是受到了经济方面的阻力。后来就放弃了。很高兴很兴奋看到徐老师的“民间流动图书馆”正式流动，我相信在徐老师的热情努力下，“民间流动图书馆”必能在更大范围内推广，使更多的读者朋友受益。

阅读是一件幸福和快乐的事情，世界有诸多的不幸，其中最大的不幸，莫过于阅读能力的失去了。然而在我们身边就有一些这样的孩子，拥有阅读的能力，却没有阅读的条件，这是一件极为不幸的事情。也是社会的悲剧，孩子是祖国的未来，也是祖国的希望。我们的社会应该为他们的阅读创造一些条件，让他们健康地成长。我认为这是社会的责任。我是一名在校的师范生，也是一名阅读的爱好者，今年暑假我回到家乡——广东高州荷花实习，我的家乡是粤西的山区，在实习期间，我深深体验到家乡孩子阅读的贫乏，阅读量的少，而且少得很让我心痛，狭窄的知识面更让我心痛。我从来没想到在今天孩子的阅读还是那么的贫乏。作为一名实习老手，我主要是担任语文的科任老师，通过与孩子们的交往接触，我发现了孩子的阅读很需要社会的关注，孩子在校读书，除了读语文、历史、政治书，还能读些什么书呢？令我吃惊的是，在一次语文的单元测试中，有一道常识题目：“初唐四杰”分别指的是？孩子们居然绝大多数都不懂，让我真的很心痛，我们的孩子到底怎么了，他们的答案居然是“孔子、墨子、老子”等，让我吃惊啊！让我伤心的还在后面，最后又一道题：针对硬笔比赛写策划项活动。很多孩子也不懂得硬笔是何物，我后来和个别孩子谈心，才知道他们知识面狭窄的原因，主要是阅读的缺乏，在校期间根本就没条件阅读，除了看课本，就没什么课外书可看了。让我震惊啊！要知道他们都是些初一的学生了，还是没什么阅读物可以阅读的。在实习期间我反思了事情产生的原因，是我们的孩子不想读书，不想阅读，还是其他原因呢？回校那天我组织了部分学生再次谈话，他们都说父母送他们来校读书已经不简单了，不用说还要支持阅读费用了。作为农民的孩子，我深深了解到农民的难处，在农村确实很难再为孩子提供阅读的条件了。为了帮助孩子这些实在的事情，我带着问题在南国书香节上向广东省妇联寻求帮助，希望省妇联重视乡村孩子的阅读问题，但省妇联还在努力中。昨天看到徐老师的博文，知道徐老师十分关心大学生的阅读问题，所以我就冒昧地发了封邮件给徐老师，打扰之处，敬请见谅。

关注乡村孩子的阅读问题，我认为是我们每个人的责任所在，期待徐老师能在百忙中支持一下这项活动，为乡村的孩子捐赠部分图书。谢谢！

学生温小青敬上

留着眼睛干什么

在三联书店一站就是三个小时。

三个小时就像三十分钟，一会儿就过。

我曾经拥有无数个三个小时，也许我未来也会拥有无数个三个小时。

但这天的这三个小时，却是我最喜欢的。

因为我真快乐，什么给我的快乐都没有书多。

翻书不同于看书，翻书必须要在书店，最好是有点品质的书店。

有人在心里肯定会想一站三个小时，累不累？

说实话，身体累，心不累，一平均，就是感觉很好，充实快乐而有所收获。

若是你会感觉累，觉得没必要这样让自己受罪。

不好意思，我会想，这真不幸，在书店都觉得是受罪，翻书都觉得累，你的一生也许就真要累了。

你都不知道，书本比世界上任何一艘船，更能带你游走各地。

除非你什么地方都不想去。

除非你不爱走天下、行四方。

不过，能看到什么样的世界还要看这是一个什么样的人。

不同的人看到的世界会大不同。

我不知道不爱去书店不爱翻书的人看到的世界会是一个什么样的世界?

一个大画家奶奶说了这样一句话:“作画是很有趣的。把感受到的景色和事物，直接地表现出来就对了。画家这个职业的优点就是，能够体会身为上帝的感觉。因为，可以随心所欲地创造世界呢。”

到底是美丽人生，画家奶奶最后用的这个“呢”字让我一下子感觉到了人类的亲和和人生的美好，觉知到了活着的希望，全都是因为一个再简单不过的“呢”字。

其实，哪个行业不可以随心所欲地创造世界呢?政治人物不可以?亏你说出口，你们是最应该创造世界的人，这个世界的大半个模样还不都是你们创造的，看看你们创造的世界是什么模样?

律师、教师、医生、警察、作家、记者、总经理、会计师、税务员、设计师、广告人、社会活动家、学者、学生、演员、舞蹈家、建筑工人、渔民、总编，你们不可以吗?你们不可以随心所欲地创造世界吗?

你们可以。可看看你们天天都创造了什么? 80% 的时间你是不是都在制造和复制，甚至是陷入人事杂事和吃喝不完的饭局?

你不想做一个创造者，你不去创造，我管不着。

你不去书店，你不在书店一站就是三个小时，你不翻书，我管不着。

你走过春夏秋冬，总是眼馋和嫉妒这个同学买了大房子那个同事开上了宝马，另一个多年不见的朋友突然就成了社会名人，媒体随处可见，我也管不着。

朋友失败时，你难过，朋友成功时，你更难过。没想到这么快你剩下的就全都是“更难过”了。

这我也管不着。

但我还坏人当到底，我想问问你：你留着眼睛干什么？

在三联书店三个小时，我翻了最少十几本杂志，并且大都是我平日不会购买的杂志，时常关注一下自己平日不关注的东西，这是人生的智慧，也许你错过的世界里更有你想要的东西。我不知道你为什么总说你没那么多闲钱去买那些中看不中用的杂志？你完全可以去书店“偷看”啊，想看哪本看哪本，反正随便看又不用掏一分钱。

我还至少翻看了三四十本书，买了六本。花了六本书的钱我却得到几乎全书店新书的全部信息和一些营养。你问我累不累？你说我应该累不累？

你不爱去书店，你不爱去翻书，你是不是可以多看点电影，全世界的好电影在我们国家都能看到，你却一直不知道，你为什么不去看电影？你不爱足球你不爱运动我能理解，你不爱看电影，我却很难理解，你是不是因为还没有看到真正的好电影？

不想看书，不想看电影，你去逛街、去看行人、去看多彩的市井生活也行，你总不能闲着眼睛什么也不干，再不就是去看什么网游，去看缺德人办的电视节目，去看麻将扑克美女，你能成为一个什么样的人全看你看到了什么，全看你眼睛里有什么？

人生并不长久，眼睛改变人生。

第四章

徐大伟的人生，注定与众不同

XUDAWEIDERENSHENG ZHUDINGYUZHONGBUTONG

我像你这么大的时候

我像你这么大的时候，每个周末都窝在通县的租住屋里没白没黑地看书，看到房东老太太都说你该出去走走了吧，就知道看书。

我像你这么大的时候，被无数个公司开除过，被总监嫉恨，被同事排挤，被无数个领导说过我不适合做文案更不适合做策划。我拿起包就走，在电梯里跟自己说：徐大伟，别听他们的，你一定能成功，你天生就是策划人。

我像你这么大的时候，被无数人瞧不起过，因为我是从农村来的，因为我是大专，因为我的普通话不好，因为我不会喝酒，不爱聚会，不懂讨好上司。

我像你这么大的时候，每天都在思索理想，想象明天，每天都觉得我是一个人才，我不应该在大连这样的小城市里发展，北京才是我的舞台，我的才华一定要跟全中国分享。

我像你这么大的时候，从来没有跟女友同居过，从来没有下班就沉浸在卿卿我我的气氛中失去自我。

我像你这么大的时候，一个人才市场一个人才市场地转，一个公司一个公司地跑，没有一个亲戚，没有一个朋友，只身来北京，只知道天安门，一天不喝一口水，一天只吃一顿饭，没钱，没人，只有希望。

我像你这么大的时候，靠赊方便面，靠吃剩饭，靠睡西单，靠躺地铁活着，坐在马路牙子上，感觉全世界都与我没有一丝关系，牙疼难忍却没有钱买药，难忍也只能忍。

我像你这么大的时候，我去过两次当铺，第一次当一个表哥送我的“都彭”打火机，当了 200 元，够吃半个月的饭，第二次当一个皮包，只想当 50 块，却被拒绝，他们说我的皮包一文不值。

我像你这么大的时候，有份工作，就不知道什么叫辛苦什么叫加班加点，干到忘记了吃饭，干出了男人味，很多女孩子都喜欢我，她们都说：一个全心投入工作的男人最有魅力。

我像你这么大的时候，不会去想自己能挣多少钱，什么时候能买上房子和车子，只想着多学点东西，多干点活，多掌握点经验，多付出一点努力，多看一些书，房子、车子、票子这些不都是最基本的配置吗，对于一个胸怀天下，才华横溢的我。

我像你这么大的时候，什么都不怕，什么都敢闯，见什么人都敢说话，想干什么就会千方百计地去干，总觉得很多人做事情都做得不好，若让我去做，肯定比他们做得好，总是超级有自信，总觉得自己下了真功夫，所以傲点也没错。

我像你这么大的时候，总是不在乎他人给我贴的标签，总是不愿意把时间给他人，总是不太爱凑热闹，总是自私地干自己喜欢的事情，甚至有时候都忽略了爱我的人或我爱的人，总是被很多人忽视，但突然，不知道怎么了他们却又开始围着我转，原来就因为我当初“顾了自己，忘了他们”。

我像你这么大的时候，真话真实真诚真心，干什么都追求一个“真”，不管这个“真”别人喜不喜欢，就是要真，我知道，不能真实地面对自己，不能求真就看不清现实，不去真想真做真行动，就只能做底层。

我像你这么大的时候，总觉得没有梦想的人就是俗人，没有抱负只能是包袱。

我最充实的时刻就是看完一本书
接着又开始看下一本书

不知不觉中，民间流动图书馆北京实体店已经成立一周年了。

站在图书馆的院子里，看一眼图书管理员们，我说：“一年了，不容易啊。”

大家笑。头顶的树枝叶茂盛，给我们遮风挡雨。

《民间流动图书馆报》的编辑们让我写一篇纪念民间流动图书馆北京实体

店成立一周年的文章。

我知道我的心有多宽，我的这篇文章就会有多宽。

我们的爱心有多大，我们的民间流动图书馆就会做多大。

很多记者都问我同一个问题：为什么想到创立一家免费赠书的图书馆？

我也是同一个回答：面对大部分同胞没有阅读的习惯，越来越多的年轻人都在游戏人生，我就想作为一个通过阅读改变命运的典型代表是不是有这个责任和担当来促动更多人明白阅读的价值，知道看书的利益，享受到读书的成果，所以，我办了这家被很多人称为“全世界第一家赠书馆”的民间流动图书馆，希望通过我们的赠书活动，在全社会掀起“人人读书，人人传书，人人爱书，人人赠书”的热潮。

我是一个经常给自己大定位的人，我想做：中国民间促动全民读书第一人，中国民间赠书第一人，中国最年轻的图书馆馆长。

有了这样的定位，就有了不一样的宏图。

人生的画卷从此不同。

自己改变了自己的命运。

让我最心痛的是，我们的大部分同胞都不知道每一个人都可以成为他想成为的人，每一个人都有机会过上让人羡慕的日子，每一个人都能变得更加美好，每一个人都能成就一番事业，每一个人都会光芒四射。

每一个人都会因为爱上阅读而出人头地。

阅读其实是千人万事的成功之道。无论你是谁，无论你在做什么，有什么忧伤，有什么不解，阅读能给你一切答案，能让你成为更好的人，做出更好的事，享受更好的人生。

我最近想推广两个阅读概念：一个是“品质阅读”，读几页书放在一边，快速翻翻书，一本书看了两个月的行为，都不会成就你，你也不会更加真切地理解读书对你工作生活的意义。这就是公平的世界，你粗糙，你的未来也粗糙。第二个是“时尚阅读”，在机场和酒店的大堂里经常看到一些人手里举着一个IPAD，很多人说这是时尚，我觉得这是俗。真正的时尚是知道自己想要什么，而心无旁骛一意孤行地去追求，不达目的，誓不罢休。我最喜欢坐在咖啡馆一个人静静看书的女孩，若再加上她们的几分姿色，简直是让我心动，我认为无论哪个时代，有点文艺范爱看点书的女孩都是最让男人充满想象的。所以，我们需要推广“时尚阅读”，让更多的年轻人因阅读而时尚。

我不知道为什么不能举办一个“读书人礼”呢？为什么不可以策划一个“中国十大读书人评选”？“时尚书包计划”不可以启动吗？

这个世界上什么人最愚蠢？

识字却不阅读的人最愚蠢。

这个世界上什么人最可怜？

偶尔翻翻书却至今没有爱上阅读的人最可怜。

这个世界上什么人最可惜？

也喜欢看书却没有坚持下来让阅读改变命运的人最可惜。

一年有365天，我们的民间流动图书馆开了365天，每天都敞开着大门，迎接着世界各地的读者。大年三十，我们没有关门。正月十五我们没有关门，中秋节我们没有关门，我们节假日不休，就是为了让每一位读者无论哪天来都能轻松走进图书馆选出自己喜欢的书，带走。

一年，风风雨雨，日日夜夜，作为馆长我首先要感谢第一线的图书管理员，我的两位志愿者亲人，热心赠书给民间流动图书馆的个人和机构，广大媒体朋友，各界领导和周边邻居，还有从来不抱怨一直给我加油的家人，是你们的无私支持和关爱才让民间流动图书馆茁壮成长，爱撒神州，书传四海。

接下来又是一年，我们伟大的利益众生的事业不会有一丝停步，在这个年段里，我们需要革新和改善的地方还有很多，我们还很不成熟，很不周到，很不优美大方，我们的服务层次需要提高，图书馆的图书需要全部换新，图书馆需要进一步美化，简单总结起来是，首先是要“健”，健康稳步发展，坚决不能做任何违背“纯公益，全免费”的事情，坚决不能有任何其他私心杂念，让公益变味；接下来是“见”，想尽一切办法利用一切创意让更多读者见到民间流动图书馆，见到阅读改变命运的实例，见到坚持阅读而取得的不凡成绩，见到美妙的无限可能；再就是“剑”，赠书的活动再犀利一点，观点再锋利一点，赠书的范围再大一点，行动再快一点，送书再主动点，买书再勤一些；最后一个是“肩”，要肩负更大的使命和责任，策划更多促动全民开始阅读的活动，举办“首届民间流动图书馆阅读改变命运文化节”，出版一本《读书改变自己，自己改变世界》书籍，启动“民间流动图书馆名人巡讲团”活动，让民间流动图书馆成为更多有志之士争相复制和推广的样板，让民间流动图书馆其他城市分馆和其他国家分馆的建设成为现实。

我最充实的时刻就是看完一本书接着又开始看下一本书。

我最幸福的时刻，就是现在，听着音乐，想你，想世界。

想世界。想你。

不看书，我啥都不是

走出饭店，我急匆匆地往酒店方向走。

旁边很多人都在侧视我。

他们一定在心里想这个人干吗去啊，走得这么快?

他们哪里知道我走这么快，是因为要赶着回房间写这篇文章。

不写完这篇文章，我就一直不舒服。

一天最开心的时刻，其实，是写文章的这一刻。

一天的心事终于了了，一天的思考终于可以抒发了。

一天中终于有一个人的时间了。

从上飞机到坐车进这个城市，我用了五个小时，正好看了一本书。

看完一本书的感觉，就像恋爱了一次。

一天不看书，就像一天不见恋人，想得慌。

我把书当成了恋人，所以，书也爱上了我。

我爱书，书爱我。我与书就有了孩子：思想与精神。

有了思想和精神，所以我就信了我的心，有了信心，就有了力量，有了力量，我什么都不怕。

很多人问我，你为什么那么多奇思怪想？我跟他们说因为书。

他们问我，你哪里来的那么多客户？我还是说：书。

他们又问，你为什么这么自信？我的回答：书。

他们还是问，你为什么这么热心公益事业？我的回答依然是：书。

他们不死心，你为什么天天不知道累？我还是答：书。

他们都傻了。

他们不知道，其实，我的一切都是看书看来的。

不看书，我啥都不是。

但是只要我天天都在拼命地看书学习，我就啥都有。

公司发展不愁，写文章不愁，想创意不愁，做大事做好事不愁，成功不愁，幸福不愁，思想不愁，创新不愁。

不但不愁，我还不怕。不怕前面有多少险滩，不怕遇到多少意想不到的难题，不怕别人说什么，不怕他人理不理解，不怕其他人爱我、追我、嫉妒我、打击我、痛恨我、谩骂我、离开我。

有了书，就有了一切，看了书，我就不会输。

其实，我算什么，还不是因为天天埋头看书，看书成了一个嗜好，书成为一刻离不开的恋人，才让我成长得比很多人快，才让我有了一些想法，有了一些干法，有了一些活法，才让我做了一点微不足道的事，才让我感觉自己慢慢地越来越像徐大伟了。

有时候，看着自己的相片，突然跟朋友们说，这就是我。

朋友们笑：这不是你，是谁啊？

其实，他们哪里知道，我并不是每一刻都是徐大伟，很多时候，我会讨厌我，因为我不像徐大伟，这一辈子若是我有什么不得不完成的任务的话，那就是争取每分每秒都是徐大伟。

徐大伟是什么人？他应该是一个穷尽毕生精力创造全新事物，想尽一切办法整合一切资源，利用一切条件“造福人类，改变世界”的人。他应该是一个伟人。

有的人也许不爱听了，说自己是伟人，太夸张了吧？

其实，这个世界就是“夸张”出来的，梦想成真的前提是你得有梦。

而梦就是“夸张”，若梦是任何人都能想到的，那就不是梦，是现实了。

成为一个伟人有那么难吗？心怀天下的人不都有机会成为一个伟大的人吗？

有一个著名的企业家评价我说：徐大伟这个人，六个字：敢想，敢说，敢干。

我觉得他评价得好。

我之所以敢想，敢说，敢干，还不都是因为书吗？

我爱看书，书帮助我，到了我都必须开一家自己花钱买书送给你读的“民间流动图书馆”，还要天天呐喊“求求你，同胞们，读点书吧”的地步了，你还不赶紧去看书改变自己，看书改变命运，你还有救吗？

你到底信什么？

因为在我眼里没有不急的事，所以我急成了不少事

说出来都不好意思。

《想法日报》上的每一个留言我都会看。

我总是很爱看。

一篇文章最多几百个人看，大部分文章几十个人看，留言也就三五条，所以我看得过来，我看得紧。

咱比不了徐静蕾，她写一句“我家的猫病了，我心情不好”，竟然会有几百万人看，更不可思议的是还会有几百个人转载，我一直不明白，转载这句话干什么，这句话对世界、对人类、对生活、对人生有什么价值和意义吗？

哪怕是一点。

最后我弄明白了，原来这个世界上的大部分人早就不再追求意义和价值了，都在追求“意思”和“价格”。

原来，我活在了一个密不透风的病菌滋生的病房里，还不自知。

在这样一个病房里，我还能坚持多久不被传染不病不倒呢？

我当然可以乐观。

下午看留言，我发现了它：“徐哥好！我是刘巍——人头马，应该有三年多了吧，一直关注您的博客。目前我在嘉利公关，刚认识一位民族/美声唱法的青年歌手，想帮助她推广个人品牌，目前还是纯帮忙式的合作。很想与您的民间流动图书馆合作，如方便请告知具体联系人和联系方式。知道您很忙，打扰了！这事不急。”

没想到“这事不急”四个字进入了我的眼里入了我的心，能让我有这么大的反应。

我发现我不光是要跟自己斗争，也要跟他人斗争。

这次我选的对手是刘巍。

刘巍，不知道这样说，你爱不爱听，会不会讨厌我，我想说，若是这事不急，是不是表示这事就根本不重要，不必要，在我眼里其实从来就没有“不急的事”，不急的事，都是俗事琐事，都是不需要我们浪费时间和精力去斟酌和费心的事。

我承认我是很多人眼里的奇怪的人。

但我喜欢大多数人都把我当成一个奇怪的人。

因为，只有这样，才能证明我做了自己，我是正确的。

所以说，刘巍，人生太短了，想干的正事太多了，若是不急，就什么也做不成。

也许你不信。

我倒是有几个最新的案例可以跟你分享。

你知道吗，若是我不急，让想法不过夜，不逼着同事催着同事立刻行动，这个世界就不可能有“飞客”这个一定会影响全球的概念和行为，就不可能一天之内，拍照片，定 LOGO，写文案，做画面，上博客。

若是“这事不急”，也许到了现在这个舒缓的夜晚，所有听过我说“飞客”的人都会淡忘了我的那次激情演讲。

我也会不再提它，因为，光说不练，自己也无言以对。

但现在一切却不同了，我们两天之内就给了这个世界一个新的人生态度，一个新的价值观。

若是我不急，昨晚你就看不到“不做宅女，做书女”那四张书女海报，这个世界就少了一个“书女”的概念，那么多人就不会因此而改变，因此而自新。

若是我不急，这个世界本来也不可能有“民间流动图书馆”的存在，不可能有一个“纯公益，全免费”面向国内外读者赠送好书的图书馆。

若是我不急，你也看不到这些文字，也许此刻我跟你一样，不是看电视，就是玩电脑。

刘巍，只做观众，成不了导演。

这事不急，一生在急。

这是我徐大伟的事

与一个客户聊了半个下午。

聊天中，我就成了另一个人，客户没有发现，我的同事也没有发现。

只有我知道。

我变了，我告诉徐大伟，你不能这样俗，不能再把客户当成客户，而要把他们当成亲人、情人、爱人。

你与他们的合作不是商人之间的合作，而是亲人之间的合作，良心工程，情义合作。

我要清晰我的孔孟之道优势，我要突出山东人的品质和德行。

我的变，全是因为他的话。

他是我的客户，现在是我的兄长。

兄长说："大伟你不要考老板，我请你来就是想要听你怎么策划这个事，你只有有了'这是我徐大伟的事'的心态，你才能把这件事情做好，才能做到位，当你真正做到我满意了，除了你的策划费，我再奖你一百万。"

兄长这么一说，我赶紧记下他的话，原来他身价几十亿的原因在这里，永远都是以"这是我的事"的心态在做人做事，无论是他打工还是做老板，他都做到了，所以他有了今天。

今天他戴着 200 多万的宝珀表，坐着 400 多万的宾利车，很多人会说他命好，运气好，赶上机遇了。

没有人会去真正研究他这个人，他的精神是什么，他的理念是什么，他在想什么，他为什么这么想，什么让他这么想让他有了今天?

没有人去关心，都关心钱，关心他开什么车，住什么房子，有什么产业。

我跟他说："安总，你刚才讲的那段话比给我多少钱都宝贵，我掌握了你的这个理念，我创造性地在我的事业中真正运用了‘这是我徐大伟的事’的这个理念，我就自然有智慧有办法面对一切问题了。我就能赚一个亿，十个亿了，因为我内心的空间与力量会成就我。"

因为国人不爱读书，不知道读书的好处，不明白读书可以改变命运改变一切，我觉得这是我徐大伟的责任和使命，我应该让同胞们都明亮起来，都行动起来，所以我发起成立了“民间流动图书馆”。

我把这个事当成了我徐大伟的事，所以我有了创意，我创造了世界首家公益赠书的“民间流动图书馆”。

若我把国家的事当成是我徐大伟的事，我不就真正成为这个国家的主人了吗?

我按国家主人的身份来看问题想办法，我不就是“国家领导人”了吗?

若是我真正地把客户的事当成自己的事，加上我们的高度、思路、远见、方向，我们做出的东西客户怎么会不满意呢? 哪个客户不都要想着怎么给我们一些奖励，因为他会觉得我们太靠谱了，太超值了。

所有事情只有做到了超值，才永恒。

只是，光说说又有什么用，很多人都在说，可有几个人会真去做，会真把客户的事当成是自己的事，会觉得自己就是那个公司的董事长，作为一个董事长我要为这个公司做什么想什么才是对的? 所以，我要去做，只要我去真做了，我就不一样了，我就跟大多数人差异化了，我就是“策划之王”了，口碑一出，谁都想跟我们公司合作，谁都想跟我徐大伟打交道，因为，人好，心好，态度好，一切都好。

很多人都莫名其妙地问我:“徐老师，你做广告了，你有关系，你有背景? 你的客户都是怎么找到你的啊? ”

其实，他们哪里知道，最好的广告是真本事、真用心、真靠谱，最好的广告是口碑，最好的广告是他人帮你做广告，自己不花一分钱。

每次我去客户那里考察，跟他们的董事长见面，我的心里想的永远都不是我这趟来就是要把合同签了，要把这个钱挣了，我想的永远都是我怎么真实真正地帮到他们，怎么让他们这里脱胎换骨锦上添花，怎么让他们眼前一亮耳目一新，怎么通过与他们的合作创造这个行业的新时代新梦想，怎么通过他们的产品造福人类改变世界，我不是为了赚他们的钱而去的，而是为了帮他们赚钱，帮他们提高境界利国利民的，所以我一开口就跟一般人不一样，我一说就对了，一想就有创意，因为我们有这个价值，所以，我们基本不讲价不降价。

我希望看到这篇文章的人，从今天开始赶紧在自己的生命哲学中加上这条可以改变你一生的理念：这是我的事。

你把你公司的事当成了自己的事，你觉得你的老板会不喜欢你吗？你还会因怕失去这份工作而跟老板低三下四吗？

你把这个城市的事情当成了自己的事，你还会贴那些小广告吗？你还会面对小广告熟视无睹吗？

你把学校的事当成了自己的事，你不会成为一个真正有担当有未来的杰出校友吗？

你可以不听我的话，但这一刻，你不能不听你内心的话。

这是你的事。

觉醒自己需要做三件事：发呆、愣神、沉思

这样温煦的阳光下，闭上眼睛就能睡一觉。

吃饱喝足，首先想到的就是睡觉。

这个世界吃饱喝足的人正在变得越来越多，所以大部分的人就都睡着了。

睡得昏天黑地。

有人曾问一个大师："您为什么能把这个世界看得这么清楚？"

大师答："因为我闭着眼睛。"

闭上眼睛，可以不睡觉，可以更清醒。

也曾有一个人问一个大师："大师你能告诉我我为什么这么穷吗？"

大师说："谁说你穷啊，你不是一直是千万富翁吗？"

这个人大惊："大师，我现在连一千元的存款也没有啊，你怎么能说我是千万富翁呢？"

大师说："我问你，如果现在让你变成盲人，给你五百万你愿意吗？"

这个人答："这怎么可以呢，我不愿意。"

大师接着问："砍去你一条腿，给你两百万你愿意吗？"

这个人直摇头。

大师问："让你变成女人，给你三百万元你愿意吗？"

他大声说不愿意。

大师笑着说："小伙子，你看，你现在不是已经有一千万了吗？你的本我至少值一千万啊，你有了这一千万的本钱，为什么还说自己是穷人呢？有了这些本钱，有了一颗真实认清自己本钱自己本事的心，肯吃苦，肯付出，你做什么做不成啊？"

小伙子一脸不解地走掉了。

幸好，小伙子自己没有明白大师的话，但却把故事说给了其他人听。

所以，我们今天才能这么幸运地听到这个故事。

一辈子都记着这个故事，一辈子就不可能没有作为。

只是，现在的大多数人都睡着了，都是在这个地球上"梦游"。

他们不知道自己该坚持什么，不知道自己的灵魂是什么，不知道自己的价值是什么，不知道自己活着的使命是什么，不知道除了买房子买车子结婚生子吃喝玩乐还要追求什么，不知道自己该相信什么相信谁。

其实，我们不妨现在就来一起想想这个最简单的问题：若是活着就是为了吃得好一点，住得好一点，玩得好一点，我们活着还有什么意思吗？活着就要遭受痛苦，活着就一定是喜忧参半，不可能光有快乐没有烦恼，想过得好一点就要天天面对各式各样的问题和难题，天天都要顶住压力，折磨自己，假如活着就是为了让自己舒服一点，我们真的有必要用一辈子的艰难去换取那些自我舒适的时光吗？

我们到底为什么要活着？我觉得我们要为别人活着，只有你真心为别人活着，处处为别人着想，事事想着利益大众利益世界，你才会享受到生命的真快乐真幸福，你才有活着的成就感和价值感，你才不会在某一个刹那突然觉得自己这是在哪里，自己在这里干什么，自己做这些事情有什么意义和意思，自己活着不就是白活了，到最后什么也带不走什么也没留下，连起码一个好名声都没给后代留下，多么一文不值的一生啊？

有的人已经在痛苦了，已经觉得自己活得太自私、太狭隘、太片面、太无趣了，但更多人却还是在睡觉。

其实每一个人的觉醒至少需要做三件事：发呆，愣神，沉思。

说句实话，我都有很长时间没有看见一个或发呆或愣神或沉思的女人了。

我一直喜欢这样的女人，我一直喜欢不到这样的女人。

一个不发呆、不愣神、不沉思的人，其实，就是一个“机器人”。

只是很多人都不承认这样的事实：满街的人大部分早就是“机器人”了。

我到哪里，哪里就应该变得更加美好才对

这个世界只有两个时间：现在和未来。

过去不重要，从前也只是故事。

我的司机总说，我开了八九年的车，从来都没有划过一下车。

我跟他说：“我必须要批评你，我不管你过去有没有划过车，我只看你从现在开始，以后划不划车，若你今后都没有划车，你才是真正的牛司机，忘掉过去，走向未来。”

他笑着说：“好的。”

其实，这是很多人的思维，留恋过去，丧失想象，止步从前，话满人伪。

我一直都不敢这样做，每天却又都可以见到这样的人。

这个世界其实只有一个人：自己人。你把全世界的人都当成“自己人”的时候，全世界就都是你的人。

全世界都是你的人，你怎么可能不建大业不成大事呢？

假如没有激情和愿景，人怎么可能活得更漂亮呢？

所以，我觉得自己真的如此渺小，让司机更加美好是我的责任，让你更加美好让中国更加美好我又做了些什么呢？

我必须坦白，我做得太少，所以你不知道我是谁，所以我不能家喻户晓，不能拥有家喻户晓的影响力和号召力。

吸收，想象，创造，行动，日复一日，日益剧增，这就是我的生活。

总是感觉世俗中很多事情都做得很差，总感觉如果我去做肯定更好，总是看不惯这个世界，总是觉得自己能够做好事做大事。

总是知道：一个伟大的诗人首先必须得是一首伟大的诗。

所以，我历练，我艰难，我苦自己，我逼自己，我做自己的敌人，也做自己的情人。

去理发馆理发。理发师喊："请 5 号洗发师给客人洗头。"

我一听，就惊喜，还是第一次听到"洗发师"这个称呼。

很多人又会说我你真是大惊小怪没见过世面。

其实，不瞒你说，我的大部分想法都是来自我的大惊小怪，你笑我，我还要笑你，你又傻得不知道一个词就是一条路。

还是新路。

旧人走新路，就是新人。

若是三百六十五行行行都能培养出一些"师"来，这个世界不就更加美好了吗？

保洁师、收银师、传菜师、驾驶师、秘书师、美腿师、主持师、文案师、阅读师、想象师、跑步师、烧烤师、炒货师、卖菜师、水果师、寂寞师、找乐师、爱情师，难道这每一个"师"不都是为这个世界好吗？

一个美女问理发师："你觉得我的头发怎么打理才好，什么发型适合我呀？"

我笑着说："你这是美发咨询，应该去咨询台。"美女笑道："哪里有美发咨询台啊。"

我就对理发师说你们店应该设立一个"什么发型适合你——发型专家咨询台"，咨询台给客人专业时尚的发型建议，可以收费，可以免费，客人咨询了不在你们家剪发也没有关系，你们也是在美好世界，不是吗？

理发师看着我眼睛都放光，你这个想法太好了，我赶紧跟我们老板说去。

我高兴。我给了他们一个想法，自己也得到了更多的想法："中国发型研究设计中心"应该成立，"上海人发型研究所"可以有，"潮发计划"可以启动，"我到哪里，哪里就应该变得更加美好才对"不但可以作为一篇文章的题目，还应该是我的新使命新作为才对。

因为我是徐大伟，我是“想法改变世界”的实践者。

我没有退路，我只能边推路边豪迈。

干事的人哪天有休息，不干事的人哪天都休息

邻居问：“放假了吧？”

我说：“是啊，你们也放了吧？”

邻居答：“前天就放了。”

我说：“今年好像大家都放的挺早的？”

邻居答：“是啊，大家都早没心思工作了，就想回家打麻将吃喝玩啊。”

我笑。

邻居说：“总算可以好好休息一下了。”

我还是笑。

其实，我没敢说真话。趁着大家都休息的时候，我才有超越更多人的时间和空间啊。包括邻居你啊。

所以，我只能笑里藏真，在一个“大众的世界”里一意孤行。

我更没敢说出这句话：干事的人哪天有休息，不干事的人哪天不休息。

我怕邻居从此不跟我说话。

但我不怕你从此不跟我说话，不看我的文章。

看与不看，不悲不喜。

我能说出这些话，是因为我心里有这些话。

小时候不敢说，从高一开始到今天，我没有像一个普通人一样地休息过一天时间，白天睡觉的次数自己都能数过来。

因为，我的心里一直还有一句话：如果只是一个普通人，怎么可能成功呢？

其实，无论是周六周日还是各个节庆假期都是为普通人设计的，都是给普通人准备的，若你不甘心平凡，想做出一点事情来，想成为一个人物，那

么，从今天以后你就要忘记所有的假期和休息日了，你要把这些大众都在“过节休息”的时间全用来“加班加点”，你才有望战胜世俗，竞争出位，实现梦想，成为“超人”。

原来，这个世界的一切规矩习俗都是给普通人制定的，原来，你想成为一个非凡的人，前提是要脱离了普通人的生活。原来一切都是从这里开始的。

一个日本人跟他的雇主说：“我不要休息”。

我不要休息。

我想把这句话送给所有的有志青年，若你们也能对雇主对自己发自内心地说出这五个字，天下不早晚都是你的吗？

背着相机走在北京的胡同里，迎面走来的大多都是“生活人”，不是“干事人”，脸上写满了饭饱酒足后的舒适，连走路的样子都在跟我说明，他们活着就是为了吃得好一点，喝得好一点，住得好一点，工资高一点，工作少一点，玩乐多一点。

我能做什么？我是不是应该见到这样的人就要停下来跟他说：“你不能这样活下去了，你知道其实你是在瞎活吗？”

我的勇气和力量还不够。

我的身份和地位也不相称。

所以，还要等。

不辛苦命更苦

结束了一天的晚宴，很累。

早上到公司开《民间流动图书馆报》的编前会。

处理公司杂事。

中午去西单图书大厦给同事们买书。

本来是想买10本给新人看的书。

在路上想，就新人需要看书吗？那些旧人不是更需要看书吗？

到了书店，一看到书，人就走不动了，拿了一本又一本。

10 本变成了 50 本。

北京徐大伟广告有限公司员工必读的 50 本书诞生了。

回到公司。边吃着同事帮忙买回来的麦当劳套餐边跟同事们开这一天的第二个会，新项目启动会。

会开了两个小时，富有成果，我满意。

我满意是因为我们唱出了新调，创造了新概念，策略有了新的方向和思路，方案有了新的表达和内容。

会议中我问了两个新人三句话：你有什么想法？永远不发言，不表达思想，你们不就永远是新人吗？新人没有新想法新角度吗？

新人在我的刺激下，说了些想法。果然，有好东西。

看来不是新人不行，是老人觉得新人不行。

第二个会结束就是第三个会。

会议中会计回来拿章，我说“辛苦了”。她笑道：“是啊，这点事，跑了几趟了。”

会计擦擦额头上的汗走后，我说：“王老师真是太辛苦了。”一个同事笑着说：“不是辛苦是命苦。”

我看了她一眼说：“不辛苦命不更苦？”大家都笑。我赶紧说今天文章的题目有了：不辛苦命更苦。

这就是辛苦的结果。不召集同事们连着开这三个会，不到这个时刻，怎么会有这个题目？

很多年轻人都有奇怪的逻辑，找不到好工作，抓不住好机遇，没有好发展，挣不到高薪，就会自我安慰说，这就是命，命苦没办法。说完后自己就变坦然变麻木了。

现实也正如他们所说，命苦没办法。

谁命好？若我说出我吃过的苦，遭过的罪，你一定会说我真不幸，经历过那么多坎坷，遇到过那么多事。

所以，命好不好，不是自己决定的吗？

你不辛苦，怎么命好？说到辛苦，其实还不仅说你工作有多累多忙，更重要的是指你要多学、多思、多用心、多主动、多创造、多行善、多自我反省、多自我施压、多特立独行、多风清气正。

有时候，看见一些同事的言行和工作态度，就在想，我当初打工的时候真的是一个好员工。

之所以有这样的想法，是因为个别同事的表现的确差强人意。

原来，当不好员工，就当不上老板。

给我们民间流动图书馆来信留言要赠书的读者，有一些是不负责任的，可能是抱着试试看的态度随便写了一个地址和邮编，所以导致很多书寄了出去又被退了回来，不是说地址不详，就是地址错误，再不就是查无此人。浪费了邮费，耽误了时间。这样的人，偶尔还会打电话质问我们的图书管理员，你们给我寄书了吗？怎么一直没有收到？

连一个通信地址都不想辛苦落实清楚的人，他能清楚自己的人生状态吗？

成就我的二十二个“坏毛病”

一、不参加老乡聚会。

二、不参加同学聚会。

三、不参加集体娱乐活动。

四、从来不会主动联系老友旧好。

五、从来不会对领导阿谀奉承言听计从。

六、对所有服务人员有礼有情。

七、客气的时候真客气，不客气的时候真不客气。

八、真实到很多人都怕了。

九、一直认为自己了不起，但尽量不让他人感觉我自以为了不起。

十、做任何事情尽量让自己吃点亏，让别人得点利。

十一、从来都不会忘记我只有一个看家本领，那就是爱，做任何事情都从“爱”出发。

十二、从来不指望任何人，只指望自己。

十三、每天都与自己竞争，每天都在严格保持戒律。

十四、自己认为对的事情，谁说也不听。

十五、看书看到人都恨我。

十六、经常一个人的时候泪流满面。

十七、从来没有把周末当成“休息日”，而是作为了“超越日”，超越他人的日子。

十八、从小就知道成功需要成功的生活方式，需要成功的条件，为此一直在与世俗生活不懈斗争。

十九、自己想干的事情，一刻也不等，就是干，干好干坏不说，只要先干起来。

二十、从来没有觉得自己是“烟台人”、“山东人”，一直都在以“中国人”的视野和气度面对一切。

二十一、从来不排挤同事，不嫉恨他人，不给年轻人设门槛，阻拦后进上位。

二十二、从来就坚定地相信我想要的一切都能得到，只要想要，就能得到。

值得你做的事情同样值得你把它做好

每一天都是一个特别的日子。

每一天你都可以让它成为一个特别的日子。

今天，就是我的特别日子。

今天是 2011 年 3 月 20 日，是我坚持“想法日报”第四年的纪念日。

从 2007 年 3 月 20 日到今天，我基本保持了每一天写一篇文章，每一天写一个想法，除了出国旅行，落下了二十几天没写之外，基本上每天都没有落下。

若是有人认为我今天还算是做了一点事，问我怎么做到的，为什么做出了一些事?

我的答案会是这句话：我就是做好每一天，我就是坚持每一天写文章。

也许很多人都不明白，我为什么要坚持每天都写一篇文章，一坚持就是四年?

其实，街上的每一个人都可能成为世界上最伟大的人，只是他们不相信自己会成为这样的人。

而我却信了。

所以，我就变成了聪明人中的傻瓜。

我甘于做一个心无旁骛的笨人。

我就是要每天都把自己的所思所想写出来，把想到的好理念好点子毫无保留地全部呈现出来跟大家分享，其实若是你看了我的全部文章，我敢说一定有很多东西真的是可以改变你的人生，改变你的生活，只是，你的不相信影响了你，让你对一切都轻描淡写蜻蜓点水，匆匆来匆匆去。

其实，你更不知道，写博文就能赚大钱，我的很多客户就是因为看到了我写的文章，从而了解了我，很多客户说我是一个真实真诚的人，一个有情有义的人，而很多人恰恰会觉得一个真实真诚有情有义的人做出的事一定也是真实真诚有情有义的，所以，我的文章就成了我们公司的超级客户经理，开发了很多客户。

当然，我每天都在检讨，如履薄冰，因为我觉得我们还没有完全做到真实真诚，我们为客户创造的价值，给客户带来的改变还不够多不够大，我们的诚意和创意、敬业和专业还表现的让我不满意，我们团队的素质还有待提高，我们公司的管理还不完善，对员工的人文关怀还不够，我这个董事长做得还不够好，我在每一个客户身上下的功夫还太少，我在每一个员工自我学习自我提升方面要求得还不够严，我还不能做到可以大声地要求客户，你们必须从今天开始就要给我们提高月费，增加策划费，因为我们是你们公司巨大的助推力、持久的增值器，起码现在我说得还不够理直气壮。

我们一定要做一家有情有义的公司，做一家利国利民的“公益公众策划公司”，一个靠谱的策划公司，因为不靠谱靠忽悠靠一锤子买卖的策划人、策划公司太多了，我们这个行业口碑并不好，我们一定要对得起良心，对得起客户，对得起消费者，对得起社会，对得起这个时代给了我们这么好的机遇。

所以，有时候我半夜不睡，我在反思，我在想，其实策划真的能改变一切，真的能让一切都变得美好而健康，无论是一个产品，一个企业，还是一个城市，一个国家，一个人，策划到底是什么，策划不就是发现问题解决问题吗？但发现问题，要有能力，我们或许一直在看，但并不总是在观察，而成为一个策划家的前提是你要成为一个观察家、一个问题家，你能看出问题，看出不足，然后才是解决问题，解决问题的方法当然有很多，但因为每一个人的智慧不同，创意能力大小不同，所以问题解决的好坏也就有了分别，而策划人一定要千方百计让自己想到最好的解决方案。

所以，做一个真正有力有心的策划人并没有那么容易。

现在很多人都说我是著名策划人、中国十大营销策划家，其实，有时候我都心虚，我每天都在跟自己讲：徐大伟，你是很多人眼中的著名策划人啊，策划人应该怎么看这个世界，怎么看这个国家，怎么看眼前的事，怎么看客户的这个问题，怎么解决公司的事、企业的事、合作伙伴的事，甚至家庭的事，朋友的事，因为我每一天都用策划人的视角去看待问题，所以，我一直对这个世界不满意，我一直想让自己健康地活在一个不健康的世界里，企图通过各种渠道，无论是写文章、做节目，还是做演讲，我都是想表达我的思想，传递我的价值观和精神力，还有我的奇思妙想，那些可以推动中国改变世界的好想法好创意，所以，我每天都过得充实快乐，有滋有味。在我眼里：万物皆产品，万事需策划。等待我们大展拳脚的地方太多了。

所以，我才有了这样的感叹：值得你做的事情同样值得你把它做好。

因为，只是做了值得你做的事情，没有把它做好，没有做到你能做到的最好，同样一文不值，因为只有最好的东西才配得上最好的报酬，你需要不断地与自己竞争，与你以外的人协作，不是尽力了就可以了，你还要超越自身。

我最不爱听很多年轻人跟我说：徐老师，我尽力了，我只能做到这样了。

你真的尽力了吗？你知道什么是尽力了吗？

尽力就是穷尽一生的精力，你才几岁，你就尽力了？

若是这个世界上的每一个人，无论是官员，还是百姓，每一个人都真的尽力了，你能想象到这个世界会有多美好吗？

所以，你永远都不要忘记：人的一生就像一块木头一样，要不熊熊燃烧，要不慢慢腐朽。

你的高峰过去了，就只能迎接别人的高峰。

学成为一种习惯，这才叫“学习”

刚才我妈说：“今天周日你就躺一上午好好歇歇吧。”我说：“我有事呢，怎么躺啊。”

我妈说：“先放一放那些事，也不差一上午。”

你知道我依然是要写这篇文章。

我依然是差这一上午。

不写明了，很多人就会继续不明。

很多人都不知道学习其实就是一种习惯，不是今天想起来学点，明天忘了就算了。

这个世界到处是心思不放在正事上的人。

每当我坐地铁、坐火车、坐飞机看到周边的人不是在闲聊、嗑瓜子、打扑克，就是在睡觉、发呆的时候，我就心如刀割，我这是身处在一个什么无所事事的环境里，我怎么能帮到这些同胞，让他们知不足知学习，怎样才能打动他们，让他们拥有学习的习惯？

显然，中国是一个人口的大国，却是一个学习的小国。

而我就是中国人。我有责任有义务为我们的国家为我们的同胞的“学习大业”做点事情。

眼看着路上的“镜子族”越来越多，我多么想对他们大声喊一嗓子：弟弟妹妹们，少看镜子，多看窗外。

眼看着麻将桌、酒桌上呼三喝四的成年人越聚越多，我多么想上去把他们的桌子掀翻，可你知道我没有这个权利，我有的就是尽量做好自己，做出榜样，影响他们，一天不行，就一辈子。

亲爱的同胞们，人人都看不见你的时候你在做什么?

有的人是在上班，有的人是在“上板”，死板教条毫无生气，有的人是在“上扮”，装着上班。

而我只能说说自己。尽管很多地方不堪回首。但我还是要说，不说不足以代表我是一个堂堂正正的中国人，更不能体现我的愿望：从大伟走向伟大。

我出生在山东省海阳市的一个离大海不到三里路的渔村里，我是大海的儿子，因为有了大海这个亲人，我一辈子都不会那么狭隘那么小气。小学三年级之前我成绩一直不好，到三年级年末考试，全班十个人，我考了第十名，我妈很生气，我爸很气愤，我自己也觉得这太难以忍受了，所以小学四五年级的时候我不是考第一名就是第二名。初中不用说了，成绩不错。高中是在海阳四中就读的，我们这所学校以严师出高徒闻名，出了很多优秀学子，至今北大、清华都有四中校友。但是我没有考上好学校，我考的是一所二流的专科学校，学的是会计电算化专业，虽然后来又在北京上学，有了第二学历，本科，但你知道，我不是广告学的科班出身。很多年轻人给我写信，说不喜欢自己的专业，却不知道该从事什么行业，我就告诉他们：你应该从事的行业是“热爱业”。

大学毕业，我去大连一个亲戚家当了一年鱼贩子，每天早晨三点起床穿上大衣走进零下二十多度的冷库里搬鱼装车，风雨无阻，雷打不动，每日如此，整整一年。我吃的苦，我妈不知道，我爸想不到，我不能说，说出来很多人都不信，有的苦只能一个人受，受过了，就是福，到今天我的双手依然经常大面积脱皮，我的嗓门依然比很多的人都大，却很少有人知道这是因为我当初是一个卖鱼人。

就是在那样一个不可能有大块时间学习不可能有学习氛围的地方，我却从来没有浪费一分钟的工作间隙时间，鱼贩们来拉鱼，会经常看到我穿着脏破的大衣一个人坐在台阶上埋头看书，他们经常跟我开玩笑，他们也总是不明白，一个冷库的小伙计怎么天天还在看书，并且看的书还不是小说不是绯闻。

至今我都能想起他们的那些眼神，不知道他们现在在哪里，是否安好，只知道也许他们现在成了大老板，但他们一定没有我对这个世界、对广大人民更有价值，因为他们只是“金钱人”不是“精神人”，而这个世界现在最缺的不是钱，而是精神。一种坚忍不拔坚持到底的学习成长的精神。

卖了一年鱼，看了一年关于营销品牌的书。若有所悟。

我这个人还有一个特点，就是敢闯敢冲。

我什么都不怕，只要觉得自己准备得差不多了，就敢去闯，因为在我心里始终徘徊着这样一句话：有什么，不都是人吗，那么多的人都成功了，我为什么就不成，若让我做，我一定做得比他们好，我天生就是一个跟他们不同的人，他们拒绝我有什么可怕，只要我不拒绝自己，我就要可劲折腾，把我的所有想法都折腾出来，失败也是成功。

所以，我就放弃了卖鱼，只身进城，租房子找工作，因为学习成为了我的习惯，白天去跑人才市场找工作，晚上泡一碗面，坐在八个人的小房间里拼命看书，不管旁边同样来大连打工的小伙子们怎么喝酒聊天，也不参与中年人们的性话题。穷人在一起总聊钱，男人在一起总聊性，我不想成为穷男人，所以我选择了不合群不合拍，尽管他们都在心里讨厌我，但我知道我是从农村来的，我家很穷，没有人会给我一分钱，我再找不到工作，就只能当乞丐。所以，我只能拼命学，拼命让自己的态度好一点，让自己纯朴一点，让自己能吃苦一点，让自己可信可靠一点，让自己被老板喜欢。

老天不负有心人，半个月之内我就找到了一份工作。接下来在大连的四年生活，好好坏坏，好没有太好，坏也没有太坏，大连城的所有大一点的书店，所有图书馆，我都很熟悉，因为我总是拿出工资的 1/3 来买书，买的书看完了，就去图书馆看，那时候我遇到一个老板，她看到我如此如饥似渴拼了命地疯狂看书，就跟我说，她年轻的时候也这样，人生就应该有一个阶段玩命看书才行。

听了她的话，我一直在想，我能不能不光在年轻时代玩命看书，在中年在老年时期也玩命看书呢，我有什么呢，我有了书不就什么都会有了吗？

今天看来我那时的想法是正确的，到今天，我有了一点成绩，有了自己的事业，也有了一点钱，回头想想，我不就是一个学会计的人吗，我怎么做了策划做了广告，我不就是靠看书吗？哪里有人教我，书不就是最好的老师吗？

心大心高的我，总觉得我这样的人才，在大连就浪费了，所以就很自大地自作主张来到了北京。

到了北京，找了一份工作干了不到两个月，就赶上了“非典”，公司解散，我下岗。住在京西的一间平房里，任房东老太太大声敲门不敢开门，没有钱付房租。接下来的日子一天比一天难过，赊过账，吃过垃圾，睡过西单，逃过票，身无分文过，卖过手机，进过当铺，被相处四年的女友抛弃，没有钱坐车（从国贸走到公主坟），一个月没有洗澡过，牙疼无比却没有钱买药过，坐在马路牙子上看着周边的一切感觉什么都与自己没有关系了，想过难道我会就这样死了吗?

但就是如此艰难，我还是会把所有的衣服都盖在被上卷缩在冰冷的被窝里拼命看书，尽管看书的间隙总能想到我残酷的现实：一会儿我上哪里找钱买吃的，一会儿还要厚着脸皮去跟小卖部的大哥赊方便面吗，还要看小卖部中人们的异样的眼神吗？是不是还要走一个小时的路去当铺里问问这个牛皮书包能不能当几十块钱?

想过这一切，我还是看书，尽管我的身体很饥渴，但我一天也没有让我的精神我的灵魂饥饿过。

我到底是挺住了。挨过了四个月，我找到了一份工作，在公司老板说明天你可以来上班的时候，我第一句话就是：“张总，我现在身无分文，你能不能借我 500 块钱，等发工资了还你？”

他很惊讶，但很快就缓和了下来说：“你是山东人，山东人帮过我，我相信你们山东人，我借给你 500 元，就是你明天不来了，我也不后悔。”

我泪流满面。第二天早早就到了公司，一干就是两年零三个月。

因为，我没有放弃自己，没有放弃学习，我救了自己。

所以，我把学习看书看得比什么都重要，所以，我知道学习看书改变了我的命运，学习看书也应该能改变很多人的命运，学习看书就是成功的捷径，也是成本最低的成长之路。我却天天不明白，同胞们个个都看上去聪明伶俐，为什么就不明白看书学习就能让自己变得更好，就能让你工资翻番，让你有魅力，让你气质佳，让你有人挖，有人追，有人爱，让你官运亨通四面进宝，让你充实幸福感觉活得有意义有价值呢?

所以，我从 2009 年 2 月 25 日就开始在我的博客上成立了“民间流动图书馆”，免费向大学生赠送好书，号召青年学子们“读书改变自己，自己改变世界”，受到广大学生、老师、家长们的热烈欢迎，2010 年，国庆节我又在北京市东城区国子监街 30 号正式建立了第一家“民间流动图书馆”实体店，这也是国内首家纯公益全免费面向国内外读者赠送好书的图书馆，截至 2012 年 9 月 4 日，已经向社会各界读者赠送好书 47696 本，在全国十八个省市的边远贫困小学里建立“希望书角”73 个，在六个省市建立“书香社区”13 个，得到社会各界人士的大力支持，前国家文化部常务副部长高占祥先生欣然为“民间流动图书馆”题写了馆名，新华网、人民网、中华网、中国青年网、中央广播电台、北京电视台、北京音乐广播、《京华时报》、《北京晨报》、《青年周刊》、《劳动午报》、《北京社区报》、《江淮晨报》、新浪网、凤凰网、网易、腾讯网等媒体先后报道了民间流动图书馆的公益事迹。

很多人都问我办这家“民间流动图书馆”的目的是什么?

我经常跟图书馆的同事们说，我们图书馆一定要做到：纯粹、纯一、纯真、纯朴，我们不能让公益变公害，更不能给图书馆设门槛，无论是孩子还是老者，你不用管他是不是能看懂这本书，只要他想要这本书，你们就要快快乐乐地给他们，让他们看完再传给下一位读者，我们开这个图书馆干什么，不就是为了让更多的同胞们受此影响早日爱上读书，改变命运，改变人生，从而推动中国，改变世界吗?

全国 13 亿人，我们能赠多少本书呢? 我们赠的不仅是书，我们赠的更是一个“人人读书、人人传书、人人赠书、人人爱书”的伟大理念，进而为促进全民读书，全民创建和谐社会做出贡献。

我不明白你为什么天天不知道学什么?

天地万物，天下男女，哪个不值得去研究你去学习呢?

我天天都觉得时间不够用。

你却天天消磨时间。

习惯不改，本性难移。

我们也许不是最好的，但我们能比别人更努力，事情因此而不同

有的文章写完，我会给自己鼓掌，会说：徐大伟，就这样干，将来了不得。

每当这个时候心情就出奇地好。

我到底是为什么而生?

我坚信：为美好中国，改变世界而生。

跟别人要掌声难，跟自己要掌声也不简单。

突然发现，自己能给自己掌声，别人也会给自己掌声。

原来，没有做到让自己给自己掌声，就不要指望别人会给自己掌声。

"任何事情我都会全力以赴地去做"，这是新年以来我看到的最有力量的一句话。

我在20层一个房间里写这篇文章，希望我的焦虑和急迫能够带领你走上20层，放眼天下，重新开始。

很多人都说看我的文章就知道我不是个傻子就是个王者。

其实，这些人的形容都不靠谱，不是小了，就是大了。

我是一个实用主义者，写文章也是。

我想让每一篇文章都能对你有用。我必须不停地向前，求索如何创造出一篇对你更有用的文章。

"任何事情我都会全力以赴地去做"，也许，这句话对你就够有用了。

其实，写一篇文章难，还不是难在语言的组织和思想的表达，难在总是会有一种现实的情愫跳出来阻挠：你如此天真，怪不得你的文章如此小众，谁会在乎你的话，又有几个人真的会深受启发，及时行动?

其实，这个世界的成功秘诀有什么，不就是一句话：任何事情我都会全力以赴地去做。

第一你要做到任何事情，就是谈个小恋爱，出去倒垃圾，上网看东西，你都要全力以赴。

第二你要知道什么叫“全力以赴”？你要知道你的全力是什么，全力有多大，尽了全力是个什么样的感觉？你才能真的不欺骗自己，全力以赴。

假如，你觉得一篇文章只给一句有用的话还不够，那就再送你一句：我们也许不是最好的，但我们能比别人更努力，事情因此而不同。

假如你真的能够付出不亚于任何人的努力，也许你就是最好的。

这两天有个客户的大领导给我打电话说：徐总啊，你要多花点时间在我们这个项目上啊，你要多关注一下我们啊，以您的能力和境界我们这个项目一定可以做得更好啊。

他这么一说，我突然很自责，他说得对，我没有全力以赴，我没有比别人更努力，尽管我们做得还可以，但是，听他这么一说，我就知道他的内心其实已经有点对我的小不满了，觉得我不够重视他们，不够拼命不够投入。

我一下子明白了：不说我们还不是最好的，就是我们是最好的，不全力以赴，客户也是很难满意的。

服务好现有的客户就能得到更多的客户。

这也是我们共同的人生之课：如果你坚持到底、永不言弃、孜孜以求，你就很有可能做出成绩。当然，一路上总会有暴风骤雨，你的努力也许无法立竿见影，但是只要你全力以赴，尽了自己最大的努力，保持一个正确的方向，成功就在前方。

我知道，也许你满腹苦水，你眼含泪光，你艰难痛苦，但是我无法分担你的痛苦，正如你无法分担我的一样。

我们有太多的事情需要为这个国家做。

去吧，兄弟，做点事。

你看什么，听什么，决定了你是什么

我到底是谁?

远望大海层峦不尽的浪潮，凝神白色浪花，看鱼鹰翔集，看沙鸥迎风悬停。

不停地问自己：徐大伟，你到底是谁?

这个问题我一直答不好。

直到，风起浪涌，我突然找到了答案：我是兴业之士，治国之才。

只是，我现在还没有完全准备好。

我还要走一段艰难的路。

我的历练还不够。

我之所以一直都能问自己这个问题，一直都在想一个更好的答案，是因为，我的内心一直有这样一个想法：当大家都抛弃了世界，抛弃了人类，抛弃了正直，抛弃了使命的时候，我去拼命地捡起这些宝贵的东西，我就有希望成为这个世界的希望，我的理想就是世界的理想，我的自由就是人类的自由，我的民主就是人民做主，为了这个梦想，我从不敢有一丝懈怠，我每天都尽量让自己成为一个更好的中国人，更好的策划人，更好的老板，更好的儿子，更好的丈夫，更好的父亲，更好的公益图书馆的馆长，更好的社会活动家，更好的嘉宾，更好的陌生人，更好的博客，更好的博爱众生的人。

在酒店的房间里边记边看“金色频道”——世界博物馆之旅节目，同事走进来，说：“你还看这样的片子啊？”我说：“你看什么，听什么，决定了你是什么。”同事笑。

说完这句话，我就知道明天文章的题目又有了，很多事情就是这样奇怪，想什么来什么，也许是因为总是在想，所以就来了吧。

我知道我这样说同事也许过了一下脑子，但你说会改变他吗？其实很难。

改变他难，改变你又何尝不难?

就是因为这个难，所以才显得我的话重要，才显出我这样的人存在的价值。

我总是笑着跟同事们说:“全世界都在等着我去洗脑。”

永远忘不了一次乘坐开往一个县城的长途汽车，上了车我就拿出书，一直看，看了半小时，前面座位的一个小伙子回头看我，一直盯着我看，我永远忘不了他看我的眼神，好像看一个怪物，看一个奇怪的人，也许他永远都不明白我为什么一直都在看书，还边看边记，他不知道我是干什么的，他不知道我为什么要这样做。

他一脸的茫然和淳朴，让我一下子明白了一个道理，我自己看书还不行，我要让更多的同胞都爱上阅读，都能从阅读中得到自己想要的一切，所以让每一个中国人乃至这个星球的每一个人都爱上阅读就成为了我的使命和责任，所以我越活越快乐，所以我不会碌碌无为了。

其实，你怎么能不知道自己看什么好，听什么好呢?你的内心一定有个声音好似指南针一样一直在指引着你，只是因为你懦弱，你表面，你智慧不够，你眼界太低，所以，你一而再再而三地给自己找借口、找退路、找舒适。

所以你偏安一隅，牢骚满腹。

你为什么不到网上搜出各国首脑，各行各业名流高士发布的新年献词仔细阅读一番呢?你不能去书店把所有总统、首相、主席、总理、政要名人、商界名流们的自传或回忆录都买回来，一本一本地看?

不知道，你看了这些，会不会成为另一个人，你真正想成为的人，你的熠熠才华、能言善道、凛然正义和优雅举止会不会让所有认识你的人、不认识你的人都刮目相看?

人的一生全看这个序怎么排

我们并不是一见钟情，但日久生情，那就是爱情。

我说我跟很多网友都有爱情。你会说我多情。

其实，这个世界就需要多情，少情和无情的人占得比例太大了。

回了北京，过一条马路，一低头，满地的小广告，咱们的这些同胞什么时候变得这么坏了，放了三天假就没人管了，三天假就能把一条步行路糟蹋成这个模样?

我该去骂谁？我又该去生谁的气?

无情无义无爱无德，难道非要让我如此形容这些同胞吗?

我不这样形容，我还能说什么?

我是一个完美的人，什么都想做到尽量好，看不顺眼的东西，千方百计都要换了它，尽管这样浪费了很多钱，但起码心里舒服了，其实，心里舒服有时候不是花钱能买来的。

但是，越来越感觉，我的完美主义太狭隘了，我能让自己周边尽量完美，可是一出门一出差就不行了，随便一眼就能看到乌七八糟恶迹斑斑脏乱差堕落景，满街是游戏人间的同胞，四处都是就知道怎么享乐怎么来的国人，我怎么求完美，我怎么心里舒服?

所以，我经常纠结，每纠结一次都能写一篇文章。

其实，这都是人生理念和做人态度出了问题，大部分人都不知道决定人一生的就是这几个词在你生命中的排序。

生活—娱乐—工作—感情。

不知道你如何给这几个词排序?

不怕你不高兴。

也许你的排序会是：感情、生活、娱乐、工作或是生活、感情、工作、娱乐或是娱乐、感情、生活、工作或是娱乐、生活、感情、工作。

因为你有这样的排序，就有了这样的价值观，也就有了这样总是让你感觉拧巴的人生处境，你总说自己运气不好，做事怎么这么不顺，什么时候才能买上大房子有一片自己的天地，却始终不知道，是你排的序，让你有了这样的结果。

你把生活看成是你生命中最重要的事情，表面上看好像没有任何问题，甚至还会有人觉得你是一个懂得生活的人，可我就是能打击人，你到底是“假生活者”，因为你是“伪明白派”，你都不知道要想享有真正有品质有品味的生活，你需要超乎想象地努力工作，你要有那个过上优雅生活的条件，你要有那个实力，你要过上一大段“非人”的生活，你不可能随随便便就过上自己想要的日子，你更不可能梦想成真，因为你只会想梦，还不知道如何实现梦想。

所以，你又一次错了，你跟很多人一样，每天都在错无数次，却一次也没有翻然醒悟。

我用一个小时的时间来写这篇文章，就是想让你听了我的话稍微地过一下脑子，略微有那么一点改变。

其实，你变好了，我又能得到什么，你变好了，你好了，不要好像是我有什么目的。

你可以觉得现在的人做什么事都是有目的。

但这次，你相信我，我真的没有目的。我就是天真。

我就是觉得你们是不是也能参考一下我的排序：工作、生活、感情、娱乐。甚至好长时间都不愿意触碰一下俗世的“娱乐”。

因为“我不在意未来也不忧虑过去，平静、独立却不乏拙趣，我比自己更大，或比人类更高，我只属于牛命！”

我有正确的“序”，就有美妙的“顺”。

都希望我坚持，他们不用坚持

都希望我无私，他们却可以假公济私；

都希望我赠书，他们不用拿出心爱的书赠给他人；

都希望我是一个好老板，他们是一个普通的员工也能混日子；

都希望我有大爱心，他们只管老婆孩子亲戚朋友，到此为止，其他一概没有兴趣；

都希望我说真话，他们边看边心里说：傻不傻，说什么真话；

都希望我不要有那么多客户，他们也能自己做企业。

都希望我是一个靠谱的人，他们就可以无所谓；

都希望我可以与他们分享想法，而他们自己的想法永远不用告诉他人；

都希望我能帮到他们，他们却只是嘴上说说共赢，很少行动；

都希望我是一个好兄弟，他们不用太厚道；

都希望我不要太犀利，至少不要跟他们太犀利；

都希望我不要从大伟走向伟大，跟他们一同从平凡走向平淡；

都希望我能天天写博客，他们能天天看博客，不用写博客。

费了很大劲头，好不容易让一个人心动加行动了，他还说：我不敢保证每天更新一篇博文，但每周更新一篇博文，坚持到大年三十，我一定能做到。

我不明白凭什么你不敢保证，也许你会说你这是客观，你很忙，你要工作你要生活，可我又想问你，谁不工作谁不生活？不是打击你，就凭你的这个说法，这个行为，我就知道你的程度还是初级阶段，你还是一个不可能成功的“半成品”。

可能，你又是一大堆的解释，其实，别跟我解释，我就是真实，一眼就能看到你的内心深处，这是我的本事，你要知道我是做什么的，我是研究人性的。

你会说我还可以吧？跟很多人比你还可以，但可以的人太多了，能够成功的人，不是可以的人，是可敬可爱可靠可信的人，你的差距还很大。

你到底还是犯了老毛病：希望我保证每天写一篇文章，而你只要做到每周更新一篇博文就自以为不错了。

都希望我苦一点累一点给他们一些启发和指引，而他们可以在游戏和无聊之间看看我的文章；

都希望我来揭露丑恶伸张正义，而他们可以安安全全地看热闹说闲话；

都希望我不要这么张扬，像他们一样地有城府；

都希望我不要再写这样的文章，让他们好受一些；

日复一日，这个世界变得愈发陌生。人也不像人了。

可惜的是，他们全都不明白，那都只不过是他们的希望，我的希望是：

吸入这个星球的空气，就要给这个星球带来生机和希望。

你这三个问题问得无与伦比

徐老师，我有三个问题想问你。

第一，是什么动力能够让你四年笔耕不辍，每天更新一篇博文？

第二，每天花时间写博文会不会影响你的正常工作情况？

第三，你每天的工作是做些什么，能够透露一二吗？

无与伦比 2010年11月28日

无与伦比：

看到你的这三个问题，我眼前一亮，接着心中一亮。这个无与伦比算是问到点子上了。

你能问到点子上，说明你想到点子上了，你能想到点子上，说明你是一个追求上进的人，一个有希望的人。

我喜欢有希望的人。

我一直都怕，怕年轻人都失去了上进心失去了理想，都浑浑噩噩一个模样。

而现在要谢谢你，起码，你让我的怕小了一点。

其实，这个世界最缺什么?

最缺真。

缺真实、缺真心、缺真爱、缺真情，缺真付出，缺真投入。

我一给大家真实，很多人都受不了，真实到他们心疼，真实到很多人都要做我的敌人。

但没有办法，我不与他们为敌，这个世界就永远没有希望变得更好。

也许，你觉得我太自大了。

我就是这样。

自大、自立、自动、自主是我的风格。

也是回答你第一个问题的部分答案。

还有一个部分放在这里：之所以我四年笔耕不辍，坚持每天更新一篇文章，是因为：我不想跟大家都一样，我想找一种办法和方式脱离世俗生活，离开世俗人群，我想做我想成为的人，我想有自己的新生活，我不愿意跟大多数人为伍。我说他们都是俗人，也许你又要笑，其实，你又何必笑，若是你真实，你应该哭。没有一个好人怎么做成好事，没有一个好梦怎么梦想成真，没有一个阅读的习惯怎么知道去看书，没有一个激情澎湃勇往向上的氛围怎么可能登顶，可越来越少人去想这些问题。白领都在想着如何少出点力，少用点脑子，少加点班，少给自己一点压力而多赚些钱，吃好一点，住好一点，玩好一点，最好是能轻松做到“无压力，有钱赚”。最令人不可思议的是，他们这样做还口口声声说自己很累，自己将来也能住上大房子开上名贵车，自己也能成功，我觉得要不是我傻了，就是他们太天真了，仔细一想，还是他们太天真了，所以，我讨厌死了他们那种一意孤行表表面面俗不可耐的一眼就能看到底的无望人生，所以，我要坚持，坚持每天都写一篇文章，来抒发我的感情，来表达我对这个奇怪世界的急切，来图画我的想法，一来可以影响改变一些人，二来我也成为了另一种人，达到了一般人都达不到的境界。其实，这又有多难呢，你坚持写博客，坚持四年，坚持每天都在更新，你就知道我这样做到底有多值得?

其实，此刻，我完全可以停下来去拿着遥控器东看西瞧，不用一个姿势一坐就是几个小时，不用思考，也不用绞尽脑汁，更不用不断地换音乐，就是为了“更好的音乐铸就更好的文字”。我也可以躺在床上无所事事，坐在餐馆里唉声叹气，但我不会那样，因为我知道，这样做，我就成了他们，而我又讨厌死了他们，所以，我要坚持，再苦再难都要坚持，不做他们那种人，做我这种人，有时候，我都在想，古代的皇帝都自称为寡人，原来，做寡人的感觉真的美极了。

你一定吓着了。不要怕，还有两个问题没有回答你。

你问我每天花时间写博文会不会影响我的正常工作情况。其实，当然影响了，把我的工作生活都影响得太好了。不写博文，你怎么认识了我，我的那些客户怎么找到了我，我怎么能被某些媒体报道?

其实，无与伦比，你的逻辑又有了新问题，你说我“每天花时间”，其实，我不是花时间，我是“化时间为价值”，我是在把时间变成实践，我是在一个人跳舞。

可惜，你不是一个“天天写博客，日日造价值”运动的实践者，你无法明白，写博客的这个时间花得有多超值。

所以，我要劝你不要去追求什么“正常生活、正常工作”，因为所有的“正常”都成就不了一个“非常”的你。

你的第三个问题，表明你还不知道一个策划人是干什么的，一个广告公司的董事长是干什么的，一个公益图书馆的馆长是做什么的，更不明白一个公益策划人每天都在想什么做什么，恐怕这个问题，我一句两句还很难说清楚，只能用一句大话来回答你：我每天都在想着怎么能尽快地切实地运用我们的智慧和创意推动中国发展，改变世界，造福人类。

不管你信不信。

我是说了真话。

徐大伟

2010年11月29日

伟大之道一路都是伟大

在我博客关注人气超过了王石，超过了洪晃，超过了冯仑，超过了任志强，超过了俞敏洪，超过了袁岳，超过了徐小平的时候，我必须要对亲爱的不爱富嫌贫的网友们说声谢谢，他们都是千万博客，感谢你们给了一个百万博客超过千万级的厚爱，也许，你们创造一个人生奇观你们都不知道，喜欢百万的人终于超过了喜欢千万的。所以，我压力大了，百万的人要做出千万的好东西，但你知道，我早就放弃了“放弃”这个词很多年了。

为你，为我，为我们，花了这一辈子。

楼下人行道上的人来回穿梭，有男有女，有跑有笑，有穿棉袄的，也有光腿的。

这又是所有活在这个星球上的人的一天。

我坐在办公室里不知道楼下的他们中有多少人中午就在想晚上的安逸，午餐就在想下班后的聚会，不知道多少人工作就是为了更好地玩乐，不知道30岁的人是不是有了“而立”的具体方案和执行，二十几岁的小朋友是不是在为“而立”、“而成”做了具体的行之有效的准备？不知道那些打扮时尚性感的女子是不是在心里还是想全靠自己的姿色来求发展？不知道那些刚毕业的孩子们看着身边的大姐姐挎着GUCCI的限量版皮包心里怎么想，会不会为了这个包牺牲了自己的快乐青春？不知道那个打电话哈哈笑的男人为什么笑，他的日子是不是也是平淡无奇的？都喜欢惊奇，却都不知道惊奇也是生产出来的，没有一个生产惊奇的环境，没有一个设计制作惊奇的工人，惊奇怎么可能自己产生？大家来这里是为了挣钱吗？不是，挣钱应该是在有了正确的目标、正确的努力后自然产生的结果，但不知道多少人知道？

有的人把眼睛和思想全放在了“钱”和“色”上，这就直接影响了他正常的生活，他的生活和作为就只能朝着这个方向走去，走着走着，就剩下了他们那些志同道合的一小撮人了，什么都听不进去了，什么正确的价值观都意识不到了，建立了他们的一个小世界，你一下子就根本叫不出他们来，他们也不愿意出来，因为他们怕，怕离开了那里什么都不是，其实，他们还不知道自己本来就什么都不是，他们还在那个乌烟瘴气的小世界里不停地向外界发邀请抛媚眼，不停地诱惑那些站在悬崖边上的好奇的小朋友们。

没想到，这么多小朋友这么快就走到了人生的悬崖边，不知道什么是该坚持的，什么是该抵制和克制的，不知道不良的欲望就是拉你下崖的绳子。

他们还都不知道跟随自己的心，做自己该做的事，就是伟大，我不相信他们的心都有了问题，他们的心已经失去了公正已经输入了乱码，他们内心的深处一定还能给他们方向，一定在他们遇到每一件事情的时候，内心都会给他们建议和暗示，只是他们做了内心的叛徒，不知道出卖内心真实的想法比出卖身体更傻气，只有你还能看进去这些文字，还觉得我说的有点道理，就证明你的内心还能正常运作，你需要做的就是听你内心最深处的声音，做自己该做的事，什么是自己该做的事？前提是你要知道什么是自己不该做的事？从长远来看坏你名声、耽误你、阻碍你发展的事都是坚决应该回避的事。

很多人都对我提出的“从大伟走向伟大”感兴趣，其实，我不知道他们中有多少人知道“伟大之道一路都是伟大”，你的一言一行、你的生活、你的工作你的意志、你的胸怀、你的人品、你的刻苦、你的坚持、你的正直、你的孤傲、你的个性、你的付出、你的精神都应该是伟大的才行。

山谷里有花，山顶上有风景，捧着花看风景，这才是“从大伟走向伟大”。

策划业就是“做梦业”

坐在音乐中，闭上眼睛，昂起头，两行热泪悄然下行。

这是我给我力量和勇气的方法。

都说我白天笑得很灿烂，其实，我一个人的时候哭得也很热烈。

乘着音乐，我坐而起飞，我会飞到这个国家的上空，低头来看这个国家，这里是生我养我的地方，这里有美好也有糟粕，这里是我的广阔天地，我可以发挥，我可以穷尽一生来帮助这个国家过得好，变得美。

我甚至都不需要谁来给我一个身份，谁来给我一个地位，我的身份就是中国策划人，我的地位就是中国社会发展的“总策划”。

也许你不承认，其实，只要我承认，只要我很想很想，我就能梦想成真。

也许你又不信。不好意思，不知道你这一不信又是多少年，我没时间陪你玩，我没有那么多年来半信半疑。

没有什么比看到水流进干枯的稻田，看到食物放到孩子的口中和看到自己的梦想逐渐成真来得好。

站在民间流动图书馆的小院里，看着白色的书架，飘动的国旗，感觉一切都像是做梦，一直想干的事情，不到一个月的时间就干成了，我不知道你有没有这种感觉，这种感觉是一种说不出来的踏实。

之前起码跟上百个人说过我的这个梦想，我想找一个地方开设一家民间流动图书馆，听过的人，大多数都是笑一笑，不说话，坚决反对认为不可能的也不少，但我都没有理会，也许是我这个人太有主见，听不进大家的话，但我知道自己该做什么，不该做什么，这一路上我知道谁是真心对我好，谁是真诚想帮我，谁是嫉妒我，谁是想干扰我，其实我都明白。

很多人都听过一句话：人生就像一场梦。但是很多人却不知道这句话的深意，其实你的人生是什么样，你是一个什么样的人，你的成就有多大，全看你会不会做梦，敢不敢做梦，能不能去历尽万难冲破重重阻拦实践自己的梦想，把梦想做真?

在民间流动图书馆的小院里有这个做梦的感觉，其实，在客户的公司里，在我的办公室里，在我们设计的产品面前，在我们做的活动现场，在我们策划的城市的广场上，我经常有这样的感觉，原来，我只不过是一个专业的做梦人，我们只不过是卖梦想的，只不过是帮助企业和城市做梦和建梦的。

这样一想，好通透啊，不是很多人都不知道策划是什么，怎么做策划，如何成为一个优秀的策划人吗，现在清楚多了吧，其实，策划业就是“做梦业”，你要知道，任何一件事情、任何一个企业、任何一个产品都需要一个梦想，都可以与它们一起“做梦”，都能给它们一个梦想，都能因为赋予了它们一个梦想而找到一条美丽的成功之路，永远都要记得：即使是非常平凡的事情也可以挑战自己的想象力，也可以做梦。

只是，你知道，虽然告诉了你做策划的诀窍，但是我还是很担心，我不知道你是不是一个平日爱做梦的人，是不是一个想象力相当强的人，是不是一个敢于梦想、喜欢梦想、擅长梦想的人，所以这些都是硬件，你要想做一个出类拔萃的策划人，你就要知道策划是一个工具，用它可以推动中国，改变世界，可以创造任何你能想象到的事物，梦想创造了现实。

每个人都有很多想法，只是我更幸运一些，因为我能深入这些想法中，而且今晚想做的事情，明早一定不会变。

我没有大别墅，没有奔驰车，没有 LV，但是我有民间流动图书馆，我有一颗伟大的心，我能坐而起飞，我能闭目泪流满面，我知道什么是真实，我知道“真实”早晚会有大用处，所以，我觉得我不是一个穷人。

也许，我死了后不会上《新闻联播》，但是至少我知道我真的活过，“从大伟走向伟大”我实践过，我始终想做一个中国人民的好儿子。

我无怨无悔。

气氛弄对了，想不那样干都难

一个 70 后突然站在一群 90 后中间，十几年的差距和新鲜扑面而来，让人猝不及防。

也许这是个应该自嘲的时代，可表面的聪明人却都爱自恋，觉得自己什么都好，一好就是几十年，再过几十年，终于承认了自己的不好，可时间没了，时间没了，就会拿出“这就是命运”来做自欺欺人的借口了。

有的人一辈子就靠各式各样的借口活着，有的人一生就靠梦想活着，有的人一辈子当三辈子用，有的人一生也不过是一天，其他的日子不过是那一天的复制而已。

有的人能听进一点这样的话。大部分的人都不爱听，也不会听到，因为他们恨死了残酷的现实和冷酷的打击。

我的朋友不多，敌人多。

这都怪我爱打击人，爱用真话真实折磨人，我身边从来都不缺少被我打击的人，有的人时间长了都疲了，有的人总是在打击中越挫越勇，愈发厉害。

晚上从华彬集团气派的大楼前走过，看着豪华的大楼，奢侈的大堂，精致的行人，富足的神情，顶级的靓车，我就在想，人总是爱比较，不知道走过这条街的行人有多少人会心生不甘，有多少人会失去平衡，有多少人会激情高昂，有多少人会欲望难耐?

其实，我忽然想通了，不要跟他们比房子、比车子、比金钱嘛，你跟他们比你自己的特长啊，比你的喜好啊，比你的拿手绝活啊，比你的不可替代你的不可模仿，你总会有出人头地的一个亮点，你需要做的只是发现它擦亮它，拿出来跟人家比，这样一比，相信你就找到了新生之路。

“你叫什么名字啊？”

“我妈叫我阿聪。”

“哪个聪啊？”

“最聪明的聪。”

不知道你是不是“最聪明的聪”？

站在我身边的这几个90后小伙子却是。一个男生说：“气氛弄对了，想不喝都难。”

我知道，今天是周五，今天的世界，今夜的中国，此刻的北京，不知道有多少人正坐在餐馆里把酒言欢，不知道多少人总认为活着就是享受生活，活着就是怎么让自己舒服怎么来，若我说我每天都在尽量让自己累起来苦起来，让自己的日子过得紧凑而富有意义，每天都在想怎样让这一天过出真实、过出成果你一定不会相信，一定觉得我好傻。

其实，到底是谁好傻? 看着身边循规蹈矩的人越来越多，职业的人越来越标准化，我就有说不出来的滋味，同胞们，同时代的兄弟姐妹们，因为你不知道我是谁，因为我也无法让你听到看到这些话，所以，我很焦虑，我不知道站在路边抽着烟的男男女女你们正在聊什么话题，但我敢肯定，无论聊什么，大部分都是无聊的，大多都是没有实际意义的。不知道这个世界怎么了，凡是有点姿色的女人，都开始一身坏毛病了，不是抽烟就是一脸深沉，再不就是掩饰不掉的假傲慢和真俗气，一个网友问我什么叫“常务”？满大街上的人绝大部分都是“常务”，日复一日地做着平常的事务，一天又一天地常规地活着。

笔至如此，不知道在这样的气氛下你会想到什么，你会想去做什么，你会不会也在想我到底是一个什么样的人呢，是啊，我到底是一个什么样的人，你到底是一个什么样的人呢，都说我们活得不错，是真不错吗？

一个谁都不管谁生活方式的时代，都觉得什么人都可以有，什么样的人都可以活着，都说这是个性，其实，说句实话，很多年轻人看起来好像是个性十足，其实，那都不过是“共性”而已，你转眼看看，身边的年轻人不都是那样的吗？都打扮得好像很时尚，却都心里比上代人更物质更不靠谱更常规，都爱玩游戏，都假装达人，都爱逛街购物，都崇洋媚外，都嫌贫爱富，都见钱眼开，都整天在想钱，都没想过怎么付出就想着收获，都想走捷径，都想一夜成名一夜暴富，都是吃喝玩乐的高手，都是父母的宠儿，都什么都懂却很少雷厉风行。

不知道在这样的气氛下，说你几句对不对？

不知道你还知不知道，其实，全世界最值钱的是什么？是气氛。

宾利为什么那么贵？因为宾利制造出了那样一个高贵而稀有的气氛。车子就是气氛。一上路又是一种气氛。众人惊羡的气氛。

其实，无论你是做什么的，你是开饭店的，你是修车的，你是理发的，你是卖房的，你是经营眼镜店的，还是经营电影院图书馆的，你是厨师还是CEO，你都要学会利用“气氛”来赚钱，气氛是需要创意和创造的，这个世界本来有什么？什么都没有。什么都是从无到有的，不知道这个从无到有的气氛创造的提议你是不是过了脑子？

你会不会行动，我无法知道。

我只知道，你现在是一个什么样的人，全都是因为你想成为一个什么样的人。

气氛弄对了，想不写这样的文章都难。

总有一天你会发现那个我真的还在

这个城市的月亮真大。客户说一听就是大城市来的。

其实，亲爱的客户，不知道我的水平体没体现了大城市的气度，给没给了你首都品质级的助力?

但你给我们的月亮却是我一辈子忘不了的。

还不说那么多闪闪发亮的星星也是我多久多久不见的。

很多人都说我是一个有激情的人。我怎么能没有激情。没想到成了人，没想到自己的心里有这么多的好东西，没想到会想得这么大，没想到一天一天在向着目标前进，没想到还有那么多人喜欢我，没想到一开始不喜欢我的人也有很多开始喜欢我，不但喜欢我还来支持我，没想到天天都能见到那么多好看漂亮的人，没想到还有人愿意花大价钱来聘请我去给他们挑毛病找问题，没想到自己给自己的愿景是“从大伟走向伟大”，没想到我会想“不做广告人，就做总统”，没想到有的人说徐大伟你怎么可能能成为总统，我会回答他，我这一生就是为了“可能”而活。

刚刚从歌厅回来，有人一定惊讶，徐大伟你也去歌厅，我去，非去不行的时候我会去。

听着客户方小姑娘一首一首优美的歌曲，我一直在想，三十年后的今天我会在干什么，我们这两桌子的人会在干什么?

我不知道你现在在干什么?你在哪里?你的状态怎么样?不知道你是在家里，还是在大街上，还是在婆婆的厨房里，还是在朋友的车厢里，还是在惬意的咖啡馆，还是在兴奋的人群中，还是在某个酒店的大床上，我只想说:我们都应该有一颗想象他人生活、他人人生的心，有了这样的心，是不是才能找到自己的位置，才能发现自己是谁，才能更激情而清明地活着，才能活出一生的火花，才能更容易活出光彩。

也许有人会说为什么要活出光彩?80后的某些弟妹们的问题我已经回答

不好。90后们的问题更是让我难以回音。

其实，我写一万篇策划专业的文章都赶不上这样一篇不知所云的文章价值大，只是这个价值有多大到底还是要看你愿意不愿意吸收。

饮料有了，吸管也插好了，你不吸，还是不能成为你的能量和营养。

我不知道我为什么会在歌厅想到这些。

只是我突然觉得，我是徐大伟，我的明天、我的未来能有多光彩全看这一秒我在想什么，我在做什么，其实，有什么难的，我想到了，我就去做，全心投入全力以赴地去做，不管别人看不看到理解不理解，只要我“大志力行”，我能成为一个什么规模和格局的徐大伟，尽管我说不清楚，但我知道，我一直都知道，徐大伟，太可怕了，没想到他能这样，我也没想到。

在这个城市还看到了一句政府的口号：三年大建设，三年大发展。

我想把这句话此刻就送给你，三年大建设，三年大发展，什么叫“大建设”，你真要去弄明白，既然是“大”，就不是常规的付出、常规的努力、常规的辛苦、常规的坚持，你一切都需要超越自己，超越以前的你，最好能在这一刻就变成另一个人，变成拥有“三年大建设，三年大发展”气魄和心胸的人。

这个地方有句名言，我喜欢死了这句话，那就是：歌声不断，酒不断。

我还是想送给你，因为“你”可以是任何一个看到这篇文章的人，任何有幸活着的人，祝愿我们的人生总是能够：歌声不断，酒不断。

虽然我们不曾见面，但是，没有关系，我说到做到，总有一天你会发现那个我真的还在。

一个有真实情感的人没有什么事做不成

一个朋友气愤地对我说：“谁跟你一样，你看人家叶茂中、李光斗，看看人家的博客，看看人家写的是什么，谁跟你一样写这么多有感而发的文章，写这么多也没有多少人会看到的真实文字，谁不都是在写关于业务、关于客户、关于营销品牌的文章，谁不在宣传自己公司的案例，谁不在为招徕业务写文章，谁跟你这么傻，这么死心眼，这么管闲事？”

听着朋友的话，我只有笑。

还是被大家看出了问题。

其实，这本来就是我的问题，我开博客虽也有宣传公司吸引客户这个目的，但我却想得更多，我要有一颗公益之心和大爱之为，我不能只为我自己、只为我公司、只为赚更多钱出更大名而做事情，我要用我有限的力量影响和改变更多的人，其实，我早就想好了，我活着就是为了改变世界，能改变多少算多少，但改变世界这个志愿我不会变。

你可以笑我傻，可以认为我不自量力，但“一意孤行”却是每个成功人士的基本品质。

所以，我从开始就给我的博客找了一个位置《想法日报》，想法改变世界。改变世界当然不仅需要策划、需要创意、需要营销，还需要各种各样的理念和思想，所以，我写成了一个杂家，我不仅写广告、写策划、写营销、写品牌，我还写励志文，写年轻人，写爱情，写故事，写生命的意义，写梦想，写城市，写我对腐败官员的痛恨，写社会的不公平，写生活中的丑恶，写某些人的猥琐和卑鄙。

所以我得罪了一批又一批的人，这里面甚至还包括我的很多师长、很多朋友、很多同事同学，有的人到现在还不跟我说话，就是因为我太真实了，真实地碰触到了他们内心深处的痛点，我为很多朋友出了气，最近我又为一个朋友编了一条短信发给了他的老板：世界上最缺德的公司就是想开除人家却不想合理合法给予员工必要补偿，总是想出各种下流办法逼人家自己辞职的公司，而不幸的是，你恰恰就是这样一家公司的老板，你可以不给我们补偿，但好名声好口碑却是你花多少钱都买不到的。

看到这个短信的那个老板一定心里不是滋味，若是小人，就不会反思反而恨死了我的这个朋友，间接也恨死了我。

可能，这样是狠了点，但这个世界的某些人的品质真的有问题，他自己不对自己狠一点，就只能让我们对他狠一点。其实，这也是为他好。

但有意思的是，得罪的人多，结缘的人也不少。

其实，若是通透的人，谁不明白，一个真正有感情的人做什么不成？

总在公司楼下、停车场、电梯里看到一些打扮精致的小白领，手指上戴着各种各样的戒指，手里经常捧一杯咖啡，表情酷酷的，有的人说这就是时尚，我却有点视觉疲劳了，感觉这些年轻人挺假的，偶有一人不小心踩了他的脚，他立刻就露了本相，面容实在是难看，从所谓的时尚到丑陋还不到一秒钟，我不知道这些小资小调却离真实人生万里的人，有点钱就吃喝玩乐逛街购物，房子却靠父母购买的年轻人，还能做出点什么成绩来?

一个真实的人才能做出真实有效的方案。不知道这些活在自己制造的短暂的“时尚氛围”的年轻人，能想出什么真实有效的点子?

“你怎么回事?你想甩掉我吗?你觉得我就那么软弱，不能承受这些?我可能很软弱，但是我并不迷惑，我不知道你是从世界的哪里而来，但是现在你就是我的世界，他们是有权有势，但是我们有爱，而爱胜于一切。如果我只有一天，我也想和你在一起。一个星期，一个月，一年，一辈子，我想和你在一起。一起生，一起死。你明白吗?”

你不明白。

你什么都不知道。

天下还是“坏人”多

十个人中有九个都说天下还是好人多。只有一个人说天下还是“坏人”多。

而这个人恰恰就是我。

我的名字叫徐大伟。

有人说真不幸。

其实，我觉得我真幸运。

自从我有了这个认识和洞察，不知道怎么了，一切都那么清晰了。

所以，再见，再见昨天的徐大伟。今天已大不同了。

郊野，我从来没见过这么大的郊野，一里又一里。

在城市里待久了，人就傻了。

不知道郊野里一直就有你苦思冥想的答案。你缺少的营养，你的精神问题，大自然里都有解决方案。

一定有很多人都会说我不同意你的观点。

其实，我不是让你同意我的观点的，我只不过是想通过寥寥数字短短小文提醒你思虑一下这个问题罢了。

你知道我是知道你会对我有看法的，会觉得我怎么是这样一个人，竟然觉得天底下还是坏人多，是不是我太狭隘，我有问题，其实，你的怀疑都对，我也是顶着巨大的压力来述说这个观点的，因为全球 60 多亿人中真正支持我这个观点恐怕还不到 600 人，你说我能不孤独吗?

一次心的旅程，我想孤独是必须的，这种体验也是有益无害的。

所以，我喜欢一个人上路。

路上，我还是要讲几个小故事，听了这几个小故事，也许你会明白我几分吧。

那还是我上高中的时候发生的事，记得那是高考前半个月，我的一个女同学的妈妈从北京托人买回来的高考试卷参考书找不到了，全班人都想看这本书，全班人都很着急，全班人都怀疑是这个女同学的同桌另一个女同学偷了书，全班同学都把这个女同学当成敌人，我实在看不下去，就站起来对全班同学说，我相信张丽没有偷书，我相信她的为人。全班一片哗然。同学张丽低下头哭了起来。其实，我并没有她偷书或没偷书的证据，但我觉得过几天就要高考了，若是没有一个人站出来给她支持，给她信任，她就完了，她的高考一定一塌糊涂，她的前途就毁了。自此，全班同学都传说我跟张丽有男女关系，但是我并没有一丝动摇，依然如故，继续高调支持张丽同学，结果，她到底还是顶住了压力考上了山东师范大学，知道她考取了理想的学校时，我高兴得不得了，因为我觉得我做了一件好事。尽管有那么多同学都来排挤我诋毁我，但我想我还是做了我该做的事情。尽管，此后我们就再也没有联系过，直到今天，但我知道她一定会是一个好老师，一个好妻子，一个好母亲。也在内心深深祝福她。

我不想说我的同学都是坏人，但是在这个事情上让我看到了一个人是很容易变质的事实，我知道全班六十多个同学中一定还有人跟我一样不相信那本参考书是张丽偷的，但可悲的是，这些人最后还是当了哑巴，成了别人的傀儡，丢掉了做人的起码品格和态度。

放眼看看这个世界，这个糊涂的时代，一切都是那么虚伪和假装，省长说的话，不管合理与否，市长也会笑着上前点头哈腰，不敢说半个不字；市长的儿子混账到了无法无天的地步，县长还是陪着笑脸；局长的观点一定是对的，不对，科长也不敢顶撞。这就是现实，这还不算是“坏人”多的天下吗？

不聪明的人都明白，领导怎么可能都是对的，领导怎么可能不犯错误，可没办法，你反抗，领导就会给你颜色看，所以，你最后还是像我的那些同学一样，同流合污了。

一个公司的老板说什么就是什么，即便做了什么违法的事，亏待了自己的同事，大部分人还是装作什么都不知道，没有人会站出来主持正义。谁要是出来说几句话，还不让人家笑话死，还不让老板收拾掉。这又是现实。我不知道这样的公司还能有几个真正的“好人”？

也许，有人会说，我们变成了坏人，也是没有办法，环境使然。对于这点，我还要讲一个小故事给你听：

有个人要移民到美国，领导问他：“你对你的工资不满意吗？”这个人答：“满意。”“对你的住房不满意？”“满意。”“对医疗，孩子上学都不满意？”“都满意！”“既然你都满意为什么还要移民？”答：“因为美国允许我不满意。”

不知道你看了这个故事有什么真实的感受，我要的是真实的感受，我们的上下级领导都是“满意领导”，我们的广大媒体从来都是听话的好孩子，更是某些领导眼里的“满意媒体”，好像一切都是令人满意的。但是，你觉得这可能吗？

但不可能又能怎样呢？

眼睁睁地看着道德沦丧的商人招摇撞骗，道貌岸然的领导干部们周游世界，自甘堕落的年轻人不是沉浸在了网络游戏就是迷恋于误人子弟的娱乐节目，不知好赖只知见钱眼开的人越来越多，不分青红皂白只顾拍马溜须的人满街都是，耍小聪明玩小阴谋的小人越来越猖狂，我们能做什么？

我又能做什么？

除了写这篇文章，期望你能悄悄问自己：我是一个好人吗？我不欠人家的吧？我有什么地方对不起人家吗？我有没有欺骗过他人？我对得起自己的良心吗？

此刻，我多么希望也跟你一样。

相信天下还是好人多。

但我不能骗自己。

那个滋味不好受。

我准备实验这一生

我不可能不经常想这样一件事情：我一次次地刺痛你，一次次地得罪你，结果会是什么？

我偏安一隅，我孤身人间。我总是不停地问自己：自己所在的这个点，能成为一个什么样的点，这个点何时才能成为撬动世界的那个点？

我痴人说梦，一说就是三十几年。关于此点，我绝不放弃。

实在坚持不下去的时候，我就痛哭流涕地对自己说："徐大伟，对不住了，你要挺住，我们就用这一生来做一次人类无限可能的大实验吧，不管实验的结果是失败还是成功，其实，对于我们来说这实验的一生都是无比有意义和价值的，对于我们这也许就是成功吧。"

我同意了。

于是，我更疯狂了，更能折腾了。都说不折腾，我真不同意，不折腾，怎么创造怎么超越想象，怎么有大跨步大成绩？

于是，我不爱和谐，爱折腾。

这又被某些人恨和不喜欢。

可实验总是这样，不能谁的脸色都看。

我这个人的个性就是想做的事，一定会去实践，不惜一切代价和时间地做到我满意为止。

所以，从今天，2010 年 8 月 23 日，我这个命名“徐大伟种子号”的实验就全面开启了。

之所以把这个实验命名为“种子号”，就是想我若把这种种子实验成功，就可以转赠给你，就可以撒播大地，一夜春风，开花结果。

没关系，你不用担心，我总能察觉霜降时节到来的迹象。因为只要赤着脚走一会儿，透过双脚就会传来泥土温度下降的信息。

热爱土地，土地就热爱你。

梭罗说：“带着自信朝着梦想前进，只要努力实现自己想要的人生，总有一天会得到意想不到的成功。”

你不听我的，却没理由不听梭罗的吧？

平直的道理，我们说了不知道多少遍，但素直的心灵你却总是难以拥有。你总是不知道没有一颗素直的心，再多平直的道理，你都不会听进去，你也还是那个实际上自己都不喜欢的你。

你当然也可以去实验，人生短促，我们没有理由不去做自己真正喜欢的事情，你做自己真正喜欢的事情都不一定能竞争过众人，何况你还做着自己不喜欢不擅长的事情，还想怎么样怎么样，这又是聪明人做傻事了。

我经常跟同事们笑着说这样六个字：不要锦上添乱。今天也笑着送给你。

不要不好意思，其实，我也会犯这样的错误，锦上没添花，却添了乱。所以你要有自己的原则、自己的准绳、自己的判断、自己的思想，知道什么是锦上添花，什么是锦上添乱。

所以，聪明人千万不要做傻事。事实上，傻事基本上全都是聪明人做的。

这又是世界可笑的另一面。

人们都想实现自己的愿望，其实，想要实现自己的愿望前提是必须在现实生活中体现出与之相符的思考方式、人生态度、行动准则、不屈精神。你想成为一个什么样的人，都得有你想成为那样一个人的生活方式，就得一天一季一年不停反省自己做好一切准备，伸出双手欢迎那个你的早日到来。

我不可能不经常想这样一件事情：我一次次地刺痛你，一次次地得罪你，结果会是什么？

会是既恨又爱我吗？

那就对了。这就是爱。

没有人不爱睡觉，没有人不喜欢舒服

一个时髦的小姑娘走过来笑着对我说：“午安，徐老师。”

我笑：“午安。”

漂亮的姑娘，漂亮的时光。

她不说我还忘了这个地方中午是要午睡的，我的几个同来的同事都很兴奋。

环境真是改变人。

在北京中午只休息一个小时，不午睡，照样上班做事情，也不觉得困。

可是在这里，到了中午，大家都去睡觉的时候，你就会感觉这个时间本来就叫“午睡”，你不去，你改变了这个时间的用途，你就有那么一丝小遗憾。

不知不觉你也会觉得困了，累了，你也想去睡觉了，你睡了，最后你还是跟大家一样了，做了“大众”。

其实，每天可能我们还不自觉，我们走的街道、接触的人，都对我们的为人处世产生了巨大的影响。

所以，这就是为什么很多人都想尽办法要到更好的城市，买更高品质小区的房子，交更有品位朋友的原因。

其实，世界最美的事情是什么？是睡觉。无论是一个人睡，还是两个人睡，都是美事。

我身边的大部分人周末都会睡到很晚，睡到中午时分的最常见，一到周末了，就是怎么舒服怎么来。

我对他们说：越睡越懒，越睡越想睡。这个世界上没有人不爱睡觉，没有人不喜欢舒服。就看你怎么规划自己的人生了，就看你想要什么了，其实，你能有什么样的生活，你能成为一个什么样的人，你能有多大的出息，全看你心里怎么想，你怎么给自己任务。你周末可以睡一整天，可以舒服两天，可你有没有想过，他人，那些你的竞争者，那些你的同行，那些优秀的人，那些你认为成功的人，他们的周末是怎么过的？他们是不是也花了这么多的时间来睡觉去舒服呢？

听了我的话他们的表情惊人地一致，都用那种我说不出的样子看着我，好像在对我说，你现实一点吧，说那么多大道理干什么？我为什么要吃苦，我睡点觉，充分休息一下，让自己舒服一点难道有错吗？

其实，你真错了。凡事都一个理：有付出才有收获，付出多，收获多。这个时代，人与人之间比什么，比的不就是下工夫的程度，时间利用的好坏吗？都是大学毕业，智商差不多，年龄差不多，能力差不多，还不就是看谁更真实、谁更投入、谁付出得更多、谁吃的苦更苦吗？

难道你跟人家还是比谁更会休息、谁更会玩、谁更酷、谁更时尚、谁更小资小调、谁更会讲笑话、谁更帅谁更苗条、谁家更有钱、谁的父亲官更大、谁更讨女孩子喜欢、谁更会所谓的生活吗？

朝着自己的想法持续进行

我是一个奇怪的人。

奇怪到我的奇怪状况进展的态势自己也难以把握。

昨天，我又做了一件奇怪的事。

走在街上，看到车来车往一刻不能停歇的马路，路上打扮得花枝招展的女孩子和男男女女满脸逐笑的假日表情，热闹的商场和人行步道，我突然变得很奇怪，跟徐大伟说：赶紧回家，马上立刻，现在就走，一秒钟也不能耽搁。现在就是超越他们的最好时刻。

我所谓的“超越他们的最好时刻”，也是我发明的一个奇怪的理论：在街上的时间越多，出人头地的机会越少。决定一个人能不能走向成功的一个重要因素，就是看他的假日生活的质量，假日时间利用的状况，一个人的时间多少。

所以，我突然就很想赶紧回家，逃离那个平凡的现场，追求自己的卓越时光。因为我知道，生活的平凡不可能带来人生的奇迹。

我知道，你能看到这篇文章，说明起码此刻你是回家了，到单位了，但并不等于，周末你没在过着常人的生活，玩着常人的游戏，浪费着常人的时间，所以，我要跟你讲一个六个字的理念“梦想、梦乡、梦享”，试试你的深浅。

先来讲“梦想”，不管现在你有没有梦想，但是我想最好是你应该有个梦想，因为，没有梦想就是没有方向和目的地，人的一生就像是在自驾游，你开车出去不能没有方向，不能总是东跑西跳，最好是要有一个想去的地方，这样，你才不盲目，你的计划才周全，你也知道要加多少油。而这个梦想也没有那么复杂，不过就是你自己的想法而已，你总会有各种各样的想法，这些想法中一定会有一个是关于你的人生未来的想法，那就是你的梦想，所以说，一个人有了梦想才是完整的人，才是一个准成功的人，若连梦想都没有，严格意义上讲就不算是一个真正的人，也不可能成功。

接着说说“梦乡”，好像用这个词来形容现在的很多年轻人生活是最恰当不过的了，他们是“梦乡的一代”，每天不是玩就是吃再不就是睡，这一睡就是晕头转向，没白没夜，就是身体不睡，意志和精神也早在打着哈欠，“男儿当自强”、“好男儿志在四方”的呐喊在他们这一代看来都是笑话，不说是志在四方，就是给他们足够的钱找到足够的朋友帮忙让他们一个人来北京发展，他们好像也没有这个勇气，更不用说不给他们足够的钱，也不给他们找关系。一句句天真的反问“我为什么要吃苦呢？”“我为什么要去一个陌生的城市受罪呢？”总在我耳边回响，有时候真让我措手不及，不知如何是好，是啊，人家为什么要吃苦？人家是“官二代”、“富二代”，饭来张口，衣来伸手，路铺好了，他们走就行了。可我又在想：付出才有回报，没吃过苦就直接食甜，这个甜能吃到什么时候呢？不知道苦的滋味怎么能尝出甜的真味？不知道甜的来之不易，怎么会珍惜甜？不珍惜甜，接下来就是苦了，所以说，到头来谁都不能侥幸，谁也不能逃脱，不吃苦哪来的甜？

再说说“梦享”，有梦，其实是人生的一大享受。享受梦想，享受为梦想而拼搏的过程，其实一切都是过程，结果都一样，就是离世而去，人人皆是。

而真正的“梦享”也不是一般人能得到的，还必须有那样的人生境界和态度才行。

说完梦想、梦乡、梦享，我还要谈一点我对年轻的朋友们的建议和期望，这个建议和期望就是“四化建设”：

一是国际化建设。年轻人一定要注重自己的国际化建设，无论是语言还是眼界还是开放程度、整合能力、创新水平，都要向世界级别看齐，都要有一颗“世界心”，做一个“世界人”。

二是时尚化建设。一定要找到时代特色，做出时代特色，而这个时代感和时代需求就是我认为的时尚化。

三是公益化建设。其实，我们做人做久了，就疏忽了很多基本的东西，人本来就应该都是公益的，人人都是公益人才对。什么叫“公益人”？对众生有益的人。注重从自己当前做的事情中体现出公益化，就是成就与众不同自我的最好方法之一。

四是本质化建设。透过现象看本质的能力一定要想办法拥有，无论做什么之前都要想想这件事的本质是什么？为什么要做这件事？这件事对人类对世界的价值是什么？一定要从更大的角度、更宽的视野中找出这件事的目的和意义。

最后我还想用文章题目的话寄语年轻的朋友们：朝着自己的想法持续进行。不管不顾，义无反顾。

也以此祝福大家。

我也算是榜样吗

有意无意间，我在网上看到了这篇文章。大为高兴。

我最喜欢两种人，一种是夸我的人，一种是骂我的人。我这种靠创造力打天下的人，其实，每天必须得受点刺激才行，带点颜色的刺激很好，骂声绕耳的刺激更有劲，称赞声中长大也不是坏事。所以，衡量一天是不是够充实和酷，就一个标准，那就是要看“刺激源”够不够。

一个奶奶说我老多了，比二十几岁的时候差远了。这就是生命的规律。

现在想来，二十几岁的时候真是好啊，若再给我一次二十几岁的青春年华，我一定不会去荒废那么多的时间跟同学们打扑克，不会参加那么多的同事聚会，不会去那样，不要干那个，可惜，我的二十几岁永远也回不来了，但你很幸运，你还有，有大把的二十几岁的好时光，你就以我为戒，不要那么傻，把自己一生中最好的青春时光都给了不重要的人和事，自私一点，谁的二十几岁的？你的。谁的人生？你的。谁的付出你才能收获？你的。

不多说了。不如把一个叫“自己人”的网友写的文章转发给你看吧，不如在看中你也收获一些，每次我出去开会去客户那里，不管是半小时的路程还是十分钟的路程，我都会逼着自己说徐大伟这一路上你一定要有一个新想法，不能降价，也不打折，必须想到，所以，每次逼自己，都有结果，我想，你也可以试试，其实，想出人头地还有什么办法？不就是事事处处逼自己吗？

学习的榜样徐大伟

作者：自己人

徐大伟何许人也？

京城四大才子之一、著名策划人、创意人、品牌策略专家、中国十大策划人（是自称还是他称，无从得知，我只知道比我有才华、有智慧。所以我要向他学习）、品牌中国产业联盟专家委员会成员、我学网（开复学生网）成长顾问、北京徐大伟广告有限公司董事长。

向徐大伟学习，能否成为“才子”、“专家”还是未知，但能不误入歧途是一定的。

徐大伟说：“同胞们，求求你，读点书吧。”我听你的，我开始读书了。

徐大伟说：“书是我的十大奢侈品之一。”我向你学习，把书也纳入我的奢侈品行列。

徐大伟说：“年轻人，你们除了钱，什么都缺。”我领悟了，所以我努力补充钱之外的东西。

徐大伟说：“活着，不能偷懒，谁偷懒谁倒霉。”我记住了，“倒霉”会绕我而行。

徐大伟说：“年轻人，千万不要‘中庸’而要‘中用’。”我看到了，我证明给自己看。

徐大伟说：“普通大众看广告只有5秒钟时间，5秒钟看到什么就是什么，明白什么就是什么，记住多少就是多少。”我受益了，我要抱有做事之心。

徐大伟说：“你该下的工夫缺不了，你该收的果实谁也抢不去。”我相信，我觉醒了，我还有救。

徐大伟说：“在一个弯曲的世界，你要做一个正直的人。”

徐大伟说：“怕热就不要进厨房，进了厨房就要把菜做好。”

徐大伟还说：“……”

他说的太多，你想知道可以自己去看 http://blog.sina.com.cn/xudaweiguanggao

徐大伟我要向你说，作为你眼中的“年轻人”，能和你的文字相遇，我感到非常幸运同时又万分惭愧，幸运的是，你的文字触动了我的心灵，你的“以身作则”给了我前进的动力，让我明确了目标。惭愧的是我知道的太少，做到的更少。在和你的文字相遇之前，我趾高气扬，见到你的文字那一刻我便无地自容……

我想说，你是我学习的榜样。

没有一片雪花下错了地方

坐在这个城市的一座大楼的一个角落里，一个人面对一切，心奇静，光奇好，做徐大伟不容易，每天都会想到那么多的事情，那么多的事情又必须尽快地说出来，怕我不说，没有人说。

怕很多人不是不知道，是不爱说，是不想说，不想说了让他人偷学去变得好。

其实，认识自己是认识一切知识的基石。

一个同事问我：“徐老师，你说你不参加同学、老乡聚会和集体娱乐活动，不是参加这些活动可以扩展人脉吗？”

我又说了真话：你又错了，这是你们年轻人最爱犯最普遍犯的错误，总是常规地以为多跟老乡、同学、朋友们聚会，就能认识更多的人，交到更多的朋友，得到更多信息，找到更多发展的机会，其实，你们都不知道，你们错了，你一定要记住，你们这个年纪，最重要的不是关系不是交朋友不是发展人脉，因为你们还没有练好内功，你们还没有跟人家互换的价值和实力，你们现在最重要的是抓住每一分钟一个人的时候刻苦奋斗，努力提升自己，让自己拥有了真本事真功夫，你再出去，去交朋友去发展社会关系，你才会发现，一切都有了本质的不同，你上了一个层次，你周边的一切都上了一个层次，你跟那些你曾经羡慕的人原来也可以平起平坐平等对话了。若不那样做，你就是一个平凡的人，跟大家都一样，周末不是老乡相聚就是同学逛街，再不就是跟认识不认识的人在娱乐场所无所事事，到头来，什么都是一场空，哪天突然发现，自己的某个同学或同事，成功了，成名了，才忽然发现，这个同学或同事原来就是那个几乎从来不参加你们聚会的“讨厌鬼”。

可是，对你来说一切都完了。

其实，你谁都不认识都没有关系，只要你认识自己。

你知道自己的特长，知道自己的力量，知道自己局限，知道自己的前途，知道自己的使命和活着的意义就好了。

有时候，我就很焦虑，很着急，我不知道自己用什么方法才能让更多的年轻人知道，他们真的都错了。一出手一做事就错了，从根子上从观念上就错了，看着一个城市一个城市的年轻人一个比一个有个性，一个比一个傲气，我就想，怎么办，这些可怜可爱的年轻人，他们还在自信以为跟大家一样地生活和工作，就这样一直下去，就能成功，就能得到自己想要的东西，岂不知他们这样一直下去，不但不能成功，甚至还很容易失败，失败一次恐怕就很难让他们再站起来，因为他们没有这个心理准备，因为他们的期望值太高，因为他们被社会环境被他们的同学朋友乃至家长老师们给“虚假化”了，早就丢了自己的本来面目，失去了自己的真实，更让我可怕的是每次我语重心长对他们演讲的时候，他们中总是会有一些人的眼神很奇怪，好像在听痴人说梦，好像在端详外星人。

我没关系，他们怎么看我都没有关系，但他们怎么办，谁能救他们？

一次一群年轻人在我身边走过，没想到他们聊的话题竟然是，一切都是命注定，不用去闯不用去争，什么命就有什么样的人生。

这太可怕了，没想到中国民间的一句俗语竟然贻害到了21世纪的时尚年轻人，说到命运，你说我是什么命？其实，我早就知道我是什么命。我是伟大的命。你什么都随波逐流顺其自然就能等到你的大富大贵的命吗？什么命不是靠自己每日的坚持、每日的辛劳、每日的付出才换来的，亲爱的单纯的年轻的朋友们，快醒醒吧，其实，这个世界凡事都不是命定的，每个人都可以自由地改变自己的命运，你不相信这点，你的命就只能由环境和他人来决定，你相信了这点，你就可以去创造出只属于你的美丽的独一无二的命运。

没有一片雪花下错了地方。没有一个人最后不是自己决定了自己的位置。

这个世界上，一定有一条路是属于你自己的，如何找到这条路，需要由你内心的智慧来指引。

大连，大为，没想到你们真的都没变

我不知道现在是一种什么样的心情。

一路走到酒店，看着周边的人来人往，行色匆匆，关店客走，突然不知道什么滋味。

这是一个我生活了四年的城市。

八年不见，没想到很多地方还是老样子。

我曾经在这里苦过笑过走过拼搏过，今天一见，心情难以平静，明天就要去哈尔滨了，大连一直都在这里，这里的街没变，感觉没变，只是我走了，这一走不知道又是几年不能见面。

人啊，就是这么匆匆一生，狠心的时候多，爱心的时候少。

在首都机场的时候，看到大连这两个字，我第一意识就想到了这几个字：往大里连。

为什么会这么想，我讲不清楚，只是觉得，大连，“大”和“连”都是大连的核心价值，往大里连，未来无限。

这一直也是我的策略。

看到了新宝来的广告，我又想到一句话，算是免费送给他们：宝来，宝，真的来了。

晚上见到了我大连的兄弟，我的恩人，在我吃不上饭的时候，经常买菜到我的租住屋里给我做饭，并偷偷留下一百元、五十元。我永远都需要感谢的人，见到他，真高兴！

没想到，这么巧，今天正好还是“感恩节”，我真的要感谢他，谢谢他在我最艰难的时候给了我最真心的帮助和信任。

是他让我走到了今天。我不知道哪个人不需要这样一位踏实真心的兄弟？我不知道又有多少人能像我这样幸运？也不知道有几个人真的珍惜了这样的兄弟？出租车司机叹口气说：“现在的人，良心真的坏了。”

我不知道现在到底还有多少人的良心没有坏？

我的兄弟叫张大为。大为对我说：“现在你是在爬坡，你既然干就不要随随便便干，就要想尽一切办法干好，你要咬住牙，尽管你现在很累，压力也大，但是也要坚持住，你现在没有什么负担，尽情做你该做的事情，在四十岁之前看看能不能爬上这个坡，爬上了什么都好说了，你的一切都不同了，你的人生也全不一样了。”

看着大为，我一直点头，八年不见，我和大为都老了。但兄弟就是兄弟，他的话我全记在心里。

胜利广场分手的时候，大为说：“你好好折腾吧，我真的希望你能做出一番大事业来，抽空到国外多走走多看看，看看人家是怎么做的，你的视野又会上一个台阶，你的层次也会提高不少，你的境界也会不同。”我说：“你说得太好了，我真应该抽空就出国转转。”他说：“回吧，我走了。”我说：“我在北京等你啊。”大为边走边回头说：“等我带着老婆孩子去北京找你。”我说：“好啊。”

我大声对大为说：“保重啊。”他说：“你也是啊。”我又老远喊了一句：“保重啊。”

一转头，泪流满面。我不知道大为是不是也在哭，但分手之前我已经看到了他的闪烁泪光。

走了几步，回头看大为，眼泪不停地流下来。

我的兄弟，对我最好的朋友，转眼就分手了，从此，又不知道几年才能相见，我如何才能报答他对我的情意?

大为依然实实在在，走路如风，说话依然真情流露，全是为你好，什么都没有变，只是感觉人老了一点，看到了大为，我突然发现，这些年我太冷血了，从来没有主动联系过他，大为原来就是我的镜子。

看到他，就知道我的样子。

在爬坡的时候竟然忘了帮我上山的人。

看来一个“感恩节”根本就不够，明年就是我的“感恩年”。

谢谢你的专程路过，其实没必要

总是有网友在《想法日报》留言：专程路过。

每次我都在心里对他们说：谢谢你的专程路过，其实没必要。

也许你好像认为，我写这些文章我设立这个《想法日报》就是为了增加点击率，可那早就不是我的追求了，点击率再多其实都没有什么大的意义，关键是能让看到这些文章的人得到启发获得效益，哪怕一天只有一个人看，也没关系，只要真的对这个人有了作用，给了他力量和营养，我就已经很满足了。

所以，我不需要你的专程路过，不需要你浪费精力跑我这里匆匆而过，什么都带不走，什么都留不下。

可能有的人会说，我们每个人这一生都是空空来也，空空去也。其实，这又是一个“大众的谎言”，大多数人可能都是空空去也，人生一世，无所事事，双手空空，来去匆匆，什么也没留下，但你知道孔子他人是去了，但他的精神他的思想他的灵魂却留了下来，伟人留下的东西、多时间久，不是伟人的优秀人留下的东西也不少，时间也不短。

所以，看一个人成不成功，生命的长短，还不能只看身体的寿命，还要看精神的年龄。

所谓人生，就是在每一个当下，尽心尽力地做好眼前的事情。没有什么是现成的，必须靠自己去求取。

这个社会其实真可怕，可怕有那么多的无心无情的人，什么都不在乎的人，什么都不相信的人，什么都无所谓的人，什么都顺其自然的人，什么都差不多的人，什么都稀里糊涂的人，什么都没有底线的人，什么都同流合污的人，什么都假公济私的人，什么都以己为本的人，什么都不真实的人，什么都言不由衷的人，什么都不坚持的人，什么都表表面面的人，什么都路过的人。

更可怕的是，我还不知道你是一个什么样的人，不知道我们的政府领导是一个什么样的人，我们的警察都是一些什么样的人，我们的老师是一些什么样的人，我们的同事是一个什么样的人，我们的客户是一个什么样的人。

所以，所有的好事前提必须要有一个好人，好人才能做出好事，好人才能当好领导，好人才能治理好国家，好人才能教好学生，好人才能有好报。

“春困秋乏夏打盹，冬天还不愿意起。”这就是很多年轻人逍遥的四季生活。

我还能说什么呢？人活得多么不容易。春不困，秋不乏，夏天不打盹，冬天早早起，不知道做到了这些，是不是就拯救了一代年轻人？可谁会去做这个工作呢？没有人。只有你自己面对自己，面对这篇文章的沉思，才能拯救你。

你不能指望别人，别人还在指望别人。你只能做自己的别人，特别的人，只有做一个特别的人，才能适应这个特别的时代，才能活出特别的光彩。

“有时高高峰顶立，有时深深海底行。”这就是我的人生向往。你的呢？你的高峰在哪里？你的海底呢？

不得罪你，是为了我。得罪你，是为了你。

我选择得罪你。

谁真的明白乙肝病毒携带者

坐在窗前，反复听一首音乐，眼泪自己就下来了。

每次流泪的时候都是我最幸福的时候。

因为每次流泪我都得到了太多。不常流泪的人一定太平淡。

这次流泪中做了一个决定：有感而发，只写感动我的人和事，还有真的不错的想法。

中国肝炎防治基金会给我打来电话说想要给民间流动图书馆捐赠一些书，我说好啊，问打电话的同志是什么书？他说是关于预防乙肝方面的科普书。我一听是乙肝方面的书，就为了难，我不想向广大读者赠送乙肝方面的书，也不好意思马上就拒绝，只好说“好吧，你们把书的大概内容发给我看一下再说吧。”

实际上，他们发来的内容，我没看，我不想看。可今天上午他们又一次打来了电话，说他们真的没有任何商业目的，就是想让我写篇文章呼吁一下社会不要歧视乙肝病毒携带者和乙肝患者，说我的粉丝不少，影响力也不小，我写有用。

晚上的时候，看了一下“一天的倒车镜”，发现，我拒绝他们，不收书，不写文章，不就是一种对乙肝的歧视吗？

原来，我就是一个个案。写我自己就好了。

坦白说，我也没脸说别人，我就是一个歧视残疾人和乙肝患者的人。上午还是。希望此刻不是了，今后不是了，永远不是了。

每次在路上、商店或机场等地方看到残疾人，尽管我没有明显的不友好的眼神和行为，但心里总是有一怕，就怕他们过来问我问题求我帮助，我不愿意跟他们打交道，我怕麻烦，更不用说乙肝病毒携带者，尽管我也知道乙肝病毒携带者中国就有1.3亿人，十个人中就有一个是乙肝病毒携带者，乙肝携带者并不传染，也不可怕，跟正常人一样，正常工作和生活，但我心里还是一意孤行，若知道此人是乙肝病毒携带者，我就绝不会与他一起用餐和做朋友。此外我还是一个典型的“以貌取人”的人，我面试通过的人，不是漂亮的，就是帅的，再不就是既漂亮又有个性的，既帅又有才的。

所以说，我是卑鄙的。天天自以为自己有多了不起，能写几篇又长又没什么创意的文章，拽几个小点子，就感觉了不得了，好像自己真是什么名人一样，天天被叫着“徐老师”，却每日都做着连学生都不稀做的见不得人的“歧视者”，想想就可恶。

我算什么东西。跟普通人有什么区别。当官的歧视不当官的，官大的歧视官小的，亿万富翁歧视百万富翁，百万富翁歧视白领，白领歧视餐厅服务员，有房子的歧视没房子的，住别墅的歧视住平房的，城市人歧视农村人，农村人歧视要饭的，公务员歧视打工者，国企歧视私企，市内歧视郊区，强国歧视弱国，高个子歧视矮个子，开演唱会的歧视没开演唱会的，悍马歧视宝马，宝马歧视千里马，煤矿老板歧视煤矿工人，在职者歧视下岗者，没病的歧视有病的，不残疾者歧视残疾者。

所以说，我们都有病。不是身体上有病就是精神上有病，再不就是富贵病、空调病、肥胖病、美容病、偷窥病、欲望病、游戏病、心理病。所以，做人还是要给自己留后路，自己有什么毛病自己最清楚，不要去做一个讨厌平庸的普通人，不要去学着跟他人一样歧视这个歧视那个，其实，这种歧视的心态是最该歧视的，彻底暴露了你的势利眼和猥琐心。有本事你去歧视某些整天逍遥自在无所作为的官员，不但歧视他们，最好是揭发他们。不敢了吧?

见到残疾朋友和乙肝携带者，都能微笑以对，都能在心里表达一份深深的祝福，这才是我们应该做的，同情他们的遭遇，也感恩自己的幸运，尽管这样做没有什么了不起，但你做到了，你就是了不起，因为大多数人都做不到，你做到了，你就会在没有人的时候也能对自己微笑，你就是一个富足的人，尽管也许你还是一个穷学生，一个没人跟的单身汉，但是因为你拥有一颗美丽的心，所以，你终究会有一个美丽的人生，这就是回报。

虽然，我诚挚地恳请大家不要再去用异样的眼光和行为对待与我们不太一样的残疾人和乙肝患者、艾滋病患者，但我想，恳请的作用最多也就影响三成人，剩下的七成人还是一切照旧，我行我素，他的地盘他做主，把残酷当潮酷。

所以，我还是要对残疾人朋友、乙肝病毒携带者、乙肝患者、艾滋病患者们说上一句：你不必在乎和非要现在就去改变他们对你们的看法，你们要改变的是你们对自己的看法。

身体可以携带病毒，但精神不能携带，心生万物，你想要坚强，你就会坚强，你想出人头地，你就会出人头地，你想成就人生，你就会成就人生。

关键的是你们一定要挖掘出自己的天赋，展示自己的独特。

让心底流淌的音乐，彻夜激荡。

第五章

时代在变，社会在变，你也随波逐流

SHIDAIZAIBIAN SHEHUIZAIBIAN NIYESUIBOZHULIU

这个时代真的需要“减压中心”吗

这个时刻。

我的心可以装下整个世界。

昨夜在一个德国风格的酒吧里聚会，我与友人一起去洗手间。友人洗完手后说：“啊，没有纸了。”没想到刚洗完手的外国友人张口说：“这里有。”

我俩你看我一眼，我看你一眼，傻了，我笑着说：“他中文说得比我都好。”

我俩笑嘻嘻地出来正要跟其他友人们说这件事。

没想到，我一张口，刚才的外国人正走过，他边走边用中文说：“他要说刚才去洗手间说纸没有了，没想到一个老外用流利的中文说，‘这里有’。”我们大声笑。他边走边跟我们摆手，我们也摆手。

这个夜晚因为遇到了这样的外国友人，而让人恍若隔世。

这里是北京吗？这里分明是世界的一个中心。不分国界，不分人种，不分肤色，不分信仰，大家都在这里快乐。

那一刻已是北京时间凌晨一点半。

一个友人站出来说：“我跟大家说，谁都不准走，接下来我们去地坛金鼎轩吃夜宵。”

我赶紧说：“我真是怕了你了，这个晚上还有完吗？”

大家嘻嘻哈哈地又驱车从燕莎赶往地坛。

看着金鼎轩里人头攒动的食客，门前络绎不绝的进客，听着隔壁房间里传出来的优美歌声，一个友人感叹：“都凌晨两点了，还有这么多人在唱歌在吃饭，在等位，这个北京。”

先是吃海鲜，接着去酒吧，再接下来去夜宵，司机说这就是群体夜生活的整套内容，我们这个夜晚基本做全了。

一圈下来，打开家门的时间是凌晨三点半，我刚进门，就听到我们这层的邻居家的门也“砰“地一声关上了，显然，他也是刚回家。

这都是怎么了，当一个城市开始成为不夜城，说明了两点：一点是这个城市物质发达，另一点是证明这个城市精神空虚。

看着公司楼下的“减压中心”的招牌，我就在想：多么滑稽的世界，多么浅薄的人性，忙一点了，累一点了，感觉紧张一点了，痛苦一点了，就赶紧千方百计地寻欢作乐减压放松。

这个时代真的需要“减压中心”吗?

一个发展中国家，一个在世界上没有多少地位和话语权的国家的国民，会有多少人真的需要“减压中心”？

大部分不都是自找理由、自我宽慰、自我放弃、自我逃避吗?

大部分的中国人需要的其实不是“减压中心”而是“加压中心”。

刚毕业的大学生都想考公务员，所有的家长都希望自己的孩子成为公务员，起码也成为一个事业单位的职员，最起码找一份稳定的没有压力的工作，最好是哪里也不去，就在自己的家门口，不管这个家门口是一个小镇还是一个四流县城，只要孩子能在自己身边就好。

很多家长会说，这是为了孩子们好，其实这是为了他们做家长的好。自私的家长培养出来的只能是更加自私的孩子。反过来都受罪。

其实大部分的中国人都活得太舒服了，太表面了，太势力了，太俗套了，太人云亦云，太缺乏个性，太堕落，太腐败，太肮脏，太糊涂，太中庸了。

大部分的中国人都需要“加压中心”。

在这个世界上要想有一番作为，没有白做人类，让自己从内心里感受到充实和幸福，你必须要有无穷的意志力，你必须忍受痛苦。你不能可怜自己，稍痛而止，你要跨越痛苦，甚至爱上痛苦，别人做十下的动作你要加倍磅数做足二十下。

是减压还是加压。

我想你心里有数。

一个到处都能遇到“QQ 男”“淘宝女”的国家，未来会成什么样子

这个题目又写大了。

但“大”不就是我的格调吗?

也许，有人觉得一个人的名字没那么重要，其实，无论是一个人、一个城还是一个产品，第一重要的就是要有一个好名字。

名如其人，名副其实，就是最好的追求。

我叫徐大伟，大，就成了我的格调，伟，就成为了我的方向。

有格调，有方向，人生就不会迷茫。

不知道你有没有这样的感觉，这个世界已经被无数个“小”所占领了，小官员、小商人、小丈夫、小医生、小心眼、小胸怀、小努力、小付出，处处可见，无所不在。

在“小人”、“小物”的世界里，我一直都满含泪光，充满焦虑，每天都在想怎么发挥智慧发展创意，贡献我的思想我的理念，改变同胞，改变中国。

尽管这样很多人就会讨厌我、大骂我:“徐大伟，你以为你是谁？”

其实，你知不知道自己是谁我不知道，但我是幸运的，我知道自己是谁。

我是徐大伟，我也可以成为“徐伟大”。

全看我的心有多大多强，看我怎么想，怎么做。

电梯里遇到一对装扮时尚的小情侣，女孩对男孩说：你的手机一打开就是 QQ 空间，我的手机一打开就是淘宝。

我突然想出这句话：一个到处都能遇到“QQ 男”、“淘宝女”的国家，未来会成什么样子?

也许你还是会说些“行话”：这样的国家未来一定大有前途。

你说不说真话，其实，对我不重要，只是你总是说假话，你的人生也会变假，你的德行，你的态度，你的良心都会受到影响，慢慢变假。

在一个虚伪的世界里，真诚是王道；在一个假话漫天飞的时代，真话是真金。

我还是那个我，我不会变，我要说真话，一个到处都能遇到“QQ男”、“淘宝女”的国家，未来一定不成样子。

我知道很多人一定不愿意听这样的真话，还在企图温柔地骗死自己、骗死这个世界。

只是可惜，今天你遇到了我，一个不知天高地厚的我，我的话还没有说完，我还要说，现在的年轻人，80%以上都不成体统了，都同流合污执迷不悟了，都世俗成了俗人，都物质到了骨头，一张口就是钱，一聊天就是房，一回家就是上网，玩游戏，聊QQ，逛淘宝，一出门就是浓妆艳抹，表现表面。

不知怎么了，一下子就想到了“悬梁刺股”这个故事，古代苏秦悬梁刺股是为读书，为成才，而今“悬梁刺股”的年轻人也有，只是他们不是为了网吧游戏，就是为了夜场寻欢。

这样的世界，还要让我说，一切都是美好的，一切都大有未来？

亲爱的同胞们，能不能正经点，男人都在网上挂QQ，无聊的话一句接一句，无聊的好友加了一个又一个，美丽的青春时光被无知地浪费了一段又一段。女人整天就喜欢腻歪在淘宝网上，一遍又一遍地看着各色服装服饰，买了一件又一件，能穿的却没有几件，可她们并不长脑子，第二天照样淘照样买，只知道逛淘宝网，却永远不知道，真正的宝，其实是自己，从自己身上淘宝才是一辈子的正事。

眼看着这个世界上不干正事、不走正路的人越来越多，却一点办法都没有。

就是这个时代最大的残酷。

为什么有点姿色的女孩都拿三五千的手机

从黄昏到入夜，我一直都在想，今晚的文章是写篇大的呢，还是小的呢?

写小的。也可以。但心里总是有点不舒服，写小的是不是在偷懒啊?

这样偷懒是不是会有报应啊?

坐在电脑前，一直还在想，这两个小时是给一部刚看了一个开头的好电影呢，还是给一篇大文章。

几轮下来，还是听了内心的指令，写大的。

一个人活着最重要的就是你能听到内心深处的声音，并且竭尽全力地随心而为。

一位哲学大师说过：生命本身是一张空白的画布，随便你在上面怎么画，你可以将痛苦画上去，也可以将完美的幸福画上去。

今夜，我把一个百思不得其解的问题画上去，希望以此能够利国利民。

无论身边、周边、街边、海边、车上、路上、网上、飞机上、火车上、舞台上、酒店里、学校里、城市里、县城里，我们总能看到有点姿色的女孩，而她们也是玩手机最频繁的群体，一留心你不难发现，呀，怎么这些姑娘用的手机都是三五千的好手机啊? 个别用的还是上万的奢侈手机呢?

我又要大惊小怪了。我也糊涂了，看她们的样子，也就二十几岁，大的应该工作了也没有几年，小的一定还在上学呢，她们哪里来的钱买这么贵的手机? 一个每月薪水不到两千的实习生拿的也是五六千的苹果四代手机，一个还在读大二的小美女用的也是四千多的手机，这到底是怎么回事?

有人会说："人家拿什么手机关你什么事，你是不是闲得难受? "

我是难受。不关你的事，但关我的事。因为我们的定位不同。你定位"自爱"，我定位"爱人"。不管得罪多少人，不管有多八卦，我还是要问问这到底是怎么回事?

还有人说:“人家的父母、男朋友不会给她们买吗？自己攒钱不能买吗？”

这位朋友是一个实在人，若都是这样，你想，我傻也不用傻到这样，非要在这里讨个答案吧？

我当然承认的确有的女孩的贵手机是她们的家人和朋友送给她们的，但我是问：为什么几乎所有有点姿色的女孩拿的都是三五千的好手机？

也许，你急了:“徐大伟，你到底是想说什么？”

其实，你应该能够猜出个大概来。

我是想提出这个问题来，给广大的有点姿色的女孩们提个醒：有点钱的男人都在打你们的主意，都在利用你们，都想收买你们，尽管你们需要金钱，喜欢名牌，想要享受，酷爱购物，但是，最好还是不要随波逐流，误入歧途，坠入深渊，抬不起头，见不得人，一生痛苦，终生后悔。

也许，很多健康正派的美女们都会对我群而攻之，其实，也没有关系，我的罪过我来受，为了能够给你们的那些堕落了或正在堕落的路上的姐妹们刺一针敲一下，我愿意承担这个后果。

“徐先生，你把有点姿色的女孩都想歪了。”

其实，不是我想歪了，是她们中很多人都歪了。

我想想还没关系，可怕的是，她们天天都在歪行啊，她们都快成“歪行人”了，你一定更不敢相信。

你问问那些有点姿色的女孩哪个不是在与男朋友、情人同居？她们才几岁？她们有过多少个男朋友了？跟几个男人同居过？她们的短信里每天都在写什么？她们这个夜色中又去了哪里？

不用给我回答。我只是问。我只是想启发你去想，你去真实，你去做个好人。

一个嘎纳电影节终身成就奖获得者深情地说:“我为此等了47年，现在给年轻人一个忠告：要耐心，这值得。”

我的痛苦却是，我不知道她们大部分人能不能找到自己应该专心的事情，知不知道自己是谁？明不明白什么是对，什么是错，什么是下流，什么是上流，什么是努力，什么是值得？

所以，我把这个夜全给了她们，也许都不值得。

越“宅”越“窄”

从草原走到办公室，我用了不到 10 分钟。

站在高地上，望着辽阔的草原，我一直在想，你。

不知道我与你隔着这个草原能发生什么关系?

草原最美的季节，陪你一起看草原，听到这个歌，我就觉得自己的心好大好大，大到应该包容了在北京、南京和成都的你。

我觉得，我不能这样活下去，被事务缠身，被惯性带着过日子。太忙容易盲，不知道自己在干什么，自己要去哪里，自己的未来什么样，所以，我们要经常提醒自己，我们要知道自己的使命是什么，自己的极限是什么，自己一生的追求和幸福是什么。

所以，我想到，我是不是可以把草原带给你。

一个艳阳高照的中午，一个 80 后的同事跟我说起“宅男宅女”的特点，遗憾的是，而今“宅男宅女”早就成了一个平常的词语，搜狗拼音输入法已经能很轻松地敲出这个词了。我问身边的同事宅男宅女在家里一般都干什么?同事说:“玩游戏，看电视剧，一集接一集地看，看完港片，看韩片，再就是上各种论坛瞎逛，宅男宅女一般一个星期都不出家门都不下楼，还不爱洗澡，反正也没人看，自娱自乐，爱干什么干什么。轻度宅男宅女也有工作，就是一下班就待在家里不出门，开始虚拟世界的生活，重度宅男宅女连工作也没有，就是待在家里不出门，不与社会接触。”

“他们靠什么生活?”

“他们的花费也不多，吃的也不讲究，有口吃的就行，除了房租和网费水电费也没有什么花费，一个月两三千块钱就足够了。”

“两三千哪里来的啊，也不工作?”

“一是靠家长供给，二是工作一个阶段，‘宅’一个阶段。”

哦。明白了。原来宅男宅女其实也挺无聊和挺辛苦的。

我知道，很多人也许开始都不想“宅”，但有时生活所迫，现实所逼，工作不顺，无奈只能宅在家。其实也没什么，我也宅过，只不过我的宅是宅，但宅的内容也许与很多当下的宅男宅女不一样，我宅在家不玩游戏，不看电视剧，不逛论坛，只看书，只深思，只沉默，看了一本又一本书，宅一天，出去找工作一天，晚上看人看街景，再看书，再找工作，工作终于找到了，接着就工作，有了工作，一切迎刃而解了。我也顺利地从“宅男”变成了“事男”。

可现在的宅男宅女简直成了一个专业了，一个比一个职业，越迷糊越迷糊，越“宅”越“窄”，思想窄，眼界窄，步伐窄，人际窄，理想窄，生活窄，从“宅男宅女”到“窄女窄男”用了不到半年，这样的人，还能出去工作吗？就是出去工作，他们的“窄”是不是也会成为他们致命的缺点，去哪里找竞争力，凭什么在 13 多亿人口的大国里如鱼得水？他们的出路是不是也只能越来越窄呢？

其实，你不说我也知道，有很多人也不想宅在家，可是实在没有办法。我明白，我全都明白，可我想说的是，你可以宅，但是一定不能“窄”，短时间的“宅己”还不可怕，养成“窄己”的习惯就太可怕了。可不幸的是，好像大部分的宅男宅女都在逐步“窄己”，以为这个世界太不公平，太不美好，太虚伪，太肮脏。可亲爱的，我也不喜欢这样的社会这样的世界，可不喜欢就要想办法去改变，不能改变很多，可以改变一点一点，可以走出家门，面对现实，迎难而上，同流不合污，相伴不相欺，都说假话你说真话，都贪图安乐，你执著奋斗，这样才是一个堂堂正正的男人，一个漂漂亮亮的女人，才会有一个干干净净的人生，一些汹涌澎湃的作为。

非要宅一个阶段，那就去珍惜时间，有意义的生命时间屈指可数，尽量地去“摘”吧，摘下中国智慧，摘下大师精神，摘下全球最美的思想，摘下辽阔草原上空的星星，摘下一本又一本书的精华，摘下一个又一个朋友的笑言，从宅男宅女到“摘男摘女”我相信用不了一个星期。

而这样的星期你到底会不会拥有。

我却很难知道。

今天“鳄鱼店”，明天“鲨鱼店”，都是“宰人店”

光天化日之下骗子开的骗子店就在那里，不躲避，不回避。

这样的世界，你会幸福吗?

这样的环境，你痛快吗?

全世界的政府都在口口声声说让百姓幸福快乐。

全世界的政府却管不了骗子。

这个骗子店就在眼前。明明显显，喇叭喧天：欢迎光临鲨鱼店，由于店面装修，现全场精品服饰二折出售。

一个月前，我路过这家店的时候，它还是鳄鱼店，今天怎么摇身一变成为“鲨鱼店”了?

鳄鱼店的时候声称装修甩货，鲨鱼店的时候依然装修甩货。

到底什么时候装修完什么时候不甩货?

你知道的，他们的店，装修是幌子，装修甩货是营销策略。

他们也许一辈子都装修不完。

因为他们的心还是“毛坯房”。

心里有什么，你就是什么。

今天“鳄鱼店”，明天“鲨鱼店”，换个名字，换个LOGO，衣服还是那些衣服，店员还是那几个店员，变来变去，其实，还不都是“宰人店”?

但这个“其实”，却不是很多消费者会弄明白的，所以，他们恶行依旧，销售依旧。

谁来揭露他们?

没有人。

为什么?

谁还管这个闲事?

这个世界可怕就可怕在很多正事都被认为是“闲事”，很多“闲事”无人理睬。

我正在写这些字的时候，我们的导演走过来说："我看了你的行为，就知道这个世界为什么有人成功了有人不成功，你分秒必争的精神真让我佩服。"

其实，我有什么，分秒必争都做不了几件事，都不能更好地帮到这个世界，我哪里还有时间虚度？

骗子的店，就在我眼前，我却什么都做不了，满天下无数的"宰人店"都在营业，我也什么都做不了。

有时候我就在想，这个世界不就是一个大动物园吗？

人与人之间的相处越来越比不上动物，人的胃口却比动物更大了。

"宰人的店"不经常可见吗？

中国商人们，到底什么是商人？

商人不就是与人商量，与社会商量，与环境商量，与良心商量，与正义商量，与天地众生商量吗？

商量好了，不就自然找到出路了吗？

若消费者说你这个产品我们不喜欢。

你要问为什么不喜欢。

千万不能说你不懂。

不懂，也是你的错。

卖不出去，怎么都是你的错。

我当然知道，这个世界由于人人都是消费者，所以什么都有人买，骗人能挣钱，干吗不骗人？

但是，这些骗子却从来没有想过，骗子这个称呼就值负一个亿。

估计他一辈子也还不清这笔道德债。

他子女那辈子还是还不清。

到底谁是真傻子？

只有"傻子"知道。

今天这个世界是多么的不清明

望着窗外大片绿色的麦田，心也成了绿色的。

我爱自然，爱看排排的农家房子，爱闻那分干净清澈的味道。

远处的麦田里，一个农者正在埋头给麦子锄草，另一个老者正在低头给麦子施肥，更远处两个中年人正背着喷雾器给麦子打农药。

我心生欢喜，合上书充满感情地看着这派田园风光。

因为很多人对土地对人民缺乏感情，所以，俗事俗人总是紧紧包裹着我们，一刻也不肯松弛。

我们每一个人不都应该有一片属于自己的麦田吗?

我们的人生不就是一片麦田吗?

在自己的麦田上夜以继日全力以赴地耕耘与播种，我们每一个人不就都会有人生的丰美收获了吗?

可是，这个世界上一切的差距和不同都是因为人之间的差距和不同。

一起说说大道理还可以，说到了每一个人，问题就出来了。

早晨收到一个同事发来的短信：一年之计在于春，一日之计在于晨，一生之计在于勤。清晨的问候，清明的祈愿。

看完这个短信，再看看这个车厢里的人，我只能承认，而今更多的人早已不再相信一生之计在于勤了，开始相信“一生之计在于玩”了。

坐在我身旁的一个女孩正在双手联动兴奋地玩着游戏机，旁边站着她的男朋友，不停地给她传授游戏宝典，我只看了他们一眼，就不想再看他们，我一向都对这些自甘堕落的年轻人没有什么好印象，我就是以貌取人，看他们那德行就不喜欢。

前排的两对情侣正在漫无边际地大声聊天，嘻嘻哈哈，一会是这个同学怎么了，一会是那个同事离婚了。

再不就是这个老婆让他丈夫去打水，另一个女朋友让他的男友去买豆腐干，吵吵嚷嚷，闲声闲语。

斜前方还有一个留着黑黑的胡子，一脸忧郁的小伙子，上车就戴着耳机睡觉，从石家庄到北京我下车，他依然在不管不顾地睡大觉，不知道他是不是会就这样一直闭着眼睛到达沈阳北，不知道昨晚他又干了什么，这么困？

突然又收到一条彩信，打开彩信，偌大的“清明”两个字进入我心中，一下子就想到了，今天是清明节，清明节除了缅怀纪念逝者先人之外，不应该还有一层意思，清明每一个心灵，清明每一个人生吗？

从此清明节不就有了两个目的：祭奠先烈，清明自己。

尽管我们有清明节，可今天这个世界又是多么的不清明？

随处可见无所事事，了无志向，心无梦想，胸无天下的人，都在自己的小天地或自私的两人世界、三人世界里双耳不闻窗外事，双眼不看众生相，以为自己小日子过得好一点，舒服一点，玩乐一点，就是活得有价值有意义了。

却很少有人会想到，在你离开人世时，无论是你的银行账户里存有 1 亿元，还是仅剩枕头底下压着的那 10 块钱，实际上这些都不重要，因为这不代表你人生中所取得的成就。真正有意义的是，你是否做了某些很特别的事情，你应该做你想做的事情，是否与他人的人生轨迹截然不同，是否用你的方式造福了大众推进了世界，你是否精神幸福灵魂自由？那些临终之际都还一贫如洗的创业家、科学家、思想家、革命家、发明家与艺术家，为什么往往却被人们敬为英雄？

其实，你早就明白了，按你目前这个活法，就是活到一百岁，也是对人类对地球毫无意义毫无价值，从人类的发展历史上来看，白活了，一点遗产都没有。

清明的人活一天用一天，不清明的人活一天庸一天。

全世界都在“重男轻女”，全人类会“幸福和谐”吗

短短的五天听了三个女人的哭泣。

我这个男人是不是一个好男人?

我知道你想到了什么。

你有这个自由，想象是无限的。

可我的话只说了一半。

你的想象就走了那么远，若在正事上你的脑子能这么快，你会闯出什么样的天下?

一边想着你的事。

一边想着那三个在我眼前哭泣的女人。

突然就想感叹：人生这么短，到处都是错。

错人，错事，错物，错情，错观念，错传统，错理念，错态度，错表情，错方法，错行为。

这人的一生无非是与这些错打交道，比高低，随便看一眼街上的人，有几个是“正确的人”？

世界的可怕，不是战争，不是瘟疫，是眼看着人都成了“错人”。

你走的地方越多，交往的人越多，就越觉得太多的人都是有各种各样显而易见毛病的人，更让人不解的是，“显而易见”好像早就不灵了，人都听不见也看不见很多真东西了。

全世界都在以经济为中心，说白了，就是以金钱为中心，我却不明白，一个什么都在讲交易谈利益的世界怎么会成为一个和平的世界?

你都看见了，这个国家兵变了，那个国家动乱了，中国的包机一架架飞起飞落四处接流落在各国的同胞，这个世界到底为什么这么乱? 其实，还不是因为这个世界的人只认钱，不认人，无德无义，无心无爱，成了错人，做了错事，咎由自取，自作自受吗?

这不也反映了这个世界的人正在从“文化”走向“武化”，从“文明人”变成“野蛮人”吗？干什么不都需要争、抢、夺，君子之美，坦荡胸怀，正义之国，公平社会去哪里找？

不公平，不正义，其实早就发生在了中国女人身上。一发生就是几千年。

三个女人的哭都是因为一件事，因为农村家庭爷爷奶奶严重“重男轻女”，所以各自都吃尽了苦头受尽了折磨，给她们造成的心灵创伤是谁都无法抚平的。三个女人，都是因为家里人重男轻女，一个刚出生就被放在了雪地里，差点冻死；一个被送了人；一个没有读两年书就被逼辍学在家，挣钱供弟弟上学。

三个女人，现在都有了一份不大不小的事业，都是大众眼里的“有钱人”、“成功人”。

但说起自己的经历，哭得都是那么直接强烈让我坐立不安。

我对一个女人说：“听了你的故事，见了你的今天，我突然想，有一句话说‘男人要对自己狠一点’，其实，女人要想在这个世俗的世界，世俗的人群中活出精彩、活出幸福、活出美丽、活出地位，更需要对自己狠一点。‘男人要对自己狠一点，女人要对自己更狠一点’，你对自己不够狠，别人就要对你狠，这个世界说白了，无论是政界还是商界，都不是女人的天下，女人一直都是这个世界的‘副驾驶’。”

所以，你们有你们的“三八”妇女节，因为全世界的男人都觉得对不起你们，牺牲了你们的青春、你们的才华、你们的心灵、你们的智慧、你们的勤奋、你们的执著、你们内心的强大、你们情感的真挚，把你们一个个都变成了“带孩女”，“做饭女”，“洗衣女”，“家庭女”，“花瓶女”，“保姆女”，“无梦女”，“时装女”，“拜金女”，“堕落女”，“顺从女”，“服务女”，“乖乖女”，“干活女”，“低薪女”，“护士女”。

也许，很多女人都不觉得自己可怜，也不觉得这个世界不公平，其实，那是因为你已经变世俗了，你已经被同化了，你已经放弃了本来属于你的另一片广阔天地，另一个美好人生。

你可以一万个不同意我的说法，你说你现在很幸福啊。

我也不准备反驳你。

作为一个男人，我只是觉得很内疚，其实，哪里只是中国农村家庭“重男轻女”，城市不也“重男轻女”吗？美国不也“重男轻女”吗？意大利、瑞典不也是吗？

全世界的人都不知道，就这一个“重男轻女”的观念，还不知道导致这个世界文明落后了多少年，给多少人造成了无法弥补的伤害和痛苦，耽误了多少生产力和创造力，压制了多少人的梦想和希望，毁掉了多少人的生命和生活？

都说现在国际局势动荡，自然灾害频发，不知道为什么？

其实，多简单，如此一意孤行愚蠢至极的人类还不应该早点惩罚吗？

有时，都不想做人类。

羞。

愧。

连街头小广告都治理不了还谈什么建设世界城市

换了几次音乐都没找到适合这篇文章的感觉。

又是一篇出力不讨好的文章。

很少有人会去写的主题。

北京有那么多的记者、那么多的频道，那么多的主持人，那么多的精英，那么多的知识分子，那么多的官员。

若真要用起来却见不到几个。这就是习以为常的社会。

在这个题目上更是出了天大的笑话，一个站出来说话的人也没有。

我不知道难道他们看不见，看不见现在的北京城的路边、候车亭、车站牌、广告牌、电线杆、天桥栏杆上都被五花八门的小广告糟蹋到了什么程度？

上午的时候路过公主坟，透过车窗看见公交车站候车亭的灯箱广告画面已基本上被五颜六色的小广告贴满了，最让人可气的是，一个穿短裤戴眼镜的二十几岁小伙子一手拿一大摞小广告，一手拿一个饮料瓶，把小广告对着饮料瓶一摸，然后一把就将小广告贴在了车站牌上，左面贴完右面再贴，我这才知道，他的那半瓶饮料原来是胶水，真够专业的，看他熟练的动作，就知道他一定是一个行业老手，看着眼前这个可悲的画面，车上的我痛心到不能自已。

痛心我们的城市怎么变成了这个样子？痛心我们的年轻人怎么没有了道德底线？

痛心这么一个好端端的小伙子就这样被自己的行为和价值观葬送了也许大有希望的未来，痛心他必定越来越痛苦的生活。

更痛心，我亲爱的北京，我极大赞同和向往的北京市提出的“建设世界城市”的目标这样下去可能就只能是永远的梦想了。

什么叫世界城市？世界城市起码应该有世界级的城市管理水平，世界级的城市卫生水准，世界级的公民素质，世界级的执法能力，世界级的职能部门，世界级的政府领导吧？

北京啊，我就不明白连街头小广告都治理不了还怎么敢说要建设世界城市？怎么建？连街头小广告问题都解决不明白的主管部门领导还是一个称职的领导吗？

难道治理这些小广告真的有这么难吗？我看是根本就快放弃管理了，你不见公主坟贴小广告那位小伙子当众作案的那个嚣张样，你见了你也气愤，若是有人管，他还能这么明目张胆，若是抓住就拘留，抓住就一查到底一网打尽，还会有这么多可恶的小广告吗？还会有人敢去张贴小广告吗？

也许有人会说，不会啊，你看长安街不就是很干净吗？

是啊，你这才说到点子上了。这就是我的问题：为什么长安街能做到这么干净，环境卫生能搞得这么好，其他的街巷就做不到？所以说不是做不到，是没做，是做得不够，领导们天天走的长安街能治理得那么好，老百姓天天生活的大街小巷也能治理好，难道不是吗？

北京不能只靠一条长安街，广大百姓更需要“干净街”、“卫生巷”、“公平道”、“人性路”。

不明的人，都说这就是命

眼泪就在眼眶里，随时都能流下来。

正路就在眼前，随时都能走。

可随时不走正路的人，都在林林总总的斜路上满脸堆笑。

旁边站着一对小情侣，一个玩游戏机，一个玩手机。

低下头我想：这小两口又完了。

很多人都对我的结论下得太快有很大意见。

都说我太偏激。

其实，不是我太偏激，是你太偏见。

你不知道什么是“正见”，所以无意中一直都在“偏见”着。

因为偏见，就有偏行，因为偏行，所以偏门。

很多人都对我的话嗤之以鼻，说，不就是玩游戏，玩手机吗，谁没玩过，玩玩就完了，就没有希望没有前途了，你这也太危言耸听了吧。

你说谁没玩过？我说我没玩过，很多你认为成功的人、有为的人都没玩过。不说玩游戏，我连中国百姓最热衷的麻将都不会打，看也看不懂，象棋也不会下，大部分扑克都不会打，你可以笑我，很多人都笑过我，从让人“笑话”到让人“效仿”这是我愿意走的路。

一个热衷打麻将的城市是没有希望的城市，一个喜爱打麻将的家族是一个没有前途的家族。

你说不就是玩玩游戏、玩玩手机吗，有那么恶劣吗？

从你问这句话之前其实你就错了，因为你这样问就证明你有一颗世俗的心，你被深度污染，你都不知道其实他们能在大清早上就这么玩，就说明他们是漫不经心随波逐流的人，这种漫不经心玩乐人生的状态，会演变为漫不经心、随波逐流的性格。因为他们有了这种性格，就自然成为了这样的人。

行为塑造了性格，性格决定了命运。

可很多人又会回头说：这就是命。

遇到灾难、面临不幸、邂逅艰险、受到阻力，迈不过去，走不通路，事业爱情两不顺都说这就是命。

你什么时候才能明白，其实，这就是不明。

因为你的不明，所以你就有了那样的命。

其实，什么叫命，活着就是命，既然我们活着就是有生命，至于这个生命能不能活出色彩活出伟大，全看运命的每个人。

很多人会跟我继续纠缠，坚决不同意我的观点。

我要问你你是什么命？你说你是富贵命。那你敢不敢跟我一起做个试验，你从明天辞掉工作，在家待着什么也不干，看看是不是会有人来给你送钱，会有人让你富贵？

不信你试试。你也可以说你就是一个不值一提的命，不知道你敢不敢，从今天听我的话，把每天所有的闲暇时间全用来看书，看上一年，看上两百本书，书我可以给你挑，赠给你，到那时候你再看看自己到底是不是一个穷酸的命？

其实，你的内心深处又何尝不知道我说得是对的，又何尝不知道自己决定了自己的一生，每分每秒你在想什么你在做什么，你的胸怀有多宽广，你的眼界有多开阔，你的心有多大，你的智慧有多少，直接决定了你有一个什么样的命运。

所以，我要求求你，求求你不要天天埋怨这个世界，不要继续抱怨所有的一切，为自己找借口，自己害自己，要埋怨只能埋怨你自己。

你是你的天堂。

你是你的地狱。

张舒惠，给世界舒惠，是你的路

“我，大学生一枚，告诉过自己无数次，要坚持自己内心深处最自己的想法，可每次都被这周遭的一切打败。直到在这深夜邂逅了您，透过您，我将这浮夸的大学，社会乃至世界过滤，假装看不到这些那些虚的，假的，恶的，臭的，丑的，变的……不是为了心安理得地活着，是为了更健康更积极更自己地活着，不想我因周遭的一切再堕落，而想周遭的一切因我更积极，只是换个角度，不再去埋怨环境让我堕落，而是我没有让环境积极，这个您做到了，而我要努力。您的坚持是世界的万幸，您所说的改变世界不是狂言。我信……”张舒惠说。

张舒惠，回到家，我累得什么也不想做。

就想睡觉。

可你知道我不能睡觉。我睡了，就做不了徐大伟了。

做不了他，我不知道还能做谁?

所以，我还是要坐在电脑前，尽管我很累，我想睡，我什么也不想干。

什么叫从一而终，什么叫永不放弃?

不能睡，继续做我这个夜该做的事，就是从一而终，就是永不放弃。

其实，这个世界所有的真理都无数次被无数人提及，也被大部分人所认同所理解，差在什么地方? 一个国家与一个国家，一个领导与一个领导，一座城市与一座城市差在什么地方?

差在谁更真实，谁更能战胜欲望，谁能历尽万难随心而行，做坦荡的人，做正确的事。

脱口秀女王奥普拉·温弗莉说：“我做的每一个正确决定，都源于我的内心；而我做的每一个错误决定，都是我没有尊重内心的结果。”

抬头：刻章、办证、发票。低头：游戏、视频、短信。

你知道我在哪里吗? 我在上海的地铁上遭遇了这个让我不知道该说什么好的画面。

这里是国际化城市，也是一个被世俗平庸侵蚀的“中国外滩”。

这些天，我一直都在想，终于，我想到了四个字“真实救世”来作为我的人生策略。

这个世界太假了，张舒惠，也许你会支持我的说法。因为，你应该支持我，因为我知道我是对的，我又说了真话。

大部分人都在假装活着，假装自己是一个人民的公仆，假装自己是一个时尚的白领，假装自己是一个好老师，假装自己是一个好长辈，假装自己没有干什么缺德事，假装自己是一个上进的大学生，假装自己一身正气博爱天下，假装自己是一个健康有为的中年人，假装自己是一个富有良知的知识分子，假装自己是一个对得起良心的商人，假装自己活得很快乐很幸福，假装自己很爱很爱他，假装自己是一个洁身自好的姑娘，假装自己也很支持惩治腐败。

所以我说，什么高招也不用找，“真实”两个字，就可以拯救这个异常荒诞的世界。

你不要说，这个世界还需要拯救吗？不是很不错吗？

你这样说，我又要对你不客气：也许，需要拯救的还有你。

张舒惠，这个晚上，我想对你对我对看到这篇文章的所有人来说，都是有意义的，没有意义地活着，其实什么意思也没有，说到底，我们需要的其实是“纯朴军”，是“真实国”。

张舒惠，给世界舒惠，是你的路。

只因为太难，你就什么都不想做了吗

时间小姐跟我来到了傍晚。我本想请时间小姐吃饭。可她却说：“谢谢你徐老师，你的想法今天还没写吧？”

是啊，连时间小姐都知道我的每日工作：想法日报。什么叫了不起，把一件事情坚持做下去坚持做到好，一天也不落下，一天也不妥协，就是了不起。都说成功不容易，我却认为不是成功不容易，是坚持不容易，只有坚持了自己的每日为梦想付出，成功是很简单的事情。

此刻还必须要描述一下我所处的环境。有什么样的环境就有什么样的心境，有什么样的心境就有什么样的感悟，有什么样的感悟就有什么样的文章。

我眼前有一台正在大吵大叫的电视，电视后面有很多人，我的电脑放在腿上，我正在机场写这篇文章。20：50 的班机，到北京是 22：30，到家就是 23：15 了，所以，此刻必须要写这篇文章，因为到家了就来不及了，但是，就算这样，其实，我还是不能确保飞机一定正点起飞，按时降落。事实上证明飞机还是晚点了，我终究还是没有赶上2010年10月22日的最后一分钟。因此我就有了一个想法：可不可能开创一家“正点航空公司”？都说航空业利润不高，很多航空公司都在赔钱，不知道，“正点航空”能不能做到持续盈利呢？

我当然知道中国民航的高官们一定会站出来说：做到100%的正点太难了，不可能。我当然知道100%的正点做不到，能不能做到99%，当然，不用问，你也会说这样也很难，几乎不可能。

所以，我的质问来了：只因为太难，你就什么都不想做了吗？

我抱歉地通知你，你拥有的这个逻辑和理念，不但害了你，更害了这个国家。

国家的不美好，国家的进步慢，国家的瑕疵多，其实全是因为这个国家的当权者不美好、进步慢、瑕疵多。

就是这样简单的道理和推论，还是有很多人不明白，明白的人又不承认，所以，就只能一个人指望另一个人，一些人期盼另一些人，都希望别人能做一个好人，能成为一个君子，能有良心，能大公无私，能爱国爱家，自己却可以逃脱，却可以为所欲为，这就是中国人的小聪明和大差距，都在等、望、看，却很少有人以身作则洁身自好，遇到困难能逃避就逃避，实在逃避不了就爱咋地咋地，一副无所谓的样子，任其恶劣质变。

不知道，就是因为难，所以更要去做，更要去穷尽力量克服这个难，因为克服了一个难就是得到了一个好，好越来越多，难越来越少，你就越来越有信心，越来越有干劲，突然，太难也不是那么难了，因为克服太难的进程中也塑造出了你新的才能，你整个人的质量都得到了大幅度的提升，你终于明白这个人真是不可限量啊，信念和坚持真的能改变自己，改变命运，改变人生。

也许你本来就是一个王子，只是这几年你脱离了角色。

让我们永远不要忘记，太难，只是你的想象，是你懒惰和世俗之心的表征，是你与自己内心邪恶斗争的失败。

让我们永远也不要忘记，我们可以去创造想要的未来。

你有了这个理想和信念，你才能明白我此刻的感受，身边的人不是跷着二郎腿闲聊，就是唉声叹气着出去抽烟，再不就是双目盯着电视一眼空洞。

我好想给这些人一点东西——一个新的人生。我好想大家一起来创造一个新新生活。

怎么哪儿都有“万达广场”

在包头的一个酒店里写这篇文章。不知道从包头发出的力量和光会激发到谁，会不会也包括你?

包头比我想象得好，就是名字缺少美感。

“包头，有看头。”这是我送包头市的城市宣传口号。

街道宽阔，干净整洁，花团锦簇，街边花园广场随处可见，喷泉、绿草、树丛、孩子、老人、情侣悠哉乐哉，一幅动人的和谐画卷在夜色的映衬下徐徐展开。

爱上一个人也许只需要一眼，喜欢上一个城也许只需要一眼感动。

客户开车载着我们看这个城，一转弯，突然看到了正在建设的“万达广场”，我一下很激动，怎么哪里都有万达广场啊?这也太可怕了，王健林这要赚多少钱啊?他也许已经成为中国首富了吧?

客户说：这片地本来是给香格里拉酒店的，可香格里拉建了饭店后，剩下的这块地就没能力开发了，政府找到了万达，就有了现在的万达广场。

香格里拉没能力开发的项目，万达有能力开发，不是万达找政府，是全国各地的政府去请万达，万达集团董事长王健林同志走到哪里，哪里的最高官员就会亲自出面以最高规格接待。

这就有了很深的意思和意味。

为什么王健林能这么有面子?万达有句广告语好像就是答案：万达广场在哪里，哪里就是城市中心。万达广场有成熟的开发模板，有成功的业态模式，有驰名中国的品牌形象，还有十分强大的经济实力，因为有了这些不可替代和不可模仿的优势，所以万达广场就成为奇货可居的人人想要的香饽饽。

地方政府都千方百计地想请万达去他们城市开发建设“万达广场”，希望借此提升城市品质、繁荣市场，带动周边土地开发建设。

所以，万达广场就开到了北京、上海、哈尔滨、鞍山、温州、太原、包头等各大城市，所以就有了我的惊奇和感叹。

之所以这样惊奇和感叹，就是想让每个商人都要清晰清醒地认识到中国的市场实在是太大了，中国人的消费能力实在是太强了，中国有品位、高品质的东西太缺少了；在中国不怕你东西比别人贵，就怕你的东西跟别人的东西没有本质上的差别，就怕你做不出好东西来。其实，万达广场的产品品质和商业模式真的有那么好吗？也并不见得，只是，相比中国其他的地产开发商，万达就拥有了绝对的优势和特色，所以万达广场能开遍中国。

中午在一个饭馆吃饭的时候，听一帮年轻人在讨论代理一个产品的事，聊得热血沸腾，我看了他们一眼就在心里微笑，也许过上几年，这些青年人中会有那么一两个人也能拥有自己的品牌，也会把自己的品牌事业开遍神州大地。但，也许是也许，也许经常仅仅是也许，我多么希望他们能真实地感知这个世界，真实地倾听消费者的内心声音和市场的无声呼唤，多么希望他们都不要被世俗的群体生活所耽误了，多么希望他们都能收住心，收住欲望膨胀的心，就能做出一点事情来，多么希望他们能耐得住寂寞坚持住自己的梦想，创造出一些这个世界上没有的真正的好东西，早日拥有自己的“万达广场”。

“休息”这两个字还不知道害死了多少人

一晃就三十几岁的人了。

每一天我都要逼自己想出点什么，这一逼就是三十几年。现在想来，这太幸福了，不管怎样，我都没有荒废了有限的生命时光。

每一天我都努力让自己的脑子达到一定的强度，这样我才会觉得没有白过了这一天。

一个朋友，短信跟我聊天，我说：“你干吗呢？”她说：“回昌平休息几天。”我说：“你都休息快三十年了，还要休息吗？”她笑：“谁跟你一样那么笨，都不知道享受生活。”

呀，原来休息就是享受生活。

若这也算是享受生活，我想我还不要的好，因为这种生活会有多少意义多少品质呢?

明天又是一样，休息日，大家都开心了。

其实，很多人都不知道大家开心的很多事情其实都是可悲的事情。大家都爱吃喝玩乐，若活着就是为了吃喝玩乐，想想还有什么劲，等什么都吃喝玩乐了一遍后，你的空虚和孤独跟谁去倾诉?你的生命价值是什么?你活着的成就感是什么?

你现在可以不想，但终有一天你会有大把的无聊时间去想这个事情。

怕是到了那个时候，你痛苦的样子，谁都不忍心看。

还是要说到我，其实，这三十几年，我没有真正过过一个所谓的休息日，就是非要说我撒谎，我还是要告诉你，我就是过过休息日，也不过是不工作，而是全心读书学习或旅行，所以，反而休息日更是我一个人的工作日，更是我的秘密武器。

其实，人与人比什么?还不是比下功夫的程度，比休息日，比8小时之外努力的强度，比别人看不见你的时候你的所作所为，比你的道德品格，比你的坚持和坚强，你有没有休息日，你怎样使用休息日就决定了你会成为一个什么样的人，你会有什么样的状态。

所以，总算是点题了，“休息”两个字不知道害死了多少人。

懂得休息真意的人，没有去传统地休息，反而更好地保持了生命的品质;不懂得休息真味的人，每天都在休息，休息了一年又一年，一生就这么休息过去了，留下的只有抱怨和解释。

其实，谁都不需要你的解释，只有你才需要你的解释。

我最近发现了一些年轻朋友的致命毛病，那就是极其固执，极其听不进他人的建言，感觉谁也比不上他们聪明，比不上他们明智，所以，他们狡辩起来总是一套又一套，这两天我又碰到一位。我对她说:“你想成功，你想买车买房，你想没想过凭什么?你付出了多少?你吃了多少苦?”

没想到，她用天真的眼神看着我说:“我为什么要吃苦呢?不吃苦就不能成功吗?”

我无言以对。我知道她也得了“空想癌症”，我的药目前还治不好她。

人们在听到有人自杀的时候总是很惊讶，其实，不用惊讶，这个世界上的大部分人都在“自杀”。

只不过，你还不够真实，还看不清而已。

不要瞎凑热闹，看什么世界杯

我给这个夜晚命名叫：明。

命名后，继续过这个夜。

连着几天都有网友留言说我是被某些媒体埋没了，替我不平，说我应该得到更多的媒体推荐和报道才对。

谢谢你们的好意。你们觉得我被埋没，另一些人还觉得我是雕虫小技，不值一提。这就是人性质地。

我倒是不在乎。也用不着在乎。我一直这样想：不是他们埋没了我，是他们埋没了他们。

这些天总觉得我身边的“贼船”越来越多了。一艘艘在我眼皮底下穿行，上了贼船的人也越来越多了，这不，今天又看到了这个世界上比较大的一条贼船“世界杯号”游轮，船上的人好多啊，人山人海，锣鼓喧天，我心想又来了，一船的人都要去公海肆意放荡吗？

媒体更是这个船上的宣传大使，满世界叫嚣，什么大家都来玩世界杯啊，世界杯盛世啊，好像世界杯比世界和平还值得期待和传颂，被媒体鼓动的，很多人都坐不住了，开口闭口世界杯，家里家外，男男女女，大人小孩，一起世界杯，说句你不爱听的，本来你的时间大部分都被浪费了，世界杯来了，又有理由可劲挥霍人生了吧。我就不明白，若你真爱看世界杯，真能从球赛中得到一些东西、得到一点乐趣也就罢了，若对足球没感觉也不怎么喜爱，干吗去跟那些疯狂的球迷凑热闹，一窝蜂地去熬夜把酒言欢看足球，难道你的“球”不用踢了吗？你的“世界杯”不用夺了吗？

也难怪，今天的人都定力差，从众心理强烈，加上全世界各色媒体的蛊惑，感觉好像谁不懂球谁不看世界杯就落伍了似的，所以，稀里糊涂就上了贼船，上去了就很难下来，因为有人拉笼你，诱惑你，同化你，所以你也成了人间夜猫子，岁月糊涂虫。

想想多可笑，这却就是现实，人本来都有底线，都有喜好，都有立场，可被一些外在的东西一鼓动就都变了，随波逐流了。

就像很多人一定会骂我，自己不爱看球，滚一边去，闲得没事管我们，有病。其实，谁有病，谁没病，明白人一定会看明白。

不过，这就像一个世界的人对另一个世界的人有意见和有看法，说给另一个世界上的人听，他们听完就会骂，根本听不进去，问题也许不是因为你说的不对，而是因为大家本来就是不同世界，不是一个类型的人。

没办法。我只好在这个世界祝愿那个世界的人，但愿你们真的能在天天拼命娱乐中得到你们想要的一切，一辈子无怨无悔。

也许有时候需要改造的还不是“贼船”，而是沉迷其中的人。

你千万不要唉声叹气无药可救似地说：上了贼船，就下不来了。

你可以跳啊，跳入大海，一头扎入自由自在的人生之海，进入另一个不同的世界不就是解脱吗？

你跳啊。

为什么不跳？

第六章

中国人不能这样活着

ZHONGGUORENBUNENGZHEYANGHUOZHE

过年都不贴“福”字，还说自己是中国人

我有一句口头禅：这个事我要写一篇文章。

今天这篇就是我说的那些“这个事我要写一篇文章”中的一篇。

同事们都笑。

我知道一定也有人骂：徐大伟，就你事多。别人家贴不贴“福”字与你有什么关系？不贴“福”字就不是中国人了？一派胡言。

其实，你都不知道，在我心里就根本没有“别人家”这个词语，什么别人家，我们不都是同胞吗？我们不都是龙的传人吗？我们不都是一家人吗？难道大家又是在言不由衷说假话？

我爱“别人家”，“别人家”也爱我。

你把人当“别人家”，人也把你当“外人”。

原来，最后还是你把你自己当成了这个地球、这个世界、这个国家的“外人”。

公司所在的楼层有八个门，八家公司，只有我们一家过年贴了“福”字，在贴福字的时候我还跟同事们说等他们看我们贴了福字，也一定会争先恐后地贴。

年后上班，我傻眼了，他们公司的大门光秃秃的，什么也没贴。

我就在想这七家公司的老板在想什么呢，员工们在想什么呢，不知道中国传统春节要贴个福字，喜庆一下，图个大吉大利，大富大贵吗？

难道那七家公司都是外国老板，都是“老是板着面孔”的老板？

同事们说一家外国公司也没有。

我又不解了。

过年不贴福字，怎么能证明他们是中国人呢？

除了他们说汉语，身份证是中国的，还有什么能证明他们是中国人呢？

写字楼这样，住宅楼也如此。

与我们同住一层的邻居加上我们家一共就有两家大门上贴了福字，其他几家一切照旧，过年好像与他们家没有什么关系，不贴对联，不贴福字，不挂灯笼。

我害怕了。

原来我竟然生活、工作在了一个不懂中国文化、没有传统礼仪的“文化沙漠”中，还不自知。

到底什么是中国人?

中国人起码要有中国人的气度，中国人的品格，中国人的修养，中国人的德行。

中国古人为什么喜欢“梅兰竹菊”？因为它们代表着四种品质：傲、幽、坚、淡。

可今人又都变成了什么样子，站在大街上看着来来去去的人的面容，有多少是柔和的笑？有多少是慈祥的笑？有几个人不是认钱不认人？上到官员，下到百姓有谁不是在围着金钱转?

一个国学大师说过这样一句话：你的口袋里可以有钱，银行里可以有钱，但脑袋里一定不要有钱。

可我知道，这样的话，一定会让很多人笑掉牙，世俗的人谁不是满脑子都是钱，事还没干呢，就是钱、钱、钱。

有几个商家不是天天都在盯着消费者的“钱包”，却不知道经商的秘诀就是：不要盯着消费者的钱包，要盯着消费者的包袱，你帮助消费者卸下了包袱，你说你会没有钱赚吗?

可是，我知道，我又天真了。

而天早就不真了。

很多人都在问人心出了问题，社会出了问题，经济出了问题，世界环境出了问题，自然灾害不断，战争一触即发，海盗猖狂，人贩可恶，唯利是图自私自利的人满街都是，怎么办?

其实，中国的传统文化，我们的国学就能给出解决这些问题的答案。

若我说其实都不用请出所有的中国圣贤，只请孔子一人，请出孔子的“八德”就可以救世界造福祉，你一定不会相信。

不信没关系，你知道孔子提出的“八德”是什么吗?

我相信那些过年不贴福字的人一定不知道，就是知道，也是白知道了，因为你知道却没有去实践还赶不上不知道。

“八德”就是孝、悌、忠、信、礼、义、廉、耻。

看字面你也应该明白其意，但明白其意，并不代表你会在人生中运用它们。

所以，孔子的“八德”一直是孔子的，就像你说的那样是“别人家”的，不是你的，不是他的，不是中国人的，不是美国人的，不是瑞士人的，不是冰岛人的，不是所有人的。

所以，我们只能眼睁睁地看着这个世界道德败坏，环境糟糕。

有人说，生活就是修行。

什么是修行？修，就是修身养性；行，就是端正行为。

可又有几个人是在真正修行，而不是在“秀行”呢？同胞。

大部分的拜年短信都是抄袭的，“中国创造”何时才能有未来

今天是大年初二。

大年初二的处理方式依然是吃喝玩乐。

不看书、不学习、不沉思、不梦想。

打麻将、玩扑克、看电视、侃大山。

从南到北，从东到西。无论是新疆，还是浙江。这都是全中国浪费时间最多的一个节。

就是看到这篇文章的人也会在心里笑我：徐大伟，你傻不傻，过大年，不休息，写什么不淡不咸的博客，你怎么这么不懂生活？

这就是咱们中国人的劣根性：笑人无，恨人有。

周立波说他的海派清口一出来，很多相声界、滑稽界的人都说，这有什么稀罕的，这不就是单口相声吗，这不就是说书吗，这个早就有了。

周立波说他有一个做人的态度就是，对复杂的人用最简单的方法，对简单的人用很复杂的方法，他就跟那些笑话他、质疑他、嫉妒他的人说了一句话：你们先演上一百场再跟我说。

所以，我喜欢周立波。

未来大成的人，无论是政界还是商场，都应该是无比真实的人。

假到一定程度，就需要真。

你不要说大年初二写博客有什么了不起，你先一天也不停地连续写上一百篇文章再跟我说。

从大年三十到今天，短信一直没停，收到大约有六七十条了，这也是我们春节的习俗，互发短信，互传祝福，我这个人有病，收到第一条拜年短信的时候，就在心里想，我不主动给亲戚朋友们发短信了，若是他们主动发来，就看他们的名字结合他们发来的内容随机创意一条回过去，所以，每一条发来的短信我都看了，都回了，但昨晚我还是坐不住了，一个题目在该来的时候还是来了：大部分的拜年短信都是抄袭的，“中国创造”何时才能有未来?

我测算了一下我收到的拜年短信中大概有96%都是抄袭的，都是东摘西转的，都不是原创的，甚至起码有四五条基本上是完全一样的，我读完这些短信，叹了口气：中国人怎么了?

拜年的短信都是互相抄袭，相互模仿，一点诚意和情义都没有?一点辛苦都不想付出?一点“玩乐时光”都不舍得浪费?都说中国产品、中国品牌、中国制造在国际社会上不受欢迎，某种意义上讲是“低质山寨”的代表，其实，国际社会有没有冤枉我们，看看收到的拜年短信就知道了，你不要不服，不要想骂我，你现在就打开你的短信，一条条地看，看看有几条是原创的，有几条是诚意满满的?

在我收到的这么多的短信中只有两条是花了心思用了真情的。

一条是著名诗人空林子发来的：

庚寅除夕

十载空夸不老身，

烟花散处看红尘。

席间聚散匆匆了，

梦里悲欢历历真。

天有繁星仍是夜，
山无积雪亦非春。
一年辛苦成何事，
只在今宵亿故人。

燕堂门下空林子
恭祝您新春愉快

一条是著名传媒人方立军发来的：

方立军率领中国知名品牌方太，小女天语，在珠海给您全家拜年了，祝您全家新的一年健康平安快乐如意幸福发财。

看完这两条短信，我泪眼蒙眬，中国创造还是有希望的。

“短信”不行，中国需要“长信”。

国人的握手为什么越来越没有力量

在蔡琴的歌声中，我弹开了今日的生活之。

我不能辜负蔡琴的情意和坚强。

我要对得起蔡琴的这歌声。

我能做什么？

阳光一缕一缕走进来抚慰我，我又能拿什么来报答它们？

泪光闪动。一动不动。

人生的路上伤痕累累。

我们都一样。

我又该做什么才能平复我的创伤？

一个健康的下午，我接待了一位“民间流动图书馆”的鼎力支持者，一位政府官员，他看我的眼神是那么明亮和纯洁，很久没有看到这样的眼神，我就笑，尽管我总认为自己笑起来不好看，但这又有什么关系呢，只要笑能给大家、能给这个世界带来好意和快乐，不好看也是好看吧。

我是一个喜欢跟人握手的人，男人的手我握，女人的手我也握，很多人都说不是女人主动伸出手来，还是不要主动去握手，我又哪里管得了那么多，我一直认为与我接触的人，我都要尽量地利用短短的时光给他们尽量多的正向力量，所以我要握起他们的手，传递我的真情真心，让他们感受到我的激情和气场，所以，主动握美女的手也从来没觉得有什么不好意思，我一直相信：只有心是干净的，一切就都是干净的。

我一直还都在向这个世界呼唤和讨要“干净”，我想要干净的钱，我想要干净的眼睛，干净的耳朵，干净的身体，干净的灵魂，干净的作为，干净的爱，干净的公益，干净的付出，干净的歌声，干净的娱乐场所，干净的校园，干净的商界，干净的家族，干净的微笑，干净的坚持，干净的思想，干净的教育，干净的政治，干净的演员，干净的官员，干净的同事，干净的医生，干净的家长，干净的警察，干净的模特，干净的作家，干净的广告，干净的媒体，干净的食品，干净的婚姻，干净的朋友，干净的童年。

我们相见，老远就是笑，接着就是伸出手，没想到，一切就在这一刻改变了，他握我的手是那么实诚有力，这是我第一次感受到握手的力量，突然，我的内心受到了巨大的冲击，原来我一直都不是在握手，我是在表现，我是在作秀，我是在轻描淡写，我是在表里不如一，我是在伸出“世俗手”。

谁能想到，就是在一个握手间，我能得到这么多的力量和智慧，我能提升这么快?

离开了那次握手，我的手我的心就总是在时刻准备着，准备着随时随地给予他人一个真挚真心的握手，一个让他一辈子都忘不了的握手，一个给他巨大冲击和支持的握手。

从那以后，我就成了另外一个人。

但今天，坐在这里，蓦地就想到，我们都怎么了，我们曾无数次从影视作品和文学作品中看到过那些革命英雄、亲密战友之间的握手是那么激动和给力，可回头再看看今天的国人之间的握手，无论是领导之间还是百姓之间，更不用说名人与普通人之间的握手，是多么的形式化，是多么的浅尝辄止，是多么的没有诚意和爱意?

可我们都默认了，我们都麻木了，我们都习惯了，若是说有什么样的习惯就有什么样的性格，有什么样的性格就有什么样的命运，那么一个国家，一个世界又岂不是如此呢?

有时候都不敢想，一想很多事情都是让人焦虑和害怕的，我说我幸福但并不快乐，我幸福是因为我在觉悟，什么叫觉悟? 觉悟就是不再迷惑，能看清真相，能用上真心，能听见真言，能开始真行。我并不快乐，是因为我天天都能看到这个世界的本质，都能看到我们人类的恶劣之处，总在想办法怎么一点点地发挥我微薄的作用，不让自己白过一世。

很遗憾，国人握手没有力量，因为国人内心没有力量。

中国还有多少个真正靠谱的人

我不知道在其他国家怎么样? 但我知道，在中国做一个有品格有胸怀有质量的人不容易。

我不想得罪所有的中国人，但我又必须得罪大部分的中国人。

本来我不想用"中国人"这个说法，但我也不想用"同胞"这个词，有时候，我总觉得我好不喜欢这些同胞啊。可又有什么办法呢，他们毕竟还是我的同胞，他们也说自己是龙的传人，其实，他们不是，他们是"聋的传人"，很多真话很多真理都听不进去了，什么也不管了，只管自己，因为只管自己，所以经常是到最后连自己都管不了管不好。

也许，大部分人都不同意我这个问法：中国还有多少个真正靠谱的人?

我用的是"多少个"，很多人会惊讶，偌大的中国，泱泱大国，怎么可能就有"多少个"靠谱的人?

还是没有办法，不说真话，就算了，说了，就要说到底，说到位，说到痛。其实，你仔细想想你身边的人，你的领导，你的同事，你的同学，你的师长，你的乡长，你的县长，你的局长，你的主任，你的朋友，你的亲戚，你的客户，你的员工，你的孩子，你的父母，你的保安，你的书记，你的司机，你的保姆，你的邻居，你的木工，你的房东，他们中还有几个人是真正靠谱的呢？

哪一个不是差不多的、凑合的人？哪个说话真算了话，真的按照说的做到了？哪个不是说一套做一套？哪个不是口是心非复杂得很？哪个不是先为自己着想？哪个不是钩心斗角急功近利千方百计往上爬？有多少真正地做到了名副其实的领导干部？

这两天，有一股力量一直在鞭策我，让我动笔，说：徐大伟，你也该写写这些奇怪的中国人了。

可，好像所有的媒体都不觉得，当今很多的中国人很奇怪，很不靠谱，都在唱颂，都在虚张声势、夸夸其谈。有哪个媒体敢于正视现实，说点对得起这个时代对得起祖国母亲的真话？我突然感觉，这太可怕了，原来我们还是生活在“真话真实的沙漠上”，干渴难耐，孤身行进。

今天被一个做户外广告牌的人又给晃了，五天之前就说明天给你们装牌子，不知几个明天过去了，他还在说，我急了，跟他们说今晚不给装上去，永远也不找你们做东西了，他又笑着说：马上就去。什么马上，是“马虎”，牌子是装上了，马虎得要命，毛病百出。到底是人糙活也糙。

这些人还是好的，还有更离谱的，活刚开始干，就找一万个借口一千个困难，无非是想要你给他们加钱，我说我们之前不是说好价钱了吗，他又说你看这个地方那个事没想到这么难，费这么大的劲。你不给他们加钱，他们就不爽，就脸不是脸鼻子不是鼻子，还故意拖你的时间。所以，他们挣的都是他所谓的小钱，因为他们不知道挣大钱要有大品格、大胸怀、大品行、大品德。

我无语。加钱吧，谁让你要用人家，有本事你自己做？

更让我无语的是我们的某些员工，我给他们安排的事，过几天一问，他们总是会说：“哦，我忘了，现在就去做。”你让他们做什么他们就做什么，之外的多一点也不会干。我这个人是一个执行力非常强的人，每一天都忙得吃中午饭的时间都没有，昨天今天的午餐都是下午5点吃的，每一天都过得充实丰收，所以我就很看不惯他们的作风，我还是火了，我跟他们说，你们跟我干，记住一个词：行动。我是一个想法特别多的人，我是一个没有条条框框的人，我最看重的是一个人的行动力，我们这一生能不能活出价值活出色彩就是看我们把多少想法付诸行动了，所以，你们要记住，只有行动才能改变自己，才能改变生活，才能成就自我。也许，人的智商差不多，但行动力却让人的一生重新做了排位。他们还是“哦”的一声。

其实，我不知道他们中有几个人真的听进了我的话，知道我是真心为他们的未来着想，我今天对我们的一个客户说：“李总，其实我是真心地想帮助你们成为中国著名的企业，我看的是五年、十年，我想用十年的时间帮助你们成功，你们成功了，我们也成功了，所以，我不是要挣你这一年的月费，我们给你们做的任何事情都是基于这个角度出发的，所以是可持续的是有大谋划的。”

李总笑了说：“好好好，我们就是要这样的长期合作。”

其实，这个世界有几个人真的明白：只要真正真实地拼命干事业，哪个人不成功？真心地想帮助客户发展，哪个客户不能服务很多年？

也许，有的人总是太聪明，会说：“我的同学也很拼命，怎么也没成功？”其实，你都不知道，你其实不了解他，也许他是一个工作狂，但他不一定是一个正直的人，不一定有一颗伟大的心，不一定是一个“好人狂”，所以，坏人只能做坏事，只有成为走正路、从正业、有正见的人，加上拼命地干事业，才能有所成就。

还有一种情况是，你觉得你的同学很拼命，其实这只是他的一个侧面，你没看到他的另一个方面也许很堕落，所以，又平衡了，到最后，他还是什么都不是。

没有办法，在99%的人变得不靠谱的时候，只能指望你自己，让自己成为那个1%的靠谱的人。

所有人类的荣誉都在等着给你。

不给你还能给谁？

一个“好”字就够强国的了

坐在桂林的一家时尚餐厅里，心情飘扬，想象着这就是人生。

桂林人满街都是，满脸的自然舒展的表情。

每个人都在过着由自己造成的生活，有喜有忧。

今晚就要离开这个城市了，这个城市的人依旧舒适地生活着。

在我和这个城市的人民之间会有一个美好的联结吗?

不然，活到最后还不是13亿同胞眼里的陌生人?

唯美的音乐在耳边流动，我对同事说:“音乐就可以改变中国，中国人对音乐的运用和发挥太不够了，一个餐馆里有音乐，就会让食客们心情舒畅地用餐。那么，地铁站里呢，能不能放点柔情音乐，让每一个乘客进入地铁的那一刻就能感受到生活的美好，活着的喜悦? 有几个地铁站里在放音乐，其实，这有什么难的吗? ”

同事朝我笑。

这就是大家的具体表情。每当有人说了一些真实的问题，用了尖锐的语言时，就爱惯性地朝他笑笑，意思极其含糊不清，也许他是支持你，也许他是觉得你不成熟。

所以，很多人都怕看到这种笑，所以不愿意说话。

其实，还不就是一个“好”字吗，一个好地铁站首先得有一个“好站长”，一个好站长前提得知道怎么做才能成为一个好站长，得有一个好品德、好理念、好管理、好执行。

其实，整天都在说提高服务品质，创造优良乘车环境，说到底，不就是要求我们有好站长、好乘务员、好司机、好保洁员、好保安、好工作人员吗?

当然，站长的担子还是不轻，你首先得制定一个好乘务员的标准，然后按照标准要求每一个乘务员，达到了标准就是好乘务员，达不到就不是，如此下去，随着站里的好乘务员越来越多，你的车站就会越来越受乘客喜爱，你也就会越来越轻松，前途大好。

一个客户对我们说，你们的准备工作好像做得还不到位，这让人很不舒服。其实，我最不爱听客户哪怕说一个“不”字。其实，客户研究那个行业三年了，我们才刚刚成立了项目组，有些情况不太清楚也情有可原，但策划就是这样，客户总是相信我们什么都应该比他们强一点，这样他们才放心，才安心。所以，我很理解，会后我就跟同事们说：让客户说我们一个“好”字不是那么容易的，但是，既然我们决心要做这个事情了，就要竭尽全力地做好我们策划公司应该做的事情，你是客户总监，就要做好一个客户总监应该做的所有事情，你是设计总监，同样也要做到名副其实才行。能力有限，努力无限。

我妈总跟我说让我做一个好老板，什么是一个好老板？首先得是一个正直的人。什么是一个正直的人？起码不要害人，不要背叛伙伴，不要翻脸不认人，不要见利忘义，不要说了不做，不要对不起良心对不起自己，成为了一个正直的人，接下来才有做一个好老板的基础。说句不客气的话，不知道有多少老板能有这样的好基础？没有这样的好基础，哪里来的好老板？

很多年轻人经常说活得很痛苦，其实，人之所以痛苦，在于追求了错误的东西。放下那些坏的追求，人就幸福快乐了。

身边不是这个朋友借钱不还了，人找不着了，就是那个亲戚被商家骗钱了，再不就是被自己多年的同学给忽悠了，这种事总是很多，怎么了？原来都是人“坏”了。

人坏了，周边的很多事情就都坏了，其实，哪里需要那么多这个措施那个工程，一个“好”字不就够强国的了吗？

好领导，好公民，好公仆，好老板，好员工，好工人，好商人，好老师，好学生，好媒体，好记者，好食品，好制度，好社会，好环境，好建筑，好孩子，好家长，好军人，好警察，好文章，好专家，好医生，有了这些我们还怕没有一个强大的国家吗？

一个米粉店里的两个中年阿姨边干着活边说着话边看着我笑，一个好笑原来这么美。

中国是不是该成立一个“真话部”

什么样的文章最好？有点感伤意味的文章最好。

我不知道很多人到底在想什么？

我不知道当“真话、真实、真诚、真行”都成为中国的奢侈品的时候，我们的知识分子在干什么，我们的媒体在干什么，我们的精英在干什么，我们的大学生在干什么？

都在做“第三者”，都在忙着成为“有钱人”，从来没有人能把钱扔在一边去想想民主、正义、自由、平等的事情，眼看了社会的真诚和真实，真话和真行逐渐从我们眼前消失，我们却在齐声高呼：中国取得了伟大的成就。

伟大在哪里？

中国是富了，但中国人却越来越穷了。物质的穷还不可怕，可怕的是精神和灵魂的穷。而我们很多中国人得的正是这个病：精神病。

很多人的眼睛已经看不见真实了，很多人的耳朵已经听不进真话了，很多人的心里已经装不下真诚了，都说我们生活过得好了，可我们又多了很多的“瞎子”“聋子”“无心人”“娱乐人”“游戏人”“无所谓人”“事不关己人”。

大多数的爱情都成了“交易”，不看是不是真心相爱，只看有房没房有车没车，真不知道这些女孩子是怎么想的，有的人还扬言：宁愿在宝马车里哭泣，也不愿意坐在他的自行车上去踏青。这是多么没有远见的想法，岂不知你现在是在宝马上哭泣，若没有爱情，你还要半夜三更地在床上哭泣，在一个人的空别墅里哭泣，在闺蜜的婚礼上哭泣，甚至恐怕还要在丈夫的情人面前哭泣，在无家可归的马路牙子上哭泣。所以，是不是宝马不重要，重要的是是不是真爱，若是真爱自行车就是宝马，甚至你还会感觉是劳斯莱斯，是全世界最舒服最浪漫的座驾。若你还是嫌弃男朋友的自行车，那只能证明你还不够爱他，不要撒谎，还是换一辆自行车坐坐看，一下子就能坐上宝马，当然也要恭喜你，替你高兴。

大多数的男人，面对爱情，面对自己真心喜欢的人，都有点“男不男，女不女”，其实，喜欢一个人是一件很美好的事情，要抱着被拒绝的心态，勇敢一点，像个男人一样。

作为人民的公仆，我们的官员应该多到民间走一走，听一听老百姓的茶余饭后都在说些什么，都在如何地谩骂那些腐败的官员，去真心感受一下那种对“只作威，不作为”的官员们恨之入骨的情绪和氛围，去抽查更多更多的地方官员，不说是县长，不说是镇长，就说一个村长，你看人家开的是什么车？一百多万元的路虎。我不知道他哪里来的这么多钱买这么好的车？作为他的主管领导你一定应该可以知道，你必须知道，你知道，却还不处分他，就说明你也有问题，处分他太轻，就说明你的问题太大。

不要一看到有骂政府骂官员的文章和话语，就浑身不舒服，有则改之，无则加勉。一个优雅而开放的政府才能带领人民建设一个优雅而开放的中国。以人为本之前要先“以仁为本”，建设和谐社会之前要先建设“和谐干群关系”，依法治国之前要先“依法治官”。

此时此刻我真想说，真话难求，真实难觅，真诚难遇，真行难始，是时候该成立一个“真话部”广泛地听取一下人民的“直言进谏”了？

第七章

什么才是成功，怎样才能成功

SHENMECAISHICHENGGONG ZENYANGCAINENGCHENGGONG

普通人做什么都是普通的

幸福是什么?

很多人都在问这个问题。

很多人也就这个话题写了不少文章、出了不少书、做了不少节目。

但大家还是不知道幸福是什么。

幸福到底是什么?

幸福就是付出爱得到爱。

幸福就是无私帮助他人。

幸福就是有意思有意义地活着。

而今什么人发财了?

那些千方百计消磨大众时间、浪费人类生命,又在宣扬这样可以得到幸福快乐的人或公司都成功了。

这个世界上只剩下了两种人:一种是骗子,一种是被骗还不自知的人。

这个世界什么最可贵?

信任。

因为信任漂亮的女孩嫁给了大他 12 岁的中年男人。

因为信任借 1000 万不用打欠条。

因为信任不怀疑瓶子里装的饮料会不会被人下毒,拧开就喝。

因为信任厂商的产品行销到了全世界。

品牌就是信任。

这就是我为什么说严格意义上讲中国几乎没有品牌。

中国的品牌只有知名度而严重缺乏信任度。

中国品牌粗糙和唯利是图的表现让消费者很难完全相信它们。

即便它们是央企,即便它们是中国驰名商标,是中华老字号,是一天无数遍打着“健康中国人”幌子的私企。

中国企业为什么问题多?

因为中国企业家不可信。

中国商人太缺德。

一个人一个公司失去了信任就失去了一切。

那么还有一点信任度的那些企业又做得怎么样呢?

可怕的现实是这些企业除了卖产品给消费者之外根本没能力给消费者提供“梦想的力量”“创意的可能”“品位的提升”“身份的证明”“爱的慰藉”和“美的体验”。

原来，中国就剩下普通人了。

普通的校长管理着一个普通的学校。

普通的市长建设了一个普通的城市。

普通的出租车公司总经理经营了一个普通的出租车公司。

普通的面包店店主开了一家普通的面包店。

普通的汽车设计师又设计出了一部大同小异的汽车。

普通的女孩只有一个普通的要求：男方必须有房有车。

普通的主编编了一本普通的杂志。

普通的台长办了一个普通的电视台。

普通的教练带出了一个普通的球队。

原来，普通人做什么都是普通的。

你不成功因为你不成功

你看与不看，我会继续写。

你爱听不爱听，我会继续说。

你烦与不烦，我都不会烦。

从不烦到不凡之间到底有多少距离?

有的人一辈子都跨越不了。

有的人此刻就能超越。

国与国的不同，公司与公司的不同，家与家的不同，品牌与品牌的不同，爱情与爱情的不同，音乐与音乐的不同，演员与演员的不同，话剧与话剧的不同，气质与气质的不同，杂志与杂志的不同，故事与故事的不同。

全是因为人与人的不同。

你是你的导师，你也是你的巫师。

我想分析两个人。

两个人都是我的朋友。

一个是周末打电话说一起吃个饭。见面时，我在随身带的ipad上看到《新京报》关于民间流动图书馆的一篇报道见报了。我赶紧跟他说，我们一起去那个报亭买几份报纸，我们民间流动图书馆的新闻今天登出来了。他说，“哦。”跟着我去了报亭。第一个报亭，报纸卖完了，又去了第二个，最后在第三个报亭终于买到了两份《新京报》。

拿起报纸我急不可耐地找那篇报道读，我看了他一眼，他呆立一边，没有一点表情。

问题就在这里出现了。我兴奋地看完了报道，笑着抬头跟他说：记者写得真好，只是我们做得还不够，我们赠的书还太少了。

他没有把我手里的报纸要过去看一看，没有跟我一起兴奋，也没有说什么，甚至连那张报纸都没有看一眼，就转身跟我去饭店。

我突然明白，他感兴趣的不是我们民间流动图书馆的新闻说了什么，他感兴趣的是什么时候去吃饭。

我特失落。在心里对他有了新的认识。

整个晚上我都在想，若是他做的事见了报，我一定会第一时间去买份报纸看一看，他为什么跟着我去买报纸，却不肯看一眼报道呢？这就是朋友吗？

另一桩事。我请一个兄弟来公司谈个事。他来的不巧，我正好有人要面试 我让同事给他倒了一杯水，让他在会议室等我一会。

面试完，我赶紧走入会议室，我不想让他感觉，来你公司，你还挺牛，让我一个人等。

不巧的事情再次发生，我一进入会议室，正好看到我的这个兄弟一把把一张《民间流动图书馆报》扔到了会议桌的正中央，他的举动，瞬间让我不舒服，好像他很不愿意看，不屑于看，我笑着直言不讳：大师，现在混好了，厉害了，什么都看不上了，一把就把我们的报纸扔在一边了，我们做得太差吧？

他满脸通红，不知道说什么好。

说了两个人的故事，还要分析两个人的内心。

他们的心胸决定了他们的人生。他们的事不关己决定了我只好“事不关他”。他们的见好不说好，情义薄寡淡决定了他们的故步自封不求进取。

《弟子规》中有言：“道人善，即是善；人知之，愈思勉。”

看到人家行善，你去说，你去不断地宣传，你的行为也是善，你这样宣扬他的美德和善行，他知道了，会更加勉励自己，加倍行善。

但今天的现实却有点无奈，《弟子规》是干什么的大多数人好像都不知道了，自己不行善，还会给行善者找一千个不是、一万条目的，总之，就是不想看到他人有所作为、有所不同、有所脱俗、有所成就，看了就生气，看了就烦恼。

每天还不知道有多少人恨身边的成功者富裕者，特别是自己曾经熟识的人突然有了突破，干了一些漂亮事引起了社会关注，他们就更加恨之入骨，其实，你恨他们干什么，你应该恨自己才对，你恨他们讨厌他们，他们不会变坏，他们还是他们，他们只能越变越好，你恨自己，恨自己为什么有这样恨别人的想法才能解救自己，才能一切向好。

也许，我说得这么露骨，你一下子接受不了，开始讨厌我，可是，讨厌我又有什么用？

你成功是因为你成功。

你不成功是因为你不成功。

你因为你好，也因为你坏。

干啥都要有点信心

西安很美。

这样的秋日，走在半百的树下。

心里像开了花。

身边都是兴冲冲的中学生。

有多长时间没有这样在一群穿着校服的少年人中走过了。

不说跟他们交朋友，就是在他们的身边走上一阵，就有那样多那么年轻的想法。

一个人最大的财富是什么?

是青春岁月。

是那种不管不顾大胆向前冲的单纯劲。

西安很美。

就是有点脏。

街上的纸屑、瓜皮、烟头、垃圾太多了。

对不起，美丽的西安，我理解的西安不应该有这样的环保。

坐上一辆出租车，我不想有人陪，我想一个人去鼓楼逛逛。

谁想到遇到了一个经典司机，拉着我带着笑满街跑。

他在那么多车子中来了一个大转弯，然后开心地回头跟我说："老弟，我厉害吧。"

我笑着说："厉害，厉害。"

他大声笑着说："这叫艺高人胆大。"

我笑着说："是啊，你说得太好了，艺高人胆大。"

他笑着颠颠身子，又笑着说："哈哈，这叫艺高人胆大。"

我在后座上不断地想重复他西安腔调的"艺高人胆大"。

试了几次，怎么都说不出他那样漂亮的感觉。

果然，人胆大不一定艺高。

他说："开车主要是自己感觉安全就行，开车得有点信心，该过不过，犹犹豫豫，就要出事，这是二十六年前我师傅跟我说的。"

我赶紧说："你师傅这句话太经典了，开车得有点信心，你要对自己有信心，车才能开好，我要把你师傅这句话带到网上，让它在神州大地流动。"

师傅哈哈笑说："经典吧？"

我说："太好了，你这句话给了我巨大力量。"

开车得有点信心。

干啥不都要有点信心。

可你知道，你自己就经常对自己没有信心。

面试没有信心，总觉得他们会要我吗，那么大的公司，那么多人应聘，所以不自信让你浑身不自在，你的不自在让面试者一眼看穿，他也浑身不自在，所以你的机会没了，回到家，你更加对自己没有信心。

我不知道这样的恶性循环还要持续多久，还会在多少人身上继续，我只知道，你可以不再那样自毁前程，从今天开始，干啥都对自己有点信心。

因为自信，你把本做不成的事情做成了；因为自信，追不到的美女追到了；因为自信，谈不成的客户，谈成了；因为自信，解决不了的难题，解决了；因为自信，总不敢说话的你敢当着那么多同事领导的面坚持己见了；因为自信，所以被人信了。

若还是没有信心，说明你的底子实在太薄，付出实在太少，需要从这一刻开始赶紧不懈补课了。

一边补课，一边出众。

在这个世界上，跟绝大多数普通人说同样的话，做同样的事。

是不自信的表现。

有“小弟心态”的人，早晚会成为“大哥”

我永远都要站在正义、正直、正路、正确这一边。

我知道我活着不是为了活着，是为了把徐大伟的生命意义活出来。

所以，我奉献，我参与，我快乐。

内心有了爱与美，不论你做什么都是对的，都会带来秩序与和谐。

若是看到这里，笑我的人很多，笑声很大。

那就证明我做对了。

我不同了。

大部分人都有同一个梦想：活着就是为了吃喝玩乐。

我却有一个不同的梦想：活着就是为了给这个世界制造幸福。

我是幸福制造家，我是幸福创意家，我是幸福策划家。

我是幸福家。

与我们的导演聊天，他说：“咱这个片子，一定要用一流班底，一线团队。”

我说：“太好了，只有一流的人，才能做出一流的事。”

他说：“造型师咱就用大刘，他现在是大腕，一天收费 5000 元，但他有一个与众不同的优点，就是他永远都有一个‘小弟心态’，拍片现场他永远都规规矩矩一脸投入地站在导演身后，导演看画面，他也看，导演一喊停，他赶紧跑着去给演员补妆，整个现场，导演从来不用喊化妆师去干什么，永远都是他主动去做，所以，现在找他的人越来越多，价格也越来越高了。”

我一听，太高兴，赶紧说：“你说的这个‘小弟心态’太好了，咱就用大刘，谁不爱用有‘小弟心态’的人？无论腕大腕小，人人都要有‘小弟心态’，有了‘小弟心态’，早晚会当上‘大哥’。”

不知道你看了“小弟心态”是个什么感觉，不知道这四个字是不是会引导你，改变你，成全你？全看你怎么理解“小弟心态”。

若是你还没有感觉，听我解释一下，你注意稀释一下，说不定你就有了力量。

其实，很遗憾，这个世界，我们的身边，装大哥，像大爷的人越来越多了，谁也不服谁，谁也低不下头，谁都不含糊，谁都以为自己了不起，谁都在装着不亢不卑，其实，不卑不亢哪里是装出来的，是人的品格和气质，人家比你厉害，比你明白得多，人家不应该就是你的老师吗？可你不会这样认为，很多人都不会这样认为，他厉害是他，与我有什么关系？所以，他身上的亮点和品质，你永远都没有学到，你还是你，你早已止步不前了，你还得意扬扬地以为自己可以啊，自己很快乐啊。

这就是不明。明亮的日头下，人都是暗色的。

刚从业的年轻人，就更拽了，只知道背后狠狠地骂他们的上司，怎么对他不好，怎么刁难他，却从来没有想过，这是为什么，自己这个阶段最重要的任务是什么，不就是为了广泛大量地吸取营养，快速壮大自我吗？

你没有“小弟心态”就永远没有“小弟行为”，没有“小弟行为”自然就没有“小弟成果”。

其实，无论是国家领导人、商界精英、人民公仆、警察教师，还是普通百姓，每个人都应该拥有“小弟心态”“小弟精神”、“小弟行为”，有了这些，最主要的是为自己好，这个好不是假好，是真好。

相信你早晚会明白：一个到处都是“大哥”、“大爷”的世界里，那些“小弟们”才真正拥有了整个世界。

为什么很多人也很努力，就是不能成功

这是一天的尾声，坐了一下午的飞机。

飞机累了，云彩累了，空姐累了，我也累了。

但我还是不能睡。因为我的今天不能这么结束。

总要留下一篇文章。

我知道，有的人好几次都来过了，看看我是不是坚持了自己该做的事情，是不是写了东西。

一个人在酒店的房间里，看着镜子里的我，想，这个世界最重要的就是正派，不论什么东西，只要正派，就会有人相信，就能存在，就不会麻烦，就会开花结果。

突然想到正派这个词，是因为刚才从正派人不多的餐馆出来，又路过了正派人更少的酒店娱乐中心，接着碰到一个中年人带着一个小姑娘进了酒店房间，再接着就是发现有人偷了我的想法，说是他的想法。

我们的身边总是有很多人平日也很努力，但时过多年，他们还是老样子，没有得到他们想要的成功，开始，我也很纳闷。

在飞机上想明白了一点，但从餐馆到酒店才全想明白了，原来是他们人出了问题，人是对的，他的世界才是对的。

原来他们人是错的，人的理念和品质是错的，他们的世界就是错的。原来他们都不是一些正派的人，他们做人做事都不是正派的，他们总是在想尽一切办法赚钱，为了达到目的可以欺骗他人，可以陷害好友，可以挖人墙角，可以不讲道德没有良心，可以龌龊，可以猥琐，可以做小人装孙子，但他们却永远不知道，人有了问题，事就有了问题，事有了问题，就不能有好的结果。

他们想要的始终是想要的，很少会变成他们的。

但人生就是这样，大部分人都被自己的世俗和短见给蒙蔽和耽误了，看了这段文字，一斜嘴，哼，什么叫正派，正派有什么用，傻子才正派。

正派就这样成了这个世界的顶级奢侈品。

你可以买车买房，你可以什么都不管不问，只顾自己过得舒坦，但你却不知道，前提你得是一个正派的人，不然，你什么都不是，你什么都得不到，你到最后还是极其空虚，还是不会知道什么叫幸福的滋味。

没有正派的思考，哪有正派的出路?

不知道有多少人受不了这个尖锐，拼命地躲避真实?

《论语》里讲，子路夜里住在石门，看门的人问:“从哪里来? ”“从孔子那里来。”看门人问:“是那个明知做不到却还要去做的人吗? ”

是啊，我也从孔孟之乡那里来的。

也是一个明知做不到却还是要做的人。

“好意思”的人都成功了

情人节是公平的。

他却给了自己不公平。

让我心不平。

我问他你不是心里有喜欢的人了？为什么不借情人节这个机会大胆跟她表白呢？

他看着我不说话。

我知道他没有勇气，他不好意思去找她表白。

所以他的情人节就成了“不好意思节”。

那个漂亮的姑娘也早晚会成为人家的女朋友。

因为他不敢以她男朋友的身份去做人做事。

其实，在这个新年的开头，中国人都爱讲“除旧布新”，我想这是给我们每一个人的契机，在年头都应该认真想一想，今年，需要除哪些旧，布哪些新呢？

“不好意思”让他失去了一个美丽的姑娘，一段可能一拍即合的爱情。

“不好意思”也让很多人失去了更好的工作和更好的机会。

有一个同学，一直说他就想做导演，就想跟剧组去拍戏，说若是他能够跟冯小刚一块去拍戏，让他干什么都行，死了都值。

我说：“有这么夸张吗？”他点头。

我问他：“那你为什么不去找冯小刚呢？”

他吃惊地看着我说：“去哪里找啊？”

他的这个表情，一下子让我明白，原来，他根本就没想过可以去找冯小刚，也不相信能够找到冯小刚，更不敢想象自己能跟冯小刚干，原来，我认为完全可以去争取的事情，他却认为根本不可能。

我吓了一跳。

原来，还有这么一个群体，大脑始终不开窍，不知道这个世界只有一件事情是确定的，那就是死亡，除此以外，一切都可以争取，都可以通过努力做到。

我赶紧对他说："我知道冯小刚的工作室在哪里，也知道他近期在工作室，你想去直接找他吗？"

他说："去了有什么用，冯小刚怎么可能会见我呢？"

我说："那你为什么不好好想想你做什么冯小刚才能出来见你呢？你不是说你有很多创意吗？你不是说你擅长与人交流吗？"

他说："去了也没用，一天还不知道有多少人去找他呢？"

我知道他怯场了，就继续激他说："你怎么知道每一天都有很多人会去找他呢，就是因为大家都这样想所以一天也没有一个人去找他也说不定呢，你没听说过很多漂亮的女明星都没有人追吗？因为很多男生都在想，她这么漂亮又是明星有钱有势，一定会有很多人去追，算了，不去碰壁了，所以女明星是有人捧，没人追，很多女明星的婚姻也不幸福，因为结婚的对象不是真爱，是财主。"

他说："你告诉我怎么去找冯小刚，我去找他，毛遂自荐。"

一个多月以后，我问他去找冯小刚了吗？他支吾不出来。

我知道他没去，也知道他想跟冯小刚工作的期望，永远只能是一个梦想了。

我知道他不好意思厚着脸皮去找冯小刚，他知道这很难，他没有胆量去挑战自己，没有不达到目的誓不罢休的决心，所以，他还是他，一个平庸的经常唉声叹气的"做梦男"。

不好意思去跟陌生人说话，不好意思公共场合伸开双臂做"飞客"，不好意思上台演讲，不好意思得罪朋友，不好意思穿出自己的真个性，不好意思找领导加工资，不好意思打听路，不好意思争关注，不好意做服务，不好意思拒绝人，不好意思拍案而起，不好意思骂人俗，不好意思大喊"我爱你"，不好意思众目睽睽下亲吻。

却不知道在一个"不好意思"的人群中，那些"好意思"的人都成功了。

答应我，你要充实地生活下去，继续真诚地对待自己的生命

开篇的时候，总想抒发一点感情。

写写云，写写山，写写内心的思绪。

这样的习惯带着我走了无数个季节。

有感情地存活。

有感情地做事。

有感情地为人。

一个男人给她挚爱的妻子留下一封信，信的末尾写了这样一句话：答应我，你要充实地生活下去，继续真诚地对待自己的生命。

这样的人间岁月，我愿意把这句话转送给你。

这样的转送意义和目的都是重大的，因为，我送给的人，都送对了，他们生活的不是充实，而是空虚、拧巴、无序、躁动、不安、迷茫、徘徊、痛苦。他们不充实，不快乐。

不是他们不想充实，不想快乐，是因为他们不知道怎么充实、怎么快乐。

充实生活不就是存正心、有正念、走正路、做正事，一天一天地坚持，一天一天地做到，一天一天地自信，一天一天地付出吗？

或许有人心有疑惑，这样做就算是充实生活吗？这样做下去的结果是什么呢？

只管耕耘，不问结果，没有故事，不成人生。

你的问题太多了，你的智慧还不够，你把大量的时间浪费在思考问题答案和质疑问题上了。

所以，你不充实，不快乐。

你知道这个世界什么最可怕吗？

自我伤害自我荼毒却还一直不自知的人最可怕。

这个世界绝大部分人每天都在浪费时间，都觉得时间最不值钱。

公平的是，觉得时间比什么都珍贵的人，无比珍惜时间的人，都比那些浪费时间的人成功。

时间里出成绩，时间里出淑女，时间里出高官，时间里出精品。时间里出一切。

你仔细去观察那些你崇拜的人，你会发现他们的秘密武器其实就是掌握时间的能力。

很多人都会找借口说，自己时间不够，其实你不是时间不够，你是觉悟不够，还不知道时间决定了你的一切，时间可以让你成为你想成为的人，也可以让你成为被人抛弃的人。

还有人说，我不是天才，这样平淡地过，也不错。其实，什么叫天才?相信自己的思想，相信自己内心深处认为对自己有益的东西，坚持做对的人对的事，这就是天才。

如果一个人还未寻获就决定放弃，他这一生是不是就活得毫无意义了呢?

大部分的人不承认他们放弃了，其实，他们是放弃了，放弃了情义，放弃了责任，放弃了良心，放弃了正直，放弃了看书学习，放弃了艰苦奋斗，放弃了儿时的梦想，放弃了多年的理想，放弃了好身材，放弃了真善美，放弃了两袖清风，放弃了医德高尚，放弃了德艺双馨，放弃了艺术追求，放弃了传统文化，放弃了自我反省，放弃了洗心革面，放弃了从头开始。

看着满街放弃的人，我茫然四顾，只能指望更多的年轻人能够早日清亮觉悟，你们的人生才刚刚过一点，你们还有机会还有时间去实践这句话：每个真正的人都是一项事业、一个国家和一个时代；他们需要无限的空间、无数的人和无限的时间去完成自己的使命；子孙后代似乎是一排门客，跟随在他的身后。

答应我，你要充实地生活下去，继续真诚地对待自己的生命。

好吗?

正确的选择

午后，音乐，写字。

似水流年，宽阔迸发。

我坐在这里，就像坐在世界中心。

无所不想，无所不爱。

泪光在阳光的折射下，异彩纷呈。

这就是人生：一点点的泪水，一点点笑声。

有一天晚上看了杜琪峰导演的新片《单身男女》，影片末尾高圆圆扮演的女主人公在两个痴心求婚男中做出了抉择，选择了吴彦祖扮演的男主人公作为自己的未婚夫，放弃了“古天乐”。

我的脑子里突然出现了这样一句话：正确的选择。

三天过去了，这句话依然在我的脑子里回旋，心里还有一个声音：徐大伟，把它写出来，把你的所思所想写出来你才是一个公益人，你不是想用这一辈子来实验“公益人生”吗？

于是，我迫不及待，坐在了电脑前，因为我知道这是一个正确的选择。

耳边的音乐已进入了我的思绪中，干扰了我的笔法，影响了我的文采，我知道放这个音乐又是一个正确的选择。

福布斯说过：商业的目的是造福众生，不是为了财富的积累。

而大多数商人都做了错误的选择，经商就是为了赚钱，为了积攒财富，为了享受财富，为了遗留财富，却不知道经商是造福人类改变世界的最直接最方便的方式之一。商人本来也可以很伟大，只是，商人们太自私，所以伟大只能给别人。

也许，他们一辈子都不知道在中国有一句话：“遗子千金不如遗子一经。”留给孩子千两黄金，不如留给他一本经书。与其留给他千两黄金，还不如留给他一种安身立命的知识，给他创造一种受教育的机会。应该培养他对学习的渴望和对学习的依赖，而不是对财产的依赖。

说来都是笑话，不说是中国传统的一句话大家都闻所未闻，就说现代中国的基本地理知识，大家又知晓多少呢？我问你：青海的省会是哪里？你知道吗？南宁是哪里的省会？江西的省会又是哪里呢？宁夏的呢？吉林市是吉林的省会吗？

不知道你到底答对了几个？连这些基本的知识都不知道，你还说你爱中国吗？不知道自己的祖国母亲有多少个孩子，都叫什么名字，你说你爱她，谁会信呢？

《三字经》中有一句话："幼不学，老何为？"

不知道又有多少人做了错误的选择呢？

眼看着公路上一车车表情严肃、睡意蒙眬、浑身无力的上班族在我的眼前划过，我只能叹息：幼不学，少不学，壮不学，大家老何为呢？

不知道从什么时候在公交车上、在火车上、在飞机上、在饭桌上、在其他公共场合看书写字开始被很多人指手画脚了：看那个人，那么爱学习，还边看边记呢。他肯定是要参加什么考试。

听听，多么有意思的议论，自己不看书不学习还不见贤思齐、见勤奋而自奋，却指指点点说起风凉话，其实，我们活着哪天不需要干事，干事不就是"考试"吗，只不过这个考试也许没有明确的考卷，没有具体的考场，但要想活出一个人样来，你的竞争者恐怕还不是一个两个人，也许是上千人，也许是几十万人，也许是上亿人。

在我的啰里啰嗦中你在想什么呢？

你有"正确的选择"的意识和理念了吗？无论从业、交友、结婚、生子、求学、出国、投资、买房、购车、择校、选书、拜师、学艺、当官、为民、教子、孝亲、带兵、领队、创意、理想、发言、著书，最重要的都是做出正确的选择。

你一生能有多大的作为，能走多远，全看你一生做出了多少正确的选择。

也许，你会茫然无措，不知道该怎么做出正确的选择。

告诉你一个方法：如果一个人的思想纯正，那么他由心而发的选择，一般都是正确的。

你想要 100 平米的大房子，你得先要给这个世界 100 平米的爱

大家，睡前好。

上班的回家了吗？开出租车的还在路上吗？东北天气暖和了吗？锡林郭勒还在扬沙吗？上海的美女依旧江边畅想吗？山东的兄弟能够一直坚持做好人吗？四川地震灾后的孤儿们过得好吗？敬老院的老人享受到敬爱了吗？孩子还像孩子吗？人与人见了面为什么越来越少微笑了？

一个同事说："北京是一个来的人想走，没来的人想来的地方。"

从而听出她不会在北京待长。

她的内心深处还没有北京力量首都品质，她还不知道北京的好处和惟一。

北京是谁的？

谁理解她，谁爱她，她就是谁的。

有一天下午，天气出奇地好，心情出奇地好。

又遇到一个美女，美女还爱跟我谈天说地。一切都出奇的好。

就像我们是曾经的老朋友。好久不见。

找一个良好的下午，约一个良好的朋友坐在后海边的小店里小酌。

这也是北京的好。

我问美女："你现在最想要什么？"

她笑着说："我想要 100 平米的大房子。"

不奇怪，在北京漂泊的年轻人最想要的差不多都是房子、车子。

想要房子的最多。

因为大家都觉得在北京若是没有自己的房子就没有安全感没有稳定感，就是北漂。

我当然笑着对美女说："你想要 100 平米的大房子，你得先要给这个世界 100 平米的爱。"

她惊奇，问，“什么是100平米的爱？”

我说：“你要说真话，扪心自问你真的爱你现在的工作吗？你真的爱你的公司吗？你真的爱你的老板吗？你真的爱你的同事吗？”

她若有所思，不知道怎么回答我。

你我都知道，我触到了她的痛处，我说到点子上了。

你都没有真的爱上你的工作，没有爱你的工作、老板、同事，你怎么可能在那个公司干得好、干出色？你怎么可能有智慧、有创意、有思路、有办法？你怎么可能挣到高薪，挣出前途呢？

你不爱工作，工作也不爱你。你不爱公司，公司也不疼你。你恨老板，老板也讨厌你。你跟同事过得去，同事也跟你差不多。

不痛不痒的过程，只能有不苦不甜的结果。

你需要对这个世界有100平米的爱。你需要对你的公司、对你的工作、对你的老板、对你的同事、对你的家庭、对你的兴趣、对客户、对消费者、对社会、对万物众生都付出100平米的爱。

付出了这些爱，你就知道付出了这些爱后人生会有多么美好。

100平米的房子有了，100万的车买得起了，100人的团队能领导了，100个难题都难不倒你了。

用100的真心、用心、爱心换取100的富足、幸福、宽广，天下只有这么一道算术题。

成功的方法其实多简单，但成功的行为又多难？

什么都知道，却什么都做不到，一个陋习也改不了，一次也不能战胜自己的欲望和妄想的人，得到的结果只有一个：痛苦，无比的痛苦，越来越多的痛苦。

其实，年轻人，往哪里逃，在北京你都拼不出个样子来，到哪里你能有希望？

家乡是用来“荣归故里”的，不是用来“打道回府”的。

有时候，你逃一次，就决定了你一辈子。

出京容易，进京难。

这个世界还有多少人有资格过“劳动节”

今天是五一国际劳动节。

这个节很尴尬，不知道是给谁过的。

不知道谁有资格过。

表面上看任何人都可以过，任何人都是劳动者。

但一深究，不知道全世界有多少人够条件够资本过这个节，不知道这个世界还有多少真正的“劳动者”？

当这个世界越来越多人成为“捞动者”，都在拼命地为了自己的小家自己的小我捞东捞西的时候，五一劳动节显得多么苍白无力?

我一想问题就爱想大，因为我叫徐大伟。

一想大，就想到全世界，其实，全世界有多大呢，我们不都是这个地球上的人类吗?

我们不都是人吗？是人就应该是一家人。

把全世界当成了一个村，把全人类就应该当成家族亲戚。有了这样的胸怀和视野，你会发现你一下子提高了不少，你的眼界不同了，你的心大了，你的智慧光亮了，你的想法多了，你能透过现象看到本质了，你真实了，你的作为和人生也踏实了。

你真实，你周边就真实；你超越，你就超越空间。

你成为这个世界真正的“领导者”了。

你会看到，我们这个近 70 亿人口的大家庭向来不是太团结，总有数都数不清的矛盾和仇恨，很多人的人心都坏了，很多人都是寄生虫，都是混世者，都是无为者，都是旁观者，都是自私人，都是占便宜者，都是懒惰者，都是自甘堕落者，都不是劳动者。

我们这个大家族，太需要真正心无旁骛、全心全意、坚忍不拔、锐意进取的劳动者了，当我们看着 70 后成了“被动者”，80 后成了“说动者”，90 后成了“玩动者”的时候，谁还跟我说我们这个大家庭前途不可限量，我就要跟谁急。说了几十年的假话空话套话官话，什么时候你才能说点真话，说点仁话？

我知道你也会跟我急。

急就急吧，这个事不急恐怕永远都没有人关注。

既然是五一国际劳动节，不应该进行“劳动改变生活，劳动改变世界”的主题宣传吗？

不应该进行“什么叫劳动者”主题宣讲吗？不应该举行“大学生劳动大会”吗？

“全民劳动，全球幸福”主题推广活动哪个国家来做？

“我劳动，我成功”励志团没有人参加吗？

有多少年轻人，从小到大，今天都快三十几岁了，根本就没有劳动过，没有体验过劳动者的感受，什么都是等、要、看，什么都有人安排妥当，不需要自己付出辛勤劳动，付出精力，所以，未来是可怕的，这样的孩子越来越多，这个大家族就只能越来越不兴旺。

也许你还不服，会说自己每天都在工作，每天都上班，我怎么就不算是劳动者？

你上班，你工作，你为公司做了什么，你为众生做了什么，你为社会做了什么，你为世界做了什么？

你所做的一切哪个不是为了你自己？

你不成功因为你是“唠动者”。

你不知道怎么成功，因为你不知道成功需要“老动”。

你找到自己的“造梦空间”了吗

这是一个晚上多梦、白天少梦的时代。

世俗的人还在嘲笑做白日梦的人。

却不知道推动世界、改变世界的人全是做白日梦的人。

全是“白日梦”。

一个不会做“白日梦”的人是一个没有美好前途的人。

一个嘲笑、打击、阻拦、谩骂“白日梦”的城市是一个没有希望的城市。

这个世界什么无价?

梦想无价。

有的国家发达，有的国家落后。有的城市繁荣，有的城市萧条。有的家庭多姿多彩，有的家庭暗淡无光。有的人意气风发，有的人一脸茫然。

全都是因为一个字：梦。

哈欠是会传染的。

你身边打哈欠的人多，你的未来就不会清明。

你身边做梦的人多，你也会有梦想。

其实，我每天给你的东西不会太多，也不会太少，一句话，一个题目，一个理念，其实，都是我用本来面目给你的“干货”。

但愿你也能用本来面目来领会。

因为只有大家都以本来面目面对一切的时候，这个世界才能真正向我们露出本来面目，我们才能真正切中要害，有所作为。

不然，又是表面功夫，不痛不痒，虚度光阴。

假如说“做梦”是在想一个梦的话，那么，“造梦”就是真正地做梦，做出一个梦想。

有梦的人少，造梦的人就更少。

但就是因为这个少，就给了我们两条不错的出路：因为少，所以要去做；因为少，所以成功的几率大。

其实，我们每一个人都应该有属于自己的天空，有一个属于自己的“造梦空间”。

久石让找到了属于自己的“造梦空间”，那就是音乐。

黄永玉也在中西合璧绘画人生中找到了自己的“造梦空间”。

姜文也是幸运的，不断地在电影中造出新梦。

奥巴马在“美国总统”这个职位上也找到了自己的“造梦空间”，不但想造梦美国，还想造梦世界。

潘石屹更是“人小鬼大”，借用一个西方的概念“SOHO”就找到了自己的“造梦空间”，做得风生水起，财源滚滚。

周润发也是老早就找到了表演艺术这个“造梦空间”，越来越有味道，越来越有看头，恍如隔世，梦中梦。

其实，我也找到了自己的“造梦空间”，策划造福人类，策划改变世界。

每当这个时候，我总是想着给你一个有力的反打球：你呢？你找到自己的造梦空间了吗？你的造梦空间是什么？

也许如何把挣扎暗涌的一生内化成一部漂亮的电影，是一个导演的责任。

但保持最大程度的干净，相信你相信的东西，做你想做的事情，在你热爱的事业中找到自己的“造梦空间”，造出又大又好的梦想，也许就是你的成功之道。

苦到底，乐到位

张靓颖在“中歌榜”的颁奖现场说了一句话，我赶紧记在了本子上。

真正的好东西我不会不记，我记下的全是好东西。

我不管是谁写的谁说的，无论他有名没名，年轻与否，学识大小，地位高低，只要是他提供了好东西，我就会记下来。

我这种一视同仁的做法和视野，也无时无刻不在促进着我，让我成为徐大伟。

张靓颖说：“我今年26岁，在歌唱的舞台上，我找到了属于我自己的信心。”

张靓颖话音刚落，现场一片欢呼。

但我还是相信残酷的现实：说者有心，听者无意。

那些年轻的面孔，那些粉丝粉黛们，尖叫一声，兴奋一下，出了这个会场，他们的内心能够始终浮现着这句话吗？

能够问问自己：我找到属于我的信心了吗？属于我的信心是什么？我去哪里找呢？

所以，我又不快乐了。

我始终是一个多愁善感的人，开始是为自己，现在为众生。

听了张靓颖的这句话你感觉到你身体内涌动的能量了吗？

你知道张靓颖为什么歌唱得好听吗？因为她逐步做到了“人生如歌”。

伟大的剧作家、诗人王尔德下到一个煤矿的井底跟光着膀子的煤矿工人说：“完美的体型，从苦痛中塑造出来。你们历尽多少次骨折，肌肤损伤啊？”

不知道为什么，我一下子想到了这句话：苦到底，乐到位。

苦到底，才能乐到位。

张靓颖能有今天，她是怎么出来的，乐出来的？

苦出来的。

这个苦不是让你吃得差喝得差睡得差，这个苦是让你对自己有要求，有很高很严的要求，你要对你的生命负责。

做你想做的事情，心无旁骛地投入你热爱的事业中，觉得这一生无所遗憾，就是对生命负责。

人人都有生命，但却不是人人都是生命的主人。

有的人一生都是生命的“房客”，人生的“暂住者”。

而今天让我苦恼最大的是，大部分人都不相信“苦到底，才能乐到位”这个真理，上来就是直接去追求人生的享乐，都想省略这个吃苦的过程，却不知道，没有过程哪有结果，过程不苦，结果怎么能甜呢？可他们什么也不管，就是千方百计想让自己每天都舒服一点都快乐一点，也许，你会问我：徐大伟，我们让自己生活得快乐一点有什么错吗？

你当然知道我会怎么回答：你错了。你可以追求快乐，但你凭什么让自己快乐，你凭什么让自己幸福，你凭什么让自己富足？还不都是靠让自己尽量地苦起来，尽量地通过多吃苦，历练自我，坚强自我，智慧自我，成就自我吗？你自己不成熟，你的人生会成功吗？人生不成功，你真的会快乐吗？

此刻，几乎全中国人的心思早就不在工作上了，无论是政府还是商界，张口就说：“年后吧。”什么都要等到年后，过年不就是七天假吗，年后你就不用面对现实了？年后你就不用工作生活了？年前你都这么懒散这么世俗，年后真的能看到你的新气象吗？

你不能什么都逃避。

逃不了就拖。

拖不掉就赖。

“我是一个男人”是天下所有男人的座右铭

一个男人坐在我和主持人面前，声泪俱下，情真意切。

我很难过，眼泪止不住流下来。

他说在他 18 岁的时候，父亲上山采药，不慎掉入悬崖，不治身亡。

他说：“看着母亲一日比一日消瘦和不精神，心里极其痛苦，我是一个男人应该担当起这个家的一切，不能让母亲再继续这么操劳下去，所以，我藏起了大学录取通知书，跟母亲说自己没考上，要出去打工，母亲很伤心，不相信我没考上大学，但我坚决说自己没考上，我想与其让母亲含辛茹苦地下地干活挣钱供我上学，还不一定能供得起我，遭受想象不到的困苦，还不如干脆让母亲短期伤一下心，我出去打工挣钱，撑起这个家，我是一个男人。”

他说了两次：我是一个男人。

我才想到这篇文章的题目，才听出了这句话的价值和力量。

差点自己也不是一个男人，浪费了人生的一次启迪。

人生就是这样，一念正道，一念邪路，关键要看你本人的质素到底怎么样。

他几次哽咽，我几次泪眼汪汪。

于是我想到这样一句话：不流几次眼泪的男人不是真男人。

我不知道这个天下会有几个人能做到藏起自己的大学录取通知书，毅然外出打工养家？

若说我有什么能够送给天下所有男同胞们的，就是这句还不是我亲口说出的话：我是一个男人。

我知道我不合时宜。

我刚看到一个小伙子给另一个小伙子递烟，突然明白，这是他们表达兄弟之情的方式。

原来兄弟就是这样，千方百计，同流合污，乌烟瘴气。

从一个“递烟敬酒”称兄道弟的饭店走出来，迎面走来两个大腹便便满口脏话的男子。

我不能用“男人”称呼他们，因为我不敢确定他们是不是男人。

本来这个世界就有两类人：一个是男人，一个是女人。

可现在的世界有点乱。

很多男人其实不是男人，是男性，很多女人也不是女人，是女性。

本来有了男性和女性也就可以了。

可是，我又跟不上形式了，大家说你还忘了中性人呢?

其实，我宁可跟不上这个形式，忘了这个中性人。

有的人一辈子都在跟这个形式跟那个形式，到头来一辈子就是一形式，什么有价值有意义的内容也没有。

我昨天又说了一句我喜欢的话：因为我知道的少，所以我得到的多。

其实，这个世界到处都是半成品，半成品父母官，半成品家长，半成品大学生，半成品物业，半成品 4S 店，半成品丈夫，半成品环保局，半成品医院，半成品法院，半成品联合国，半成品商品房，半成品商人，半成品品牌，半成品歌手，半成品电影，半成品女人，半成品男人。

什么都要要，什么都一点。

我知道所有的男性都说自己是男人，我也知道只有真正有德有识通透光明的人才知道这里面到底有多少骗子，有多少真人。

女人们也一定知道谁是男人谁不是男人，可知道并不一定说明她们能吃一堑长一智，很多不是男人的男人不都是她们惯出来的吗? 不工作，不拼力，不坚强，抽烟喝酒玩网游打女人的男性又是谁在一而再地容忍供养他们?

其实，不知道自己算不算是一个男人的男性，男性都算不上。

最多算是一“被男”。

男人胆有多大，福有多大

坐在车上看着四环外高楼林立灯火阑珊。

我就在想在这样一个美好的时代，我要做什么，才能让这样的夜色更加迷人?

我又在给自己画蓝图，这些年几乎每天都在给自己画蓝图。

天大，夜大，我的心也在增大。

没有人会在这个夜晚给我提醒：徐大伟，你这一生要做什么要做什么，你要成为一个什么样的人，你能有什么成就。

没有人。

只有我，我从来没有停歇对自己长久的提醒。

只要活着，每天都要做一个正直的人。

这样我就有一个正直的人生。

而正直的人生就有无限可能和无限力量。

看着窗外，突然就想，这些楼不就是天空吗，窗户里的灯光不就是星星吗，原来天空就在四环边上，谁说看不见星星了，万家灯火不就是银河繁星吗?

原来不是看不见星星了，是你心里没有星星了。

路边人行道上一个时尚的女孩把包从左肩膀上摘下来，斜跨在右肩膀上，然后痛快地奔跑起来。

她的这个动作我只能用一个字来形容：帅。

一下子就喜欢上了这个女孩。

有这样生动女孩的城市你能感觉不美好吗?

经常看到一些人吹着口哨、哼着歌、抖着腿在做事，经常就会想到这些人之所以有此表现，一定是感觉自己的生活还可以，自己晚上回家有吃有喝有玩，环境不错，心情不错，所以他们表现愉悦。

不是我看他人快乐自己就生气，我只是不清楚，这个世界上到底有多少人都在满足于现状，都在止步不前？都在被自己被世俗被环境所绑架，无法成就自我？

放弃了更加美好的明天，却在差不多的今天里从半推半就到不甘不愿再到习以为常中活着？

我还不知道“知足常乐”这个人人皆知的说法又害了多少人，让多少“雄心壮志、满腔热血”都化为平淡，直到熄灭？

知足常乐没有问题，只是知足常乐前面还要加上四个字：知己不足。

知己不足，知足常乐，知道自己的不足，知道自己的差距，却从来没有停止努力和付出，激情四射，精神抖擞，不懈追求，永远向前，在这个过程中无论收获多少，得到多少，都是自作自受的结果，都能知足常乐，保持一个良好健康积极向上的心态，再次出发，再次拼搏，再次失败，再次成功，善因善果，一往无前。

这才是真正懂得“知足常乐”的内涵和真意。知足常乐不是让你甘于平凡，甘于受苦受累，甘于放弃希望，安于现状不思进取。

我妈总是偶尔在晚上给我上一课，有时一个故事是一堂课，有时一顿饭算一课，也有时候一句话，就是一节课。

今天晚上的课就是一句话。她说：男子汉，就要有一个男子汉的样，什么都去闯闯，闯不成也不后悔，男人胆有多大，福有多大。

有什么样的家长就有什么样的孩子，有什么样的课堂就有什么样的学生。

所以，我觉得我妈这堂课我应该跟大家分享。

吃小灶，难成器。

认真做事的男人最性感

一个时髦的小姑娘突然说：“大叔，你知道你很性感吗？”

“啊，啊，什么性感，都老头子了。”大叔答。

小姑娘：“认真做事的男人最性感。”

我一下子同感了。

穿紧身衣，露肌肉，装深沉，留胡子不是性感，是俗风。

认真做事的样子才最性感。

不知道有多少年轻貌美的女孩子最后都是爱上了认真投入工作的男人？不知道多少男人都在不知不觉的工作中迷住了小姑娘？不知道多少男人都在装性感的时候丧失掉了艳遇女神的机会？

被小姑娘爱上的修表大叔说："机器，只要懂得它们之间的关系就OK了，部件跟部件之间的关系，无论单纯还是复杂，只要了解相互之间是什么关系，就没什么修不好的。"

机器是这样，人也一样。懂得了人与人之间的关系，自己与自己的关系，人与事情的关系，性感与人的状态的关系，就一切都OK了。

也就知道怎样才是真性感，怎样才能真性感了。

天底下也就没有不性感的男人了，只有不知道什么是性感和不想去性感的男人了。

很多人会奇怪，不会吧，她怎么可能爱上了他，她这么漂亮怎么能找那么一个相貌平平的男人？

这就是你的局限。他一定有过人之处，一定有比你强大太多的地方，也很有可能就是因为他做事的认真劲，才吸引了这么性感的女孩子。

很多人会说，这简单啊，不就是认真做事吗，我也会，我也可以做到啊。

听你这么一说，就知道你恐怕还没弄清楚什么叫真正的"认真做事"，听你的口气看你的表情就知道起码目前你一定做不到。

认真做事不是你坐在那里假装忙活，不言不语，不是这个样子，认真做事，是一种坚定如初的境界，生命的享受，心无旁骛，一心一意，你都感觉不到外界环境的变化，也根本不会留心觉察到有人正在欣赏你爱你。

若你蓦然回头朝她一笑，这就不是"认真做事"，这也算不上性感。

孙中山先生曾说："我贡献诸君的，就是要诸君立志，要有国民的大志气，专心做一件事，帮助国家变成富强。"

近百年过去了，有国民大志气的人仍然寥寥无几，专心做一件事的人也没有多少，无奈之下，只能但愿，但愿中国性感的男人能多出一些吧。

不能性感，便是堕落。

不懂大海的人都是俗人

北京人不懂海。尽管他们有后海、北海、什刹海。

上海人不懂海。尽管他们叫上海。

青岛人不懂海。尽管他们是个半岛。

三句话下去，就得罪了几千万人。

若以我个人的骂名就能推动中国人对大海的认识，对大海的喜爱，对大海的利用，再让我得罪几千万人我也是愿意的。

我知道什么是值得。

很多人都在做不值得的事情，却说是值得的。

决定一个世界的好坏不是人与人之间的理论和斗争，是人与心的较量，良知和堕落的比拼。

林语堂先生曾经写了一本书《生活的艺术》，也许很多人都读过，但又有几个人真的能够掌握生活的艺术呢?

谁配得上“生活艺术家”这个优雅的称谓呢?谁又能为人类提供一个“生活的艺术”的范本呢?

即便谁都不能担负使命，我们每个人为什么不能因为了然了“生活的艺术”这句话，而生活得漂亮、多姿多彩而又情趣盎然呢?

我知道我们每一个人都可以，只是，我们的行为要受我们的思想我们的理念指挥，我们没有那样一颗向往“艺术地生活”的心，就不可能有“生活的艺术”。

这让我想到了浪漫的大海，无论是我家乡门前未经开发的野海，还是沙滩躺满各种肤色各国游人的巴厘岛，只要是海，我都乐意亲历其中，流连忘返。

我说了两句影响我一生的话。一句是：从大伟走向伟大，这句话不但在逐步改变着我，让我上路，还在影响改变着我的客户我的亲友，我身边的人，所以这是一句伟大的话，一个伟大的人生理念，也是一个伟大的成功哲理。

还有一句就是：从大海走向大海，我出生在海边，我希望我死后骨灰洒向大海，在大陆上运用大海给我的情怀、给我的博大、给我的沉静、给我的激情澎湃、给我的经久不息的涌动大风大浪的考验、潮涨潮落永远不变的坚强，竭尽全力地贡献我的才华、我的智慧、我的思想、我的视野，百折不挠地造福人类，改变世界，这就是我短短几十年的“大陆人生”能做的矢志不渝的事业。

短短的“大陆人生”结束后，我希望我能融入波澜壮阔的大海，进入占领这个地球 70% 面积的海洋中畅游，给大海带去竹林的高风亮节，小草的温柔可人，人类的欢笑和熊猫宝宝的憨态，让大海尽量不要给大陆不必要的侵害，对人类的鲁莽伤害和目光短浅的行为减轻一点惩罚的力度，我愿意做大陆与大海之间的“友好使者”，在大海里住上几十年，学习几十年，体会几十年，再来开启又一次的“大陆之旅”，但愿我那时候还能记住哪个国家哪个民族当初是那么糟糕，需要第一时间去帮助他们。

我也愿意做大海的“前台”，海洋的“领班”，带领枯燥、干涩、小心小眼、没见过大场面的大陆人来到一望无际的大海边感受大海给我们每一个人排演的这一出永不落幕的“打开心扉、酣畅淋漓、洗心革面、海阔天空”的大戏。

人的一生只有一个任务，就是：壮大自我。

怎样壮大自我？

壮大心胸，才能壮大自我。

如何壮大心胸？

大海给力。

怎样才能成为大师

很多人会认为我说过的话，就是说说而已，很少会去做。

其实，他们哪里知道成就我的恰恰是我说过的话很少不去做，所以很多人又失算了。

失算一次没有关系，就怕你根本不懂得人生的这个账怎么算，总是失算。

我前天写了一篇文章中说“你不能去书店把所有总统、首相、主席、总理、政要名人、商界名流们的自传或回忆录都买回来，一本一本地看？”

问完你了，我走了？

其实，我没有走，我去做了，昨晚我到西单图书大厦一下子买了 11 本总统、首相、总理、政要名人的自传或回忆录，今天就开始读了。

桌子上放的是这些书中的第一本：理查德·尼克松著作《领袖们》，书签放在第 15 页。

你呢？你去买书了吗？你开始读了吗？

人人都想成功，都想成为有钱人。

可又有几个人知道成功就是去做。

除了做，没什么。

人生的路上，你必须要成为一个行动派。

你会说我们都一样，可我们又到底不太一样，我呼吁你去买这些总统们的书，然后一本本去读，然后，我昨天就去买了，今早就开始做了，你呢？

你会说这算什么？

这个不算什么，那个不算什么。

到头来只有一个结局：你算什么。

成功真的有那么难吗？行动真的有那么不容易做到吗？

你都多大了，你有没有想过：你有多少日子是为自己过的？你有多少日子做了自己想做的事情，做了正确的选择，保持了正确的态度，充实自我，彰显力量？

尽管每一个人擅长的领域不一样，问题是你是不是真的知道自己擅长什么？

你知道生命赋予了你哪种与众不同的能力吗？你去珍惜了吗？你去完全地表达了吗？

经常都能听到大师这个称号。

想没想过怎样才能成为大师呢？

其实，成为大师的前提只有一个：就是真心地想。

有了这个意愿，才是去做：看大师的东西，听大师的东西，想大师的东西，爱大师的东西。

时间长了，你的思想、境界、视野、智慧就不知不觉地在朝着大师的方向去。

时间再长，你就会发现，自己真的不一样了，开始有人刮目相看了，偶尔也有人笑着喊你一声大师了。

其实，这奇怪吗？你没见过真正的好东西，怎么能做出好东西？你没见识过大师的功夫，怎么知道自己的差距？你天天都在大师的作品中耳濡目染，你的作品怎么可能不受到影响？

问题是，现在的很多人一是没有主动去研究大师、学习大师的意识，二是不知道一个最简单的道理，与大师为伍才能成为大师。

其实，大师离我们远吗？哪个书店、哪个图书馆、哪个博物馆、哪个古街旧巷没有一大堆大师，哪个大师你不能把他们请到眼前？

也许，你什么理都懂，只是不认道。

道不认，理不清。

每个想成为大人物的人，都要学会“独守空房”

下了飞机一个时尚女子跟她的同伴说：“北京还行啊，不比鄂尔多斯冷啊。”

男子说：“北京零下5℃，鄂尔多斯零下15℃，北京怎么能比鄂尔多斯冷啊？”

女子答：“昨晚两三点我去送杨杰的时候，还一个人在街上悠哉呢，也没觉得冷啊。”

突然，一句话到了我的脑子：凌晨两三点的时间是谁的？

谁用是谁的。可是又有多少人健康地用过？

两三点有很多人活动。正派的活动不知道又有多少？

继续想下去，又来了一句：其实，人类的夜晚有充裕的时间。

你我都一样，我们每一个人都拥有星空皎月下的地球之夜。

不要说你少了什么，你什么都不少，我们都一样。

又想到了一段文字：一百年前，这栋房屋的住户早已经上床睡觉去了，他们没有电力，也没有电力短缺，只有一个漫漫长夜。

我们的漫漫长夜哪里去了？早就世俗化了吧。

我敢说此时此刻百分之七八十的中国家庭都开着电视，百分之五六十的国人正在看电视，电视之外还有电脑，游戏，闲聊，喝酒，聚会，无所事事，所以，漫漫长夜全给毁了。

却留下了一个成功的途径：谁天天都能拥有一个漫漫长夜，都能健康有为地使用好这个漫漫长夜谁就可能成功。

大部分的人都不敢奢望自己将来能成为一个大人物，所以，大部分人都不能成为大人物。

小部分人的内心偶有一念划过：自己是不是也能成为一个大人物，只是可惜，这个小部分人中大部分又都被自己给骗了，不知道要想成为一个大人物得有一个大人物的心思、胸怀、实干、意志才行，大人物不会凭空而降。

一个能够成为大人物的人应该这样想："群居"只能成为凡人，"独居"才能成就自我。

一点不奇怪的是这个世界，到处都是群居的人，随处可见集体玩乐的人，大家都爱聚堆，害怕孤独，讨厌独自，所以，成为大人物的人永远都是少数。

奇怪的是，为什么现在的人都这么集体迷糊，什么是对什么是错都分不清了。

不知道，一个人只有学会"独守空房"，学会给自己创造一个空间和时间，学会利用孤独，发挥寂寞，才能守住内心的真实和真诚，才能明白是非感知自我，才能面对复杂保持清醒，才能设身处地感同身受，才能纵观全局一览无余，才能做大不做众，才能做好成为一个大人物的准备。

可怜的世界，可怜的大众，都在追求"同居"中平凡和沉沦，同居还不行，还要"婚外情"，还要"找女人"，千方百计就是不想"独守空房"，就是不想成为一个利益众生的人物。

可怕的是这些人中还有人在异想天开白日做梦，觉得自己就是这样还是会成为一个大人物。

只能再次请出时间这个大师，让它说说到底是谁傻了?

大师说：随着时间的推移，自我的不明和坚持，该成为大人物的成为了大人物，该成为小人物的成为了小人物，该不是人的不是人了。

改变有金，回头是岸。

这个世界上最有价值和力量的词就是：悬崖勒马

这是一个不同凡响的日子。

这是新年的第二天。

一切都应该有一个新的开始。

很多话我都要说在前，也要想办法让我的这篇文章的思想和天地更宽广点，尽量能够包容你，说到你心里去。

这个世界已经变假了。或许只有我们内心深处的碰撞才能碰出真实，让我们拿出那点仅存的真实好好地策划这一年吧。

也许，你会把我说的“一切都应该有一个新的开始”当成了一句“应景话”，不知道其实这是一个“大捷径”。

我们都在说人生没有捷径，我也一直在说，但此刻我想到，也许人生是有捷径的，这个捷径就是“明道”，明白道理，辨明方向，明确目标，光明大道。

只有你有了这个“明道”的理念和精神，我想你走的路就应该是超越普通人走的平常路，走的就是人生的捷径吧。

就像我告诉你，新的一年的开头，一切都应该有一个新的开始，无论去年，还是过去的岁月你做了什么不道德的事情，你骗了多少人，你有多么对不起自己的妻子，你有多少纠结和痛苦，你遇到多少小人，你被骗了多少次，你偷了几次东西，你说了多少人的坏话，你拍了多少人的马屁，你发表了多少个言不由衷的声明，你创作了多少个虚假的广告，你辜负了多少亲人，你有多么不幸，你有多贫穷和富有，你的工作有多不顺，你换了几个公司，你有多么看不惯身边的贪官，你有多么痛恨你的上司，你有多么自甘堕落，你看了几本书，你有多么不喜欢自己，你曾经有多么猥琐、多么下贱、多么可恶、多么势力、多么见利忘义、多么好赖不知，其实，从今天开始，你可以让这一切都“因你而变”，从各个方面各个环节来改善自己美好灵魂，一切都应该给自己一个新的开始，斩断过去，忘记痛苦，远离罪恶，修炼自我，知错就改，义无反顾，心无旁骛不听杂音地大踏步迈向“新年的净土”。

这个世界上最有价值和力量的一个词就是：悬崖勒马。

大部分人都听过这个词，但只有小部分人真正地使用和思虑过这个词，因为对它的正确理解和彻底运用，他们从人生的冬天终于进入了人生的春天，化危为安，春风化雨，站在一览无余的山顶感叹曾经的英明决策，怀想那次及时惊险的悬崖勒马。

你千万不要一笑了之，你要细细考量自己现在的处境，是不是也快要走到悬崖边缘，或是走在通往悬崖的路上，或是正站在悬崖边上，你需要做的事情，从来就是如此清晰，只不过有时候你鬼使神差，没有意识到自己是在玩火，而玩火的下场却经常是自焚。

也许，此刻，你会问到我，问我我在过去的一年里就没有做过错事？

我承认，我坦白，我做过错事，也对不起过你，也得罪过人，也拍过人马屁，也曾有那么一瞬间差点堕落，也在悬崖边徘徊过，也夜不成眠过，也说过人坏话，也有没坚持住的时候。

所以，我们都有差不多的过去，我们都有大同小异的曾经，可是，今年我想我们一定会有差别，一定会不同，因为我从昨天就开始在一件事一件事地做策划，全力全面地让我的一切都有一个新的开始。

天下的事难不难，全看你决心大不大。

做事容易，做人难。

生命就是使命

看来又是一个凌晨睡眠之夜。

你知道什么是忙吗？忙到走路都要跑，这可能还不算是最忙。

只有忙人才能不盲。也许你又会不信。

其实为让你相信，又让我更忙，没有办法，谁都不管你，我也不能放弃你，因为你事实确凿地是我的亲人，我们是一家人，尽管你不认识我，但我一样每天都在想着你，你会是一个什么样的人？你到底什么时候才会觉醒？

你不累吗？

这样问我的人，都是不知道“拼了”是一种什么感觉的平常人。

很多人都说徐老师你的粉丝不少啊。

其实，他们还不知道我现在好像有了一个最大的粉丝，那就我自己。

有时候，写完一篇文章，就在心里默念：徐大伟，就这样干，全世界都不这样干，你更要这样干，所有人都觉得这太苦了，你更要吃这个苦，苦不怕，累不怕，干到所有人都坐不住才算到位。

每天早晨起床看着镜子刷牙的时候，我都在跟自己说：徐大伟，干了，今天就是一切，不管昨天，不问明天，干自己想干的，做真正正确的。

飞机上，坐在我旁边的是一对亲密的情侣，女孩举着游戏机问男孩，给我换个游戏，这个玩够了，男孩赶紧服服帖帖，游戏换了，两个人开始玩起来。两个半小时的空中飞行，我看了半本书，记了三页笔记，想了六个点子，翻了两本杂志，他俩却玩了不知道几个游戏，看着他们衣着时髦表情酷酷的样子，我不知道该说什么，也许他们觉得自己很酷，我却觉得他们真土，土到跟普通人没有两样，人家无所事事，人家玩耍人生，他们也那样，我不知道这样的年轻人，在工作岗位上，能为这个国家，为公众做出什么样的贡献，我甚至不知道，这样的年轻人在中国到底占了多大的比例。

我说多了很多人就会接受不了，明明是事实，他们也不愿意承认，我一直不清楚，我们到底都怎么了，还有多少人没有傻掉？怎么明明是真实的现状，明明是想让我们的国人我们的国家更加美好的想法，却没有人站出来说句支持的话？

难道又剩下我？只能还是我来说点刺激你的话，也许，几天没刺激到你，你不爽。

同胞们，求求你，有点上进心，不要自甘堕落好不好？

同胞们，求求你，追随自己的心，做自己想做的事情，成为自己想成为的人，哪怕千辛万苦，你也不要放弃好不好？

同胞们，求求你，知道什么是真什么是假，说点真话，干点真事，不要装聋作哑，害己误人好不好？

同胞们，求求你，此刻就来想想你来这个世界是干什么的，为什么活着，为什么这么辛苦地活着，这么辛苦到底是为什么？

同胞们，难道你真的不知道，你来到这个世界一定是有一个使命吗？

你都不知道，生命其实是一种使命。

当生命变成一种使命，所有的挫折都不再是不幸。你可能不会因为使命的完成而变得富裕，但你却能保持灵魂的高尚和自由，甚至可能改变世界。

你不要总是用这样的语境说话：“我不知道我的使命啊，你能帮我找到使命吗？”

这都是失败者的逻辑，你都不知道你活在世上，要干出一点成绩来，在社会上有点贡献吗？

若活着的目的就是为了吃喝玩乐，我们干吗要傻到用一生的时间和无数的痛苦与煎熬换来那点可怜的物质享受呢？

我们到底傻不傻？时代在进步，人却在变傻，难道这也是人类的代价？

我们中国有十几亿人，可把生命当成使命认认真真做事情的却很少很少，大家都不习惯充满热爱地投入某个事情。虚虚假假做人，表表面面做事，更是可怕的现实。

所以，我始终是不能早睡，我还是要得罪你：

同胞们，求求你，你能不能有点心、有点料？

随便买份报纸翻翻的人，注定还是一个平凡的人

来这里，经常像这样闭上眼睛，于是，能听见平日听不到的很多声音。

每到过节的时候，我就愿意找一个真正安静的地方和时刻，看书，想事，什么也不干。

孤独是必须的。切不可庸俗，因为到处都可见到荒漠，还有满街的无奈与习以为常。

在一个车站，等火车。一落座，第一个动作真正喜欢我的人都知道，从包里拿出书来看。

每天都在坚持和努力尽量不要让自己变成了大部分人的样子，不想那样活着，每天都在与环境斗争，你都不知道这到底有多难。

环境改变人，为了不让世俗的环境改变自己，你知道你必须付出多大的代价?

走在大街上，走在不同的城市里，都有同一个感觉：我们中大部分人真的没有了希望，真的是活不出独属于自己的光彩了，真的是像复制的一样没有本质的差别了。

我总是在一个人呐喊：亮出你的真思想，亮出你的真理想，亮出你的真良心，亮出你的真心话，亮出你的真面目。

可我就像在一条曲折的胡同里大声喊叫一样，听见者毕竟太少太少，住在豪华大楼的人们，双层玻璃窗内的人们，是永远都听不到的，他们也不屑去听，他们都感觉自己活得很起劲，都以为自己有钱有权就是最好的人生，都觉得自己了不起，其实，放眼看看这个世界，看看十三亿人，真正能称得上了不起的人能有一万个吗?

在我看了一刻钟书后，我身边的一个打扮时尚的商务男子站了起来，去旁边买回了一份报纸，一只脚放在皮箱上，很悠闲的样子开始翻看报纸，看着他的样子，我就知道他注定是一个平凡的人。

都说我这个人武断，其实，我这是“文断”，首先他的包里没有书和报，没有看书的习惯，只是感觉实在无聊加上我的看书刺激才临时想到要去买份报纸翻翻看，再就是他把脚放在箱子上的看报纸的样子，就足以说明，他又是一个俗人，再看他一脸骄奢满不在乎的表情，就更加说明他就是我们最常见的那种商务人士，满大街都是的人。

这就是这个时代的可怕和可怜。满大街都是这样的“差不多”的人。好像什么都做了一点，什么都有一点雏形，但总是很难彻底做到位，做到底，做出色。可怕的是这样的人占了大部分，可怜的是这些人从来都不会自觉，自觉自己是多么轻描淡写和无心无力，更不会觉得自己其实继续这样下去无论如何都是没有前途的，都是白活一世的。都想赚大钱，大钱却只给了那一小部分真正有心有爱敢作敢为的人；都想成功，却很少有人想到成功的人都是一些有“成功习惯”和“成功作风”的人。

你可以骂我，甚至恨得我牙痒痒，这都没关系，但最让我担心的是，那些觉得我说的都对，可明天还是老样子，从未行进，只是随波逐流的人。

歌德说他在 30 决定：对生命不再妥协，要找出它整个美和全貌。

我不知道你有多少岁，也不知道你准不准备找出生命的整个美和全貌，但我只是想问问你：

你打算还要跟这个社会，这个糟糕的生活环境，这些胸无大志表表面面什么都差不多的人妥协到什么时候？

你什么时候才能发现自己跟周边的环境与人“格格不入”？

你永远都少说了一句“谢谢”

很少有机会在写一篇文章开头的时候就泪流满面。

有时候笑给你的东西没有哭带给你的多。

有舍有得，尽管不是每一次舍都会马上有得，但有了舍至少是多了得的机会和空间，问你今天舍了没有？也许，你会不解。其实问你今天舍了没有就跟问你今天得了没有一个道理。

智慧的人每天都会舍，舍掉一些不该拥有的欲望，舍掉一些莫名的愁绪，舍掉一些不靠谱的人，舍掉一些碍事的情结，舍掉一些没有用处的东西，舍掉一些无趣的聚会，舍掉一些世俗的礼尚往来。所以这样的人表面上看他们跟你们没有什么两样，其实，这样的人每天都在得，时间长了，你才会突然发现他们竟然成为了那样优秀的人物。

一个晚上看了一部电影，一个女孩子把该搬的东西都让搬家公司搬走了，然后一个人跪在地板上把家打扫得一尘不染，然后走到门口，低下头向这个她住了很长时间的空房间鞠躬说：谢谢。

不知道自己有多大的眼福才让我看到了这么美丽的人性画面。我突然很自责：徐大伟，你呢，你能做到吗？你会向你住过的房子鞠躬说声谢谢吗？

总是觉得自己不是一个世俗的人，不想，这个晚上这部电影给了我一个有力的提醒，我还是一个俗人，一个感觉自己不是俗人的俗人其实才是最可笑最讨厌的。

不幸的是，我就成了这样的人。

你会做到吗？你能把即将搬离的房间收拾得干干净净吗？你会跟房间说谢谢吗？

我不知道这个女孩将来会成为一个什么样的人，但是，她的这一举动，就足以证明了她的美好心境，她有一颗有爱有情懂得感恩的心。

心境决定处境，有什么样的心境，就会有什么样的处境。

也许很多人会说不就是懂得感恩吗，懂不懂感恩有什么重要？

不懂感恩的人，你身边的贵人和可用资源就会越来越少，也许，你还不自觉，也许你不承认，但机会总是给了那些长久以来一直很珍惜机会懂得惜福感恩的人，不会随便给了那些临时学会感恩的人和从来就不知道感恩的人。

这就像是你自己给自己营造的一个气场，有什么样的气场，就能吸引到什么样的助力，干出什么样的事情。

也许你永远都少说了一句“谢谢”。你永远跟你的保姆少说了一句“谢谢”，你永远跟你的儿女少说了一句“谢谢”，你永远跟出租车司机少说了一句“谢谢”，你永远跟你的妻子少说了一句“谢谢”，你永远跟你的下属少说了一句“谢谢”，你永远跟你的书和本子少说了一句“谢谢”，你永远跟你的服务员少说了一句“谢谢”，尽管世俗觉得你付了钱他们就该给你这样的服务，但就看你这一生到底是想要什么了，你要过得常规和平凡，你当然可以继续这样做，昂着高贵的头颅，一脸的不屑表情，态度傲慢地对待服务你的人。

每次看到满脸凶相的到处贴小广告的小伙子，我就会很痛苦，就在想，他们真的会这么心安理得，晚上真的能睡踏实吗？

这个世界上，最可怕的是没有底线的人，不知道廉耻和好坏的人，就像这些满街贴小广告的年轻人，他们就根本不觉得干这样的事是缺德的，是不光彩的，他们只知道自己贴了这些小广告就可以拿到多少钱，就可以用这些钱吃喝玩乐。

其实，人生大部分都在黑暗中摸索，有人眼睛雪亮，但心灵黑暗，有人虽然眼盲却心地明亮，当然有人心盲眼也盲，那就很苦了。其实，心盲比眼盲更苦，这样的人生总在无明中，茫然不知前途。

有的人会说那些贴小广告的年轻人也是被生活所迫，其实，谁没被生活所迫，你不要有一点侥幸心理，说今天我可以干点缺德的事挣点钱，明天我洗手再干正经事就没有问题了。

其实，你的所作所为都被记在了你命运的账单上，人生是要算总账的。

一笔一笔都会算清楚，谁也逃不掉。

你的前途都被你的现在弄糟了

这也许是我今年最早构思一篇文章的一天。

在去往 T3 航站楼的路上，就开始了文字的想象。

路灯泛亮，街道清净，晨风拂面，原来一天感觉最好的时光在这里，原来这个时刻才是这个城的沉思时刻，原来只有在这个时刻你才能看清这条街看清这棵树看清路边的房子和招牌，原来我们的大部分人活着活着就把清晨给弄丢了，这一丢也许就是一辈子。

没有清晨的一天，就像没有立志的人生，瞎活一生又是肯定了。

最近一直有很多年轻人跟我纠结。

他们都以为自己很努力，回家也看书，周末也会看书，工作也很勤奋，但为什么就是没有取得出色的成绩?

他们的问题总是表面让人无解，但实际上都是跟别人谈条件，跟未来闹谈判。

其实，你哪有资格跟成功谈条件，你连自己都说服不了，你以为你现在的所作所为就会得到成功的果实。

可是，你却不知道，这根本就不够，还远远不够，看你现在的生活怎么也看不出你能有什么大成就。

你必须要做到极致，甚至是偏激、疯狂、无人理解，让人害怕才行。

就比如看书，你是怎么看书的? 就是闲下来翻翻书，周末看看书，还是拿出一切可以看书的时间来看书? 会不会做到包里永远至少有一本书，随时都能看书? 能不能做到站在地铁里也能看书? 若这些你还没做到，你跟众人又有什么区别，平日看看书的大有人在，但只有手不释卷的“读书人”才真正快速地尝到了智者的喜悦和事业的猛进。

这个世界只有两种人，一种是“浅人”，一种是“深人”。

其实这个世界就是一个浅湾，你随便看出一眼看到最多的一定是“浅人”，什么都浅尝辄止，什么都浅浅一试蜻蜓点水，什么都做了什么都没做到位，若一点水一浅试就能成功，为什么这个世界上真正的成功人士却始终是少数?

而这一部分少数者差不多都是“深人”，什么都深入浅出。你不知道你为什么说话的口气很多人都不喜欢，因为你的口气太职业了，太装了，那不是人话像是机器声，所以，很多客户不愿意跟你合作，就是因为你是浅入深出，走火入魔了，只有技巧没有心思。而“深人”就与你大大不同了，他们都是一些真正另类的人，其实每个成功的人本质上都是一个真正的“另类者”，若跟你同类，他们怎么成功? 也许表面你看不出来他们的大不同，但他们的生活方式他们的背后人生，一定会有一些对自己严酷的举动和要求，一定是你不可想象的。

你说，你一定会成功，但我觉得你的未来已经被你的现在给弄糟了，看你目前的态度和状态，你的生活和工作，我觉得你很难成功，因为未来的成功现在就能看出一点迹象。可我却看不到。

你会说我俩打赌，其实，你不用跟我打赌，你只要真正能做到无论是做什么都要付出不亚于任何人的努力，你就一定能成功，不要做一个道理最清明执行最糟糕的人，所以我有必要再重复一遍我说的话：你一定要付出不亚于任何人的努力，你比的对象是任何人，在你这个行业的任何人，你真的能做到你的付出不亚于其他任何人吗？

不是我不相信你，是你自己不相信自己。

曾国藩说："一事有恒，万事皆可渐振，毋以为小端而忽之。"

你为什么不能放下架子端正态度全心投入地为自己的未来拼上几年呢？这个过程无论如何你都省略不掉。你知道你怎么才能有钱吗？就是人家非要给你钱而不是你去要钱。

你还是不相信吗？

不饥饿，不口渴，不孤独，就是幸福

我把眼前的半半窗帘一把拉了过去，我不想让窗帘挡住我的视野。

希望每一刻我的眼睛都能看到广阔的天地，我的心里都能有装下天地众生，割据星球一方。

有的人整天都在思想国家的大计、国家的未来，这样的人最后都成了国家的大人物，因为他为国家付出了巨大的辛苦，因为他是真心热爱自己的国家，所以他有了这样的回报。

有的人整天在想自己的一亩三分地：老婆、孩子、房子、车子，所以，这些人最后拥有了老婆、孩子、车子、房子。同时，欲望也被撑大了，开始追求享受追求刺激，偷偷找女人悄悄出国赌博，所以这些人表面上是成功人士，可在另一部分人看来简直就是小丑。

可笑的是不知什么时候小丑们却逐步占据了多半个地球。

活着到底是为什么?

很多人都会说是幸福。

什么叫幸福?

最近主持人白岩松又写了一本书，书的名字叫《幸福了吗》，听了这个名字，我就从心里赞扬白岩松，有这样名字的书一定是不错的。

其实，幸福就是一个人的内心感受，每天的内心体验，其实，幸福可以相当相当简单，一个伊拉克的难民说:“不饥饿，不口渴，不孤独，就是幸福。”

有了这样的一个标准，我们再来看中国人，是不是绝大多数的中国人都应该是幸福的?应该是应该，事实是事实，事实上却是绝大多数中国人都不觉得自己是幸福的，在他们眼里“有大房子，有好车子，有漂亮老婆或帅老公，有份体面工作，有高收入才是幸福”。

有的人会说还是我们中国人有追求，懂享受。我却不这样认为，我觉得咱很多国人都是是非颠倒本末倒置了，你活着其实不是为了房子车子金钱，你活着应该为的是挑战自我挑战现实，超越自我超越现实，做出自己的杰作，涂画自己的蓝图，完成自己的梦想，成就自己的人生，追求卓越，成功就会不经意间追上你。全心投入你爱的事业，你的收获就会源源不断。

其实，就算你住的是上亿的别墅，你拥有自己的峻山和大湖，你死了还不都是留给了别人，而你却从此销声匿迹与世界彻底挥别了。你知不知道还有一种人，尽管居住斗室，可他给世人留下的精神财富却是你的那点遗产远远不能相比的，所以这种人住的如此简陋的房子，最后还是成为了具有纪念价值的故居，成为了人们瞻仰和学习的居所。

可能还有很多人不服这个理，会说活着就要享受，你没有享受到那样的奢华和富足，你当然不知道那有多美妙，是啊，尽管我没有体验到，但我却真的接触过这样的花花公子、暴发户，跟他们熟识了，你就会发现尽管他们看起来什么都有什么都挥手即来，但他们的欲望和骄奢却把他们变成了另外一个人，他们天天都“饥饿、口渴、孤独”，“吃饱了还饿，喝足了还渴，女人堆里还孤独”，没办法，自然，他们就沦落成了世界上最不幸福的人。

世界上最应该幸福的人最不幸福，最懂幸福真义的人最幸福。

这就是幸福的全部秘密。

我不认为这是命

这已有一段时间了。

我们身边的人一个个地向命运低下了头，一个个认了命。连自己的父母长辈最爱说的一句话也是：这就是命。

“我不认为这是命。”这是一个住在马路边靠在“垃圾山”拣垃圾为生的13岁的柬埔寨女孩面对镜头说的一句话。

老师不分年龄。没想到，13岁的老师，柬埔寨还有一位。

这就是本文的意义，把一个柬埔寨女孩的话带到中国，带给中国同胞，震动我，你，还有她。

一再遭遇生活的挫折和艰难，面对人生的不幸，过着苦得不能再苦的日子，与大好机遇擦肩而过，眼看着几年辛苦经营的事业陷入绝境，在这样的时候，就是我们自我安慰的时候：这就是命，人不信命不行，命里注定的东西，怎么也改变不了。所以，我们不是去坚持，不是去越挫越勇迎难而上，而是老早就向命运低下了可怜的头颅。

这就是影响了几代中国人的理念和一贯作风。尤其是在我最为挂心的广大农村，人们好像认命的时间更早，认命的遭遇更多，认命的程度更深，所以，很多生在长在农村没有读几年书的人一辈子只能甘心过着“命运安排”的贫苦生活。每次去全国各地的农村，走进他们的家里，与他们说话，跟他们打听路线，看着他们善良的眼神和朴实热心的表情，还有他们已经习以为常的家徒四壁的冷清生活，我都会几次落泪，但车门一关，音乐一开，城市一进，酒店一住，美食一吃，一切烟消云散，他们还是在那里日复一日年复一年地过着所谓的“命运生活”，而我却一如既往地对现状不满，每日都在付出、付出，不问收获，只管播种。

这都是命运？到底他们能不能改变命运，能不能不认命？

我也信命，但我相信的是创造命运，命运的好坏全靠自己来持续不断地辛勤规划和创造。我也认命，我认可的命。

所以命运到底是一个大骗子，到处宣称“这就是命”的长者也是骗子。

命运不是来认的，也不是来忍的，命运是靠闯和创的。

曾经有那么一段时间，我也被命运所困，父亲的一个朋友给我测字，说我的命运是：鸡蛋碰石头。听了他的话，我当时很痛苦很气恼，认为这一辈子不就完了吗？鸡蛋怎么可能碰过石头，这不就是证明我做什么都做不成吗？

可，我到底是徐大伟，到底是一个有心的人，突然有一天，[illegible]想开了，想美了，我这个命运的问题就从此不会再困扰我了，我认为不是鸡蛋碰不过石头吗？我就把自己变成“金鸡蛋”，金鸡蛋碰石头，看看谁碰得过谁？就这样，我解脱了。

但我并没有侥幸和放松，毕竟从“鸡蛋”变成“金鸡蛋”不是一件容易的事，所以，我就天天都在逼自己，逼着自己吃苦，逼着自己整夜看书，逼着自己舍掉了不知道多少的香艳机会和玩乐邀约，逼着自己走上一条“真实、真话、真情、真行”的下一辈子也不后悔不遗憾的人生之路，逼着自己“从大伟走向伟大”，也许，这很难很难，但很难能有多难，我不会放弃，我吃的苦还不够，我付出的还太少，我还没做到极致，我终究要活出一个“标志性的人生”。

当我的骨灰洒向大海的那一刻，我的灵魂能在天空微笑。

这就是我的命运，我认可的命。

你的命运蓝图呢？你认可的命呢？

如果你坐在这篇文章之前想着该做什么好，不如起而行。

起而行。

你可以前途无量，也可以一事无成，你选择

当旭日染红天空，鸟鸣掀开夜幕，我将离开这座城市。

起身之前，就想到了这个题目。

我写了无数篇文章，但这类的文章却是我写得最多最好的，因为我觉得一篇文章可以改变一个人，一个题目也可以影响一个人，我的一生能改变能影响多少个人都是值得的。

这是不是就是爱呢？如果这不是爱，我不知道什么是爱。

这个世界每天都有一大堆人被困住了，迷茫了，无路可走了。

其实，这全都因为他们缺少爱。

有了爱就对什么都有办法。

你不要说你也有爱，其实，你可能都不懂得什么叫作爱？你也可能开始骂我说你才不懂呢？

骂不骂我其实不重要，重要的是你真的懂得爱，懂得利用爱去完成你的工作、你的人生、你的未来就好了。

若你真是一个有爱的市长，你城市的百姓就不可能对你的意见这么大。

若你真是一个有爱的总经理，员工就不会频繁跳槽，你的业务也不可能死气沉沉。

若你真是一个有爱的老师，学生就不可能记恨你。

若你真是一个有爱的策划人，你就不可能没有新想法，做不出新方案。

若你真是一个有爱的作家，你的书就不可能不畅销。

若你真是一个有爱的商人，你就不可能不富足。

若你真是一个有爱的大学生，你就根本不用发愁工作的事，好工作随便你挑。

若你真是一个有爱的销售员，你的业绩就不可能不好。

别再找理由了，还是看看自己是不是真的有爱吧？

其实，人活着谁也不要指望，谁也不要依赖，你要学会求自己，学会跟自己谈判，学会说服自己，学会照顾好自己。

谁是你的？你是你的。你能完全拥有的其实只有你。只是可惜，不知多少人都早不是自己的了，成了别人的附属，人家的随从，他人的奴隶。早就把自己弄丢了。

其实，看什么书，学什么东西，都是在为找到自己做指引，这一辈子要说有什么要必须执行的任务，就是最好找到自己，找到自己的定位，找到自己的方向，找到自己的决心和梦想。

不要埋怨父母不够富裕，不要埋怨自己命运不好，不要埋怨自己不是天才，更不要埋怨自己运气不好，其实，你是一个什么样的人，你会成为一个什么样的人，你能不能成功，能不能飞黄腾达，全看你自己的选择和表现，看你想成为一个什么样的人，看你想不想成功。

其实，每个人都有很多选择，选择什么，就决定了你是什么，每个人都可以前途无量，也可以一事无成，全看你选择什么。

你不要说你选择了前途无量，但却一事无成，这恰恰说明你是一个大骗子，自己都骗，谁你不能骗？选择了前途无量就是选择一份责任和担当，选择一条艰难卓绝的路径，你就必须“倒推”，想想一个前途无量的人现在应该干什么，应该学习什么，应该坚持什么，应该付出什么，弄清楚了这一切，剩下的又是一个挑战：做。“想做就做”这是我给年轻人说得最多的话，想做就做，失败了，经历也是财富，想了不做，其实最痛苦。时间长了你会明白。

其实，“幸运女神”有时也去你那里敲门了，只是可能你在玩游戏你在洗澡，游戏声洗澡声掩盖了敲门声，你失去了一次宝贵的机会。

不过不怕，至少你今天知道了，与成功与幸运相遇不是什么太难的事情。

相遇了，能不能相拥，能不能比翼齐飞。

又要看你自己的了。

都做不了自己的“主人翁”，谈何做国家的“主人翁”

这是《想法日报》本月度的最佳留言：

“我每天到家就7点半了，做饭吃好到8点半，另外一个半小时间看电视或随便混混，剩下就洗了睡，早上7点去上班，一天过去了，书是没得看，东西想写也就只有周末，偏又有时没灵感或心烦意乱，这样也就又空过了一天……碌碌无为的就这么几年过去了，回首一看啥都没有，除了娃长大了，人变老了……”

——小雨

说实在的，看了这个留言我彻夜未眠。

睡不着，不想睡。

她的话多折磨人：“回首一看啥都没有，除了娃长大了，人变老了……”

回首一看，我们都有什么呢？除了人懒了，心乱了……

小雨，我懂你的心思，人变老了，但心还没死是吗？

你为什么不能做到“另外一个半小时不看电视不随便混混”，把时间留下来看书呢？

你一定会说，这很难，也试过多次了，但每次最后都是自己管不住自己，不知不觉中又开始了看电视或随便混混了，这都成习惯了。

是啊，都成习惯了，但这个习惯还不是你给的？“惯性的无为人生”太多了，我真不想你也是。

所以我就想问你一句：都做不了自己的“主人翁”，谈何做国家的“主人翁”？连自己都管不住，还怎么可能管理企业、管理国家？

没想到这么快就进入了正题。

小雨，你也许会说，我不想做什么国家的“主人翁”，但你不知道，这个事情挺有趣的，做不了自己的“主人翁”，就做不成任何东西的“主人翁”，你不想什么都被“主人们”使唤过日子吧？

所以，问题的根子咱算是找到了，那就是你的意愿力和行动力，你打破自己习惯生活的毅力和决心，人要有信心，还要有决心，有决绝之心，其实，改变习惯真有那么难吗?

我是说真有那么难吗?你不看电视不随便混混真的做不到吗?我看主要还是你不想做。骨子里还没有认识到这样做的必要。还是蜻蜓点水地感叹几句心里话，长叹几口气，接着继续过你一成不变的老生活，想是想，就是不做，饭余茶后，随便调侃几句，幽默一下，不知道就这样不经意间却调侃了自己的一生，牺牲了一生的风华正茂，你真是太幽默了，拿生命开玩笑。

有一个广告的文案是这样写的：蔡英美，63 岁，第一次出国，不会英文，没有人陪伴，一个人，独自飞行三天，三个国家，32000 公里，她是怎么做到的?

第一次看到这个文案，却第一万次不会忘掉这句问话：她是怎么做到的?

你是怎么做不到的?你为什么做不到?难道不玩游戏不抽烟、不喝酒、不闲聊、不瞎逛、不聚众狂欢、不人云亦云、不势利眼、不随风倒、不骗人、不骂人、不无所事事、不浪费时间，就真的很难做到吗?

请问，我为什么就基本做到了，请问，还有很多很多人，他们是怎么做到的?

我知道看到这篇文章的大部分人都是有梦想的人，都有理想，但我还是有一个疑问，你们都知道为了实现你们的梦想得到你们想要的东西需要付出些什么吗?

你真知道吗?你是不是从来没有想过，生命就是一个付出——得到——再付出——再得到的一个反反复复的简单过程?你想没想过，你的日子照旧，你继续“看看电视随便混混”就不可能实现你的梦想，也不可能得到你想要的一切?

其实，这个时代奇怪得很，越是简单的道理越是很少人明白，就是明白了，但真去实践的又少之又少了，所以，我整天都很着急，着急我这么一个知名度低的人怎么能影响到更多的人，怎么能多给同胞们讲一点大实话，提个醒，甚至，我这些天一直在想，我们是不是应该组织各方专家策划撰写一本《人生使用手册》呢?

我们总是经历了太多以后，才翻然醒悟，才追悔莫及，才自叹不如，我们为什么不能在很早很年轻的时候就开始规划好、运作好自己的生命和人生呢？有了《人生使用手册》的指点和督促是不是起码可以少点“回首一看啥都没有，除了娃长大了，人变老了”了呢？

有多少人都放弃了

在写这篇文章之前需要长久地望向远方，陷入沉思，甚至还要哭一哭。

活着就需要远方，需要沉思，需要哭一哭。

也许有人会说徐大伟你太悲观了，其实，不是我悲观，是我们“被观”了。

我们从来没有真正地用过自己的“真眼”去看这个世界，没有用过自己的“真耳”去听这个星球。

活着就需要真看、真听、真想、真感受。

电梯里一个站在我前面的女孩子正在翻看一篇文章，文章的题目是：走捷径“嫁”成贵妇。我赶紧从上到下打量她一遍，她很漂亮，不知道她会不会准备去走捷径，也成为贵妇？出了电梯，我一直忘不了这个女孩，因为我不放心，因为她的条件真的够格嫁成贵妇，只能在心里默念：但愿她没有放弃。

火车的一个车厢里人声鼎沸，吵翻了天，也许你会认为这是因为这个车厢里的人多，每个人都在说话，当然吵，其实你错了，吵翻天的不过是坐在车厢中部位置的七八个正在打扑克的年轻人，吵声一浪接一浪，一声欢呼过后，我心想高潮应该过去了，没想到更大的高潮又来了。终于有人忍不住了，小声地说这帮年轻人怎么能这样，只顾自己开心，不管影响不影响其他乘客休息。终于看他们的眼神越来越多，越变越怒视了，可这些年轻人依然若无其事，装作什么也不知道，不听别人的不满，不看他人的眼睛，只是低头玩着让他们人生快活的游戏，从始发站到终点站，3 小时 17 分，他们一分一秒也没耽误，一分一秒也没给我们面子，完整地吵了一路，下车时我好好看了看这几个年轻人的模样，三个女的，四个男的，大的接近四十岁，小得也有二十几岁了，我替他们惋惜，没想到他们就这么放弃了，放弃了对他人的爱，放弃了一个人的起码品质，放弃了更好地做人的追求，放弃了公共场合做一个严格要求自我的公民的义务，放弃了可以读书、可以沉思可以看窗外风景的让自我成长的空间和时间。三女四男，你们今天的表现，让我看到了你们的未来，不怎么闪亮风光的未来。

地铁的电视里天天都在播放着大小明星们代言的广告，广告语：多乘地铁，少开车。可广告是广告，现实是现实，大小明星们在广告中有模有样地号召大家多乘地铁，少开车，私底下，哪个不是天天开车坐车，哪个会去坐地铁？这就是人性，总是希望别人“少开车，多乘地铁”，自己“多开车，少乘地铁”；希望别人不要贪污，自己多贪一点；希望别人不受重用，自己能往上爬；希望老婆不要有情人，自己却找“小三”；希望别人不要中彩票，自己中大奖；希望老百姓不要去告他，他可以继续为所欲为；希望消费者不要看出差别，自己可以永远假冒伪劣下去，想想这中间的事，看看这中间的人，有多少人都放弃了？

老师放弃了为人师表以身作则，开始学会收礼、学会找家长办事、学会势利眼将学生分成三六九等。为官者放弃了“全心全意为人民服务”的决心和夙愿，毛主席说过“半心半意不行，必须全心全意”。可多少官员都放弃了？经商者放弃了“君子爱财，取之有道”，也许，你们也是取之有道，可你就对自己诚实一次，你的道多少都是邪道恶道？全世界的希望，祖国的花朵，大有前途的年轻人们放弃了“不惜一切代价”让自己成长成才的决心和理念，集体去追求怎么舒服怎么来，怎么好玩怎么玩，怎么无压力怎么生活，集群去追求所谓的“娱乐人生”，你们才多大，正是长本事的时候，就去追求什么享受生活娱乐人生，你们是不是也太可笑了？年轻人少看点娱乐节目，现在还不是你们应该娱乐的时候，现在应该是你们吃苦的时候，这个电视台长那个节目主编整天就想着节目的收视率广告额，哪还管得了你。所以，他们放弃了，你也放弃了，很多人都放弃了，放弃了良心，放弃了一个媒体人的基本职业道德，放弃了人心的底线，放弃了做一个“不凡”平凡人的梦想，放弃了说真话做真事问心无愧坦荡洒脱地做一个“另类人”的权利和机会。

活着就是不放弃，活着就是坚持。

其实，人的能力并无太大差别，但是为什么有的人成了伟人，有的人成了社会败类。这有两个原因：一是能不能不放弃梦想拼搏到最后，二是有没有持续拼搏的热情和对目标的执著。能不能成为精英，主要看你能不能毫不松懈地努力到最后，是不是一直怀有拼搏的激情，其后才能谈到能力问题。

你不要一看到这里就心血来潮地说：我决不会放弃。不要对我说，不要对父母说，不要对亲戚朋友说，你要对自己说，这一生怎么过，怎么过出品质、过出精彩、过出充实、过出喜悦富足，都是你自己的事情，都是你与你自己的协商，你与你自己的决定，都是靠你一个人的坚持。

坚持是全世界最有力量的词语。

坚持是我所有的家当。

除了坚持我什么都没有，有了坚持我什么都有。

我多想你能明白。

我多想哭一哭。

有本事你不去想自杀，你去玩命

老弟：

我知道你不留姓名的心情，都是我不好，老爱把来信公布给大家看，都是我逼的。

说实话，本来是想写另一篇文章的，酝酿了很长时间的一篇文章，可看到你的来信，一切都不重要了，你的事情最重要。

“自杀的人都是懦夫”。这是我想赶紧对你说的第一句。

“失败者才想去轻生”。这是第二句。

两句过后，不知道你是不是想开了一点？

接下来，就要与你细细讲来了。

先回答你第一个问题。我的建议是：若是家人都逼你去找工作为家分忧，我看你还是去找工作好了，本科当然好，研究生就更好，但这不是成功的惟一路径。并且，你见哪个大城市不是一堆本科生研究生，多少本科都变成了“笨科”，研究生变成了“烟酒生”，就是名牌大学的毕业生找不到理想工作的又有多少，待业的又有多少，所以，不去学校复读，不表示你就放弃了复读。其实，人生哪天不是在“复读”，复读本来就是常态的，是一个有品质的人一辈子的必修课，所以，不用去纠结是不是回学校复读。当然，你一定不服气，说，去学校复读考上大学可以有本科证书，可以找到更好的工作啊，是啊，本来是这么个理，但活着最难的就是面对现实，目前现实是这样，还是需要你迎难而上，先找一份工作，哪怕这份工作不是自己最喜欢的，先干着，这个最重要，你的心就可以不这么焦急了，可以有个缓冲，可以先过上一段也许不算短的“吃苦”日子，也许突然有一天，什么都烟消云散了，有机会上学了也说不定。我就是一个例子，坦白说，在学校，我成绩一般，但我看了大量的书，毕业了我还在看书，成家了我也没放弃看书，我的一切都是看书看来的，也许你不信，有时候，事情就是很怪，你不相信的那些事恰恰可以成就你，你却不知道。

老弟，恐怕我还要批评你几句了，你说你的妈妈从来都没有关心过你，这个我好像很难相信啊，天下哪个妈妈不爱自己的孩子？是不是你误解了妈妈，或者干脆就是你的问题，不知道你敢不敢问问自己：你真心关心过妈妈吗？你跟妈妈讲过心里话吗？你真的知道妈妈心中的苦吗？知道她失去丈夫一个人抚养你们的艰难和痛苦吗？

老弟，也许你不是这样，但80后、90后很多年轻人，平日对待父母的态度真的是很差的，跟仇人似的，好像父母为自己付出多少都是应该的，都是无所谓的，都是不用感谢和感恩的，有的年轻人出门，好像口碑不错，对朋友很好，对谁都不错，但一回家就完了，老弟，你不会也是这样吧？

再说轻生的事。提到这个轻生，我就觉得痛心，都怎么了，这个跳楼了，那个活不下去了，到底是有什么坎迈不过去了？你的痛苦到底有多深？也许你肯定会说，事情不是发生在你身上，你当然不知道了。不要这样说话，就像谁没痛苦一样，若我把我的惨烈过去百分之百地告诉你，恐怕都会吓着你，会想我是怎么坚持下来的？你这么年轻，不要动不动就想什么轻生的事，把精力和精神多用在正事上不就是新希望吗？或者说，好像你还没有找到正事，所以就有了这么多的问题，当然，说说可以，做起来却是很难很难的，就像我问你今晚你会怎么利用呢？你能不能、不看电视、不玩游戏、不上网、不闲聊、不发呆就看书？没有书看没关系，我给你寄，先寄两本，看完了告诉我，我再给你寄。你能做到吗？你今天晚上能做到，明天晚上呢？下个月呢？若你天天都能做到，我敢说，不出一年，你已经不再是以前的你了，你也绝不会提这么失败的问题。

老弟，不说了，说得再多，你的问题还是要你自己去面对，你一定是一个男人，一个大丈夫，有什么了不起的，这短短的一生就不能想尽办法克服万难活得坦坦荡荡无怨无悔吗？

有本事你去玩命，你去活出个人样来，活出了人样还什么本科、研究生，争着抢着给你这个“荣誉博士”，那个“客座教授”的还不知道有多少呢？

所以，我们要一起努力啊！过了这个山，就是一片海。

徐大伟

2010年7月9日

您好！在这里我有两个问题想请教您，希望您能救救我！！！

1. 我要复读吗？

我今年就要从一所专科院校毕业，现在面临着找工作，但我对所学专业没兴趣，学校也很烂，本来是要退学的，可是一直说一直说，老是自己没做出选择，也因为家境不太好，家人也一直反对，但我现在都毕业了，我居然有个强烈念头，要回去参加高考，重考我喜欢的学校和专业，我高考也是因为那时家里发生了一些事才会失败的，本来我考个本科是绝对没问题，平时成绩比我差很多的同学考得都好很多，现在家人一直逼着我去找工作，可是我不想，我一直想考上本科，然后有机会考研，以后会找到好一点的工作，升职也有机会，但心里的想法不敢说出来，一直躲在房间里，我知道不可以这样，但我不知要怎么办。今年我也已经22岁了，我不知这样再回去会不会太晚？会不会被人笑话？

2. 人可以轻生吗?

在我父亲走后，我也失去活下去的希望，开始厌倦这个世界，这个世界最关爱我的人就是我爸了，可他却突然生病就这么离开了我们。接着高考的失败，让我更不想继续活下去了，我看到父亲就这么忙碌辛苦了一辈子，我们都还没能让他享福，可恶的死神就这么带走了他。我也知道人生有很多痛苦，我不想以后也跟爸一样，如果说人生还有很多美好的东西，可是要牺牲那么多，我宁愿什么也不要，反正除了我爸，也没人会关心我了，我妈从来都不关心我，即使我走了，也没关系，我其他的兄弟姐妹会照顾好这个家的……我真的不明白人活着为了什么？为什么这个世界上有人类？为什么？自杀可以吗?

不要在人生的“黄金时代”做一些“黑铁事情”

我这个人讨厌。

讨厌起来自己都讨厌。

什么本事也没有，除了会说几句真话，一无是处。

第一句真话是：全世界不出十人真心希望你成功。

在这么艰难和恶劣的环境下，若你还能坚持，你就是成功者。

你不知道其实很多人都会给你出难题，都会嫉妒你，都会背后说你坏话，都不希望你比他们强，更不希望你出人头地。

这里面包括你的同事，你的领导，你的酒肉朋友，还有你的某些同学和师长。

怎么办？没有办法。谁都不需要特别得罪，谁都不用特意在乎，谁的嫉妒和背后使坏都不要放在心上，小人有小人的路径，大人有大人的去向。

小人越多的环境越容易成功，也越容易同流合污，有的单位，领导很猥琐，员工就不阳光，有什么样的领导，就有什么样的员工，领导喜欢好听的话，员工说得全是好听的话，这样的单位，里面也有光明磊落的人，可这些人可怜了，整天在小人的世界里做大人，你知道这有多难吗？

第二句真话就是：不成功的人都是懦弱的人。

如果下决心就一定能实现自己的目标。

可世界上好像最难的就是下决心，下决心到艰苦的地方锻炼自己，下决心改行，下决心不顾一切做自己喜欢的事情，下决心从头开始，下决心追到自己喜欢的人，下决心成为专家，下决心自己创业，下决心改变自己，下决心做一个真实的人，下决心不玩游戏，下决心一星期看四本书，下决心吃苦，其实，一个人若能坚持吃苦三年，拼命三年，做什么做不成？

都说成功多难多难。其实，成功很简单，全心全力投入三年时间做一件事情，想不成功都难。

有一个大师说了句很漂亮的话：其实，我就一个秘诀，很简单的秘诀，就是一早起床，整天工作。

说什么风凉话，说什么哲理语，若你天天都能做到“一早起床，整天工作”，你也一定能成功。

有人一定会说：不一定吧，这要看运气的。因为你说不一定，所以你就一定不会成功，因为不信所以不成，这不就对了吗？

也许你还不知道，现在正是你人生的“黄金时代”，你却天天在做什么？“一早起床，整天随波逐流”，做的大多数事是不是都是“黑铁一般的毫无意义的事”呢？

不知道，这样想来，你会不会觉醒，会不会有一点点后悔和内疚，甚至，深刻一点的，能不能流下痛下决心的泪水，也许你不知道，发自内心的泪水能帮上你的大忙。

懂得惜福，才会有福；关注快乐，才会快乐；明白成功，才能成功。

每次写到了尾声，总有一种不知道怎么收笔的感觉。

那是因为，我的字始终没能充分表达我的心。

你了解就好了。

不要被苦难吓倒

你也许永远不会猜到我现在在哪里写这篇文章。

我也不想让你知道这是哪里。

你一定认为我遇到了苦难。

其实，很长一段时间若是不遇到苦难，我心里才真苦难。

最近很幸运，日子苦起来了。

一个跟我一起吃苦的朝鲜族在韩国工作过五年的同事这两天说了不少经典的韩式哲学。

他说："没有过去，就没有未来。"

他说他在韩国的时候，一天活干完，送垃圾的时候是最幸福的时候。因为送完垃圾就可以回家睡觉了。

听了他的话，我有说不出来的滋味，我知道，他在韩国的日子其实天天压力都很大，他说，韩国人有句话，不要99分，只要100分，差一分也不是满分，一样没用。

回想一下我们，不是说99分，只要80分或者是及格就万事大吉了。大国比不了小国，大城赶不上小城，人多超不过人少，只有一个原因就是我们对自己的要求太低，我们的眼界太小，我们不想要100分，我们太软弱，我们吃不来那样的苦。

从首都到这里，落差好像是空降，一个同事笑着说：什么都变了。之前不知道超市对生活的重要性，现在才知道一个超市对人生是多么的重要。之前总觉得生活质量是什么话，现在才知道一个人一生还真要注意一下自己的生活质量，生活质量高，情感质量才高，思想质量才高，作品的质量才不会差。

泡了一杯咖啡，"韩国同事"说："这个味道真好。"一个同事说的广告语是："走过一段后才知道咖啡的味道真好。"我说："苦过才知道咖啡的真味。"

其实，我们都清楚，这点苦不算什么，也清楚比起北京这样的苦已经达到了一个层次。

我也同样知道，这篇文章的前面也有很多正在遭遇苦难的朋友，也许，你的苦你的难不是我轻易能想到的，可我能对你说什么呢，说一句大实话：不要被苦难吓倒。

只要是不被苦难吓倒，苦难早晚都会过去，若被苦难吓倒，你就只能永远做苦难的奴隶。

但我更知道不被苦难吓倒有多难。很多比我小六七岁的人，我都说不过他们，我也劝不过他们，有时，我也想，算了，不操这个心，干吗总跟他们理论，总是说他们 100 个中有 99 个人都是太聪明，总用巧劲，就一个是笨人，用笨劲下苦功，可有意思的是，笨人成功了，聪明人都平凡了。

其实，有机会吃苦也是一种幸运，先有苦后有甜，有苦了就说明甜也就快来了，都说老天给机会，韩国同事说老天知道你是老几，还不是自己给自己找机会，就是不去专门找机会，也会因为你干到了那个份，机会自动找到你。

走路就要找最难最不好走的路走，这样的路才人少成功几率才大。

钱伟长先生走了，其实，成为一个伟大的人前提必须要什么滋味都尝过，一味也不能少。

也许你又在说我在说不疼不痒的话。

真遗憾，这样的话还让你不疼不痒，我是没办法了，不过我想边赶着蚊子边出着汗边写这篇文章的我，还是有资格说这些话吧。

你得亲自走一趟才知道

一天的某个拐弯中，在我的博客里遇到这段留言，我想这就是天意：

“徐大哥，你可以写写因为读书改变你的命运的文章吗？因为读书你从一个小人物奋斗到今天的成就，你能写写读书是怎么改变你的吗？你能写写你是从什么时候开始改变自己的吗？我非常期待，我想很多网友也非常期待。

我一直关注你的博客，希望有一天能够看见这样的文章。”

——无与伦比/10月23日

所有真诚的需求我都必须满足，所有真实的问题我都必须一一答复。这就是我生命的工作。

你不这样想，你不这样做，我才更要这样做，这样的事情必须要有人去做才行。不是你，就是我，再不就是他。你和他却总是那么牛，那么难以企求，我只能靠自己。

找任何人帮点忙，好像都要提到钱，还有人笑说提钱多俗，没有办法，俗社会需要俗办法，不给钱，求谁也是白求。

所以我只有求自己。还好起码自己还是靠得住的。

无与伦比，不知道你是谁，但你一定是一个有梦的人，一个上进的人，起码你占用了一个无与伦比的名字。你说你希望有一天能够看见这样的文章。

我希望这一天就是今天，我希望你不需要更长久的期待。这是我能做到的，我就会在第一时间做。

但我不知道我的回答，你会不会认为是精彩。

其实，无与伦比，你都不知道你的小小一段问话，有好几个地方都是错误的，这不怪你，这要怪这个环境，但也要怪你，同样的环境却有很多人不像你这样想。

你说“因为读书你从一个小人物奋斗到今天的成就，你能写写读书是怎么改变你的吗？”其实，你错了你知道吗，我从来都没有认为我是一个“小人物”，从小到大，从我可以思考到我能思想到我不能思虑，我从来都没有觉得自己是一个小人物，这就是关键，你会说：徐老师，你这是不是有点傲慢和自恋？其实，我没有，就是因为我从小就认为我不是一个小人物，我能成为一个大人物，我有了奔头、有了目标、有了自信，所以，无意识中我就一直在朝着“大人物”那个方向奔去。

很多人都会说成功有什么捷径吗？我想这就是吧，不知道，无与伦比同志，你有这个想法吗？你一直都认为你是一个小人物吗？

你还问我：“你能写写你是从什么时候开始改变自己的吗？”其实，你又错了，我从来没有改变自己，我只不过是因为看书而提升了自己。这点也很重要，其实，我本来就是一个这样的人，从来都是，我喜欢看书，我爱看书，我就是看，什么也没管，什么也没问，只是看了一本再看一本，把家里的藏书看完了，就借书看，有钱了就买书看，买了一本又一本，我从来没有问这么聪明的问题，看书怎样改变自己的？我什么也没有问，就是看，所以我提升了自己，功到自然成，我“变”了。

其实，我没变，我还是我，只是我更有质量了。假如你不是这样的人，你从小就不喜欢看书，这就很麻烦了，你知道世界上什么最难改变吗？自己最难改变。很多的人都想改变自己，但只有 1% 的人才真的有希望改变自己，其他的人都是稍微改善了一点而已，从来不看书的人，也许终于看一点了，一年能看上几本了，所以，这到底还是要看你的决心有多大，最近看了一句广告语：伟大的革新，来自强大的意志力。

其实，真正的改变何尝不是来自自己强大的意志力，首先要改变你的观念和思想，你要真的想去看书，你要做一个不问聪明问题、不想聪明诀窍的笨人，成为一个目的单纯一心一意的人，你才能谈到读书，你才能静下心来真的去看书，你不要说谎，你有多久没有真正静下心来了？

其实，说到底都是人的问题。家里的水没了，我打电话让送水公司送一桶水上来，半个小时后一个小伙子送水来了，站在门口，我说进来吧，他说忘记带鞋套了，意思是不能进屋给我们换水了，只把水放在门口，想拿到钱就走人，我什么都明白。

但我还是跟他说：没关系，你进来把水换上吧。他无奈只好进门把水换上了。

其实，不管是换哪个小伙子来送水，都是一句话：忘记带鞋套了。他们是能偷懒就偷懒，不想出力换水，公司明明规定进屋换水，可是他们还是不想做，这就是问题，一个小伙子怎么能成长？就是干什么像什么，干什么就踏踏实实地去干，而且还要干到位、干到好，可他们不会这样想，他只是把送水这件事情当成挣点钱过活的工具了，却不知道，无论是什么工作，只有真用心才有大回报，通往成功的路上每件事都要体现出“成功人的品质”，都要看出“成功”的苗头。

很遗憾，从这几个送水的小伙子身上却很难看出一点成功的苗头。

现实是很残酷的，我的说法也很残酷。

但是，哪里有什么好办法，其中的道道，你得亲自走一趟才知道。

你的问题就是你睡在了自己的小世界里叫也叫不醒

这也许是我写的最长的一个题目。之所以在这样一个“简餐速食”的时代，我还要做笨人，这也是我的没办法。

世界很奇怪，笨人都成了聪明人，聪明人都成了笨人。

还有就是为了你。为了懒得看内文的你，只看题目也能得到一点东西，也能刺激你。没办法，你快要不能“人生自理”了，什么都要为你想详细。

你几岁，你靠什么谋生，你有没有工作，你长得丑俊，我不感兴趣。我只想知道你是不是睡着了，是不是在自己多年的游戏人生中建立起来的牢不可破的小世界里昏昏欲睡，是不是现实到早就不相信梦想了，是不是整天都在自暴自弃，是不是准备好罐子好摔了，甚至都不知道跳出这个小世界就能完成自己意想不到的自己，我还想知道你渴望什么，你是不是敢梦想你心中的渴望?

这么长的问题，只要有一个或半个能真正进入你封闭的脑子，都是我们的幸运，都有可能推开你小世界的大铁门，探身拉你一把。

我知道，这不简单。

一个小同事照了一些照片拿给我看。我知道作为兄长和领导，最重要的是表扬和表达，我先表扬了她。她说：“就那么回事吧。”我顿觉，这个女生是一个诚实的好孩子。她又说：“相机不行，景深和色彩都达不到要求。”我说：“埋怨硬件的人都成不了大师，大师靠的不是相机，而是眼界、思想和情感。”她一听，很激动，说你说的不对，说了一大堆什么印刷必须要用什么机器什么纸才能印出什么效果。我一看，她这么激动，就说：“我不是说硬件不重要，我是想说硬件可以买到，大师的表现你能花钱买到吗？”

她还是激动。我不语。

突然就想到了这句我喜欢的话：桃子可以用钱买，但是，要上哪儿去买一片开满桃花的果园呢?

没有开满桃花的果园，哪有鲜美的桃子?

可小世界里的你不管那么多，家长给准备了桃子，就去吃桃子，还管什么栽树浇水施肥，个个都单纯得要命，不知道不栽树、不浇水、不施肥就根本长不出桃子，不知道想怎么收，就要怎么种，今天有桃吃桃，明天没桃了怎么办? 恐怕就要去讨了吧? 可他们哪里想得那么远，今天的事情都还不管，明天的事情留给明天吧，所以，目前看他们的小世界里还亮着灯，景色也不错，但愿，他们什么都找借口、都找理由、都现实、都懒得干的不讲理不认识自己的秉性能继续给他们带来好运，可我总是不相信，没有梦想，没有拼命的劲头，没有吃苦，没有苦难，没有激情，没有刻骨铭心的痛苦真的能有幸福富裕而有意义的一生吗?

梵高转头对跟随他的年轻人说:“你为什么不画画? 这片景色简直美得让人屏息，光有如画的美景不能成就名画，如果仔细观察会发现自然界的一景一物都自有其美感，我常常不自觉地迷失在自然的美景中，我下笔时浑然天成，仿佛做梦一样，是的，我贪婪地吞噬这片自然美景，之后，画就自然呈现在我的眼前，想要克制实在是太难了。”

年轻人问:“那怎么办? ”

梵高答:“我埋头苦干，像火车头般无情地驱策自己。我得快点，时间不多了，我作画的时光所剩无几。太阳驱使着我画画，我没时间跟你闲扯淡。”

听到这里，我内心有一股巨大的力量像是要喷薄而出，没有伟大的过程、伟大的心灵、伟大的付出、伟大的痛苦、伟大的艰难、伟大的坚持，怎么可能有伟大的人生?

梵高可以成为一代大师，我们为什么就不能成? 不要跟我说什么天分什么机遇什么运气，我只想看看你说了那么多，是不是就是很怕“伟大的心灵、伟大的付出、伟大的痛苦、伟大的艰难、伟大的坚持”，很怕“伟大的过程”呢?

你为什么不画画?

叫醒你，除非你能听到外面的呐喊或是自己醒来。

说到底，你还是最听你自己的。

叫醒你的其实只能是你。

后　记

写给全球人民的一封信

亲爱的全球人民：

这是我第一次写这么大的信。上来就是面对全人类，写不好就得罪了全人类，得罪了全人类，我还怎么混啊？

所以，我也不好过。

本来，也没这么大的宽度，本来，是写给全国人民的，但直到开始写的时候才发现，一国之人民，一国之微力，根本不够，根本解决不了什么问题，因为这已经到了另一个层次。

这个层次要求地球上的全体人民必须集体出面才行，集体面对，集体智慧，集体尽力，但不要一说集体，好像就不包括你一样。

这也是很多地球问题解决不了的原因。一说人类，就远了，就感觉跟你没有什么关系了，好像你真的不是人类一样。个人的事好办，集体的事难办，好像早成了世界病。

地球上的问题很多，今天我们就先从对待“自然”的态度说起。

说句实话，我们人类对待自然的态度的确太卑鄙了。

其实，我们有没有想过，到底是我们自然地活着，还是“自然让我们活着”，自然不给我们空气，不给我们水，不给我们食物，不给我们石油，我们怎么活下去？

全人类都一样，都对父母感恩一生，因为他们生我们养育我们，让我们长大成人，但是，我们为什么不去往深里想一想呢？自然，难道不是我们父母的父母，人类的父母吗？面对这个“自然父母”，我们又做了些什么？

肆无忌惮地索取和挖掘，一意孤行地烧杀抢掠，无耻无赖地互相攀比地破坏自然，打着为了可怜的经济增长的旗号，可经济还没增长到我们想要的状态时，自然灾害都来了，一次次地震、雪灾、洪水、火山爆发、疫情，接连不断地侵袭着人类，这时候，本想这一次次的“自然警告”，我们人类是大概听明白了，听清楚了，该有所收敛了？没有，灾害一过，该干什么干什么，就像什么也没发生过一样。

谁都没想过，我们怎么能这样对待我们的“自然父母”呢，这种可恶的态度对待父母合适吗？父母给我们生命，我们就一辈子感恩孝敬他们，自然呢，她们给了我们每一天的呼吸，活着的保证，我们又报答她们什么了呢？

就是你不曾想报答她们什么，也没关系，但至少你应该对自然的态度好一点吧，不要动不动就想征服自然，与自然为敌好不好？起码有一份谦卑和感激之情吧？难道我们每天不都应该感激太阳，感激空气和雨水，感激植物和动物，感激大海和海洋生物吗？

说到感激大海和海洋生物，在这个星球上有一个国家叫日本，在日本有一个地方叫太地湾，在那里每年都有23000只海豚被残忍地杀害，所有的屠杀都是秘密进行的，看着美国人偷拍来的整个太地海湾慢慢成血色的海洋的画面，我就在想，求求你日本，你也很发达了，你们的人民生活得也很舒适了，为什么还要干这样的丧尽天良的事情，亲手杀害跟我们一样的、“自然父母”孕育的“自然之子”呢，这不就是等于在杀戮我们的亲生兄弟一样吗？

一个冒着生命危险去拯救这些海豚的专家低沉地问：“为什么他们不放过那些海豚？”

“那怎么办？”

在自己遇到难题和困境的时候，全球的人民都会这样问，可我们的家园，我们赖以生存的地球遇到了这么大的难题和困境，却很少有人去问：那怎么办？

好像我们人类就天生是“高人一等”，天生就可以白吃白喝白用大自然的一切，好像，我们什么也不用做，就这样可以一直持续到数亿年。

也不能冤枉了我们的各国政府，他们的确也在努力，起码看起来是这样，一个个关于地球环保、低碳、可持续发展的会议，不断地在全世界不同城市召开，政府的确很擅长将大家聚在一起举行会议，商谈并彼此微笑，互相讨价还价，你剥夺多了，我索取少了，自然早成了任人宰割的“公共海豚”，哪个国家都不想少得便宜，互相计较，钩心斗角，会议一散，一切照旧，从来没有做过真正有益抢救地球家园的实事。

我们总在找借口，指望着政府，指望着某个什么公益机构来拯救人来，拯救自然，指望着别人，可你就是别人，你是那个人认为的别人，所以，我们不能继续自我欺骗了，要么你是行动派，要么你就是不作为者，还是从我们自己对待自然态度的改变开始，怀有一颗谦卑和感恩的心，真诚地去爱每一口空气，每一片蓝天，每一滴水，每一朵浪花，每一条小溪，每一棵小树，每一方土地，每一只小鸟，每一只海豚，就像爱自己亲生父母一样地去爱。

除此以外，别无他法。而我们也必须清醒地看到，目前大部分国家的所作所为都是在杀鸡取卵自我毁灭。

我不管你是美国公民，海地公民，日本公民，还是德国公民，只要你是人，就是人类，就是地球公民，就是自然之子，就有一份亲爱和报答“自然父母”的责任和义务。

你可以狡辩也可以逃避，甚至是耍赖，但有奖就有罚，自然惩罚起你来，也是一点情面不讲。

不要天真地以为不会轮到我们，也许下一次就是我们。

愿我们都能活得明白，死得平静。

地球公民：徐大伟

2010年6月7日